CREPAIN BINST ARCHITECTURE
UNITED

UNITED

CREPAIN BINST ARCHITECTURE

LANNOO

Contents

introduction — vision

DNA CBA

A

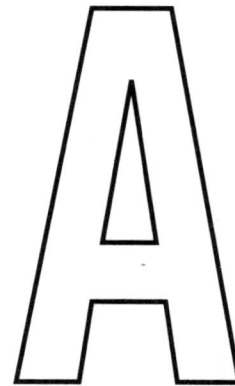

Index —
+ drawings

B

Impressions —
+ sketches

C

—
photography

UNITED   This book stands for ten years of Crepain Binst Architecture. It is atypical but all-round and unites our oeuvre and our outlook. This book looks back on the past but also turns towards the present and the future, and it carries a message: 'Experience meets innovation.' A slogan that symbolizes the fusion of two clear visions. The result was and is an approach and signature that display the power of creativity and architecture. This book is also an artefact, an object, a view into our minds and behind the scenes, an acquaintance and a tribute to the architectural extract from six hundred commissions in ten years. After the double uppercut – the passing of Jo Crepain on 20 December 2008 and the Dutch real estate crisis – we have rebuilt our architecture firm on the basis of strong ambitions and a stable team as a renewed established value in the Belgian construction world.

This book shows the soul, the fortes, the ambitions and the speed of an office in a state of evolution, introduced by an ABC, a DNA of 26 concepts, followed by three clear sections: (A) 'drawings', (B) 'impressions' and (C) 'photography'. Together they combine a broader concept-based approach and a more artistic translation. The book bears witness to our mission whereby collaboration, quality, professionalism and the content-based reinforcement of method are central. Together the concepts form the core of our added value in a constantly evolving climate of change and a growing awareness of sustainability as part of an integrated approach.

Over the course of the past decade our profession and our ethics have changed radically. Every day there are new desires and needs. We are always seeking to improve and implement our objectives. The architect is currently being challenged as coordinator, designer and facilitator to develop a more flexible, market-compliant and diplomatic attitude so as to arrive at a workable dialogue.

Dit boek staat voor tien jaar Crepain Binst Architecture. Het is atypisch, maar allround en verenigt ons oeuvre en onze zienswijze. Dit boek werpt een blik op verleden, heden en toekomst en draagt een boodschap uit: 'Experience meets innovation'. Een slogan die symbool staat voor het versmelten van twee duidelijke visies. Het resultaat was en is een aanpak en handelsmerk die de kracht van creativiteit en architectuur etaleren.
Dit boek is ook een werk, een object, een blik in onze geest en achter de schermen, een kennismaking en een eerbetoon aan het architecturaal extract uit zeshonderd opdrachten in tien jaar. Na de dubbele uppercut – het overlijden van Jo Crepain op 20 december 2008 en de Nederlandse vastgoedcrisis – hebben wij ons architectenbureau vanuit een sterke gedrevenheid en stabiel team heropgebouwd als vernieuwde vaste waarde in de Belgische bouwwereld.

Dit boek toont de ziel, de krachtlijnen, de ambities en de snelheid van een bureau in evolutie, ingeleid door een ABC, een DNA uit 26 begrippen, gevolgd door drie duidelijke boekdelen: (A) 'drawings', (B) 'impressions' en (C) 'photography'. Samen verenigen zij een breder conceptueel gedragen aanpak en een meer artistieke vertaling. Het boek getuigt van onze missie, waarbij samenwerking, kwaliteit, professionaliteit en het inhoudelijk versterken van methodiek centraal staan. Samen vormen de begrippen de kern van onze toegevoegde waarde in een constant evoluerend klimaat van verandering en een groeiend bewustzijn van duurzaamheid als onderdeel van een geïntegreerde aanpak.
Het afgelopen decennium zijn ons beroep en onze ethiek drastisch veranderd. Dagelijks zijn er nieuwe wensen en noden. Voortdurend zijn we op zoek naar het verbeteren en uitdragen van onze doelstellingen. Tegenwoordig wordt de architect

The architects of tomorrow are forced to oversee constantly and to connect in a visionary manner. As the central mediator they have to shape our medium, architecture, with the greatest determination and always keep social relevance in mind. They are the managers of tomorrow which will bring new insights to the citizens, the clients and the authorities.

In the unification and definition of societal visions, the medium of architecture is growing and is gaining social significance and interest. Architecture has become the binding agent for the spatial organization of the future in which collaboration will more than ever be central. We need each other as partners in the collective reinforcement of our society as an economic and urban-planning win-win model. Architecture unites. It incites a community to share quality public spaces, to spend time together and to continue to improve our housing and work.

With this red cover we resolutely choose a strong message, the definition and power of the colour red. As a primary colour in painting, as the symbolic colour of courage and ambition and as an allusion to our base, Antwerp. A city that wishes in 2016 to call itself the creative capital of Europe under the slogan 'Born in Antwerp - Harbour of Creativity'.

Architecture books must inspire, acquaint, delight. They must challenge architecture and creativity widely, as added value on all scale levels, as visionary manifestos and as opportunities for the future. From 'human design' to 'city design'.

This book announces and heralds more Crepain Binst Architecture and is an invitation to more dialogue, 'positive architecture' and the joint, broader sounding of our medium in a single comprehensive approach. It carries one strong message: UNITED.

LUC BINST

als coördinator, designer en facilitator constant uitgedaagd tot een meer flexibele, marktconforme en diplomatische houding om zo tot een werkbare dialoog te komen.

De architecten van morgen worden gedwongen constant te overschouwen en visionair te schakelen. Als de centrale mediator moeten zij ons medium architectuur vormgeven, met de grootste gedrevenheid en met maatschappelijke relevantie voortdurend in het achterhoofd. Zij zijn de dirigenten van de toekomst die de burger, de bouwheer en de overheid tot nieuwe inzichten brengen.

In het verenigen en definiëren van gemeenschappelijke visies groeit het medium architectuur en wint het aan maatschappelijk belang en interesse. Architectuur is het bindmiddel geworden voor de ruimtelijke ordening van de toekomst waar samenwerking meer dan ooit centraal staat. We hebben elkaar als partners nodig in het gezamenlijk versterken van onze maatschappij als economisch en stedenbouwkundig win-winmodel. Architectuur verenigt. Zij zet een samenleving ertoe aan kwalitatieve publieksruimten te delen, samen tijd door te brengen en ons wonen en werken voortdurend te verbeteren. Met deze rode cover kiezen wij resoluut voor de sterke boodschap, definitie en kracht van de kleur rood. Als primaire kleur in de schilderkunst, als de symbolische kleur voor moed en ambitie en als een knipoog naar onze thuisbasis Antwerpen. Een stad die zichzelf in 2016 wil benoemen tot creatieve hoofdstad van Europa onder de noemer 'Born in Antwerp - Harbour of Creativity'.

Architectuurboeken moeten inspireren, laten kennismaken, verblijden. Zij moeten architectuur en creativiteit zeer breed uitdragen, als toegevoegde waarde op alle schaalniveaus, als visionaire manifesten en als kansen voor de toekomst. Van 'human design' tot 'city design'.

Dit boek is de aankondiging en voorbode van méér Crepain Binst Architecture en nodigt uit tot meer dialoog, 'positieve architectuur' en het gezamenlijk breder aftasten van ons medium in één totaalaanpak. Het draagt één sterke boodschap uit: 'UNITED'.

UNITED in de definitie van 26 begrippen waar Crepain Binst Architecture voor staat.

UNITED in de allround kwalitatieve en professionele aanpak als multidisciplinair architectenbureau.

UNITED in de brede aard en schaal van projecten van 'human design' tot 'city design'.

UNITED in het ambitieus uitbouwen van een 2de jeugd als een vernieuwde vaste waarde in België.

UNITED in de evenwichtige kwaliteitsbewaking van 'Architectuur', 'Bouwmethodiek' en 'Coördinatie'.

UNITED in het collegiaal delen van kennis en de opstart naar brede samenwerkingsverbanden.

UNITED in de kracht, de attitude en de ambitie naar alle toekomstige opportuniteiten.

UNITED in onze missie om ons medium meer visionair, methodisch en attractief te benaderen.

UNITED in het verenigen en uitdragen van een decennium ontwerponderzoek dat 505 projecten omvat.

UNITED in onze teamspirit en het dagelijks positief uitdragen van 'experience meets innovation'.

UNITED in the definition of 26 concepts which
Crepain Binst Architecture stands for

UNITED in the all-round qualitative and professional
approach as a multidisciplinary architecture office

UNITED in the wide nature and scale of projects from
'human design' to 'city design'

UNITED in the ambitious construction of a second youth
as a renewed established value in Belgium

UNITED in the balanced quality monitoring of
'Architecture', 'Building technique' and 'Coordination'

UNITED in the comradely sharing of knowledge
and the establishment of wide-ranging collaborations

UNITED in the power, attitude and ambition
of all future opportunities

UNITED in our mission to approach our medium in a
more visionary, methodical and appealing manner

UNITED in the collecting and implementation of a
decade of design research that comprises 505 projects

UNITED in our team spirit and the daily positive
implementation of 'experience meets innovation'

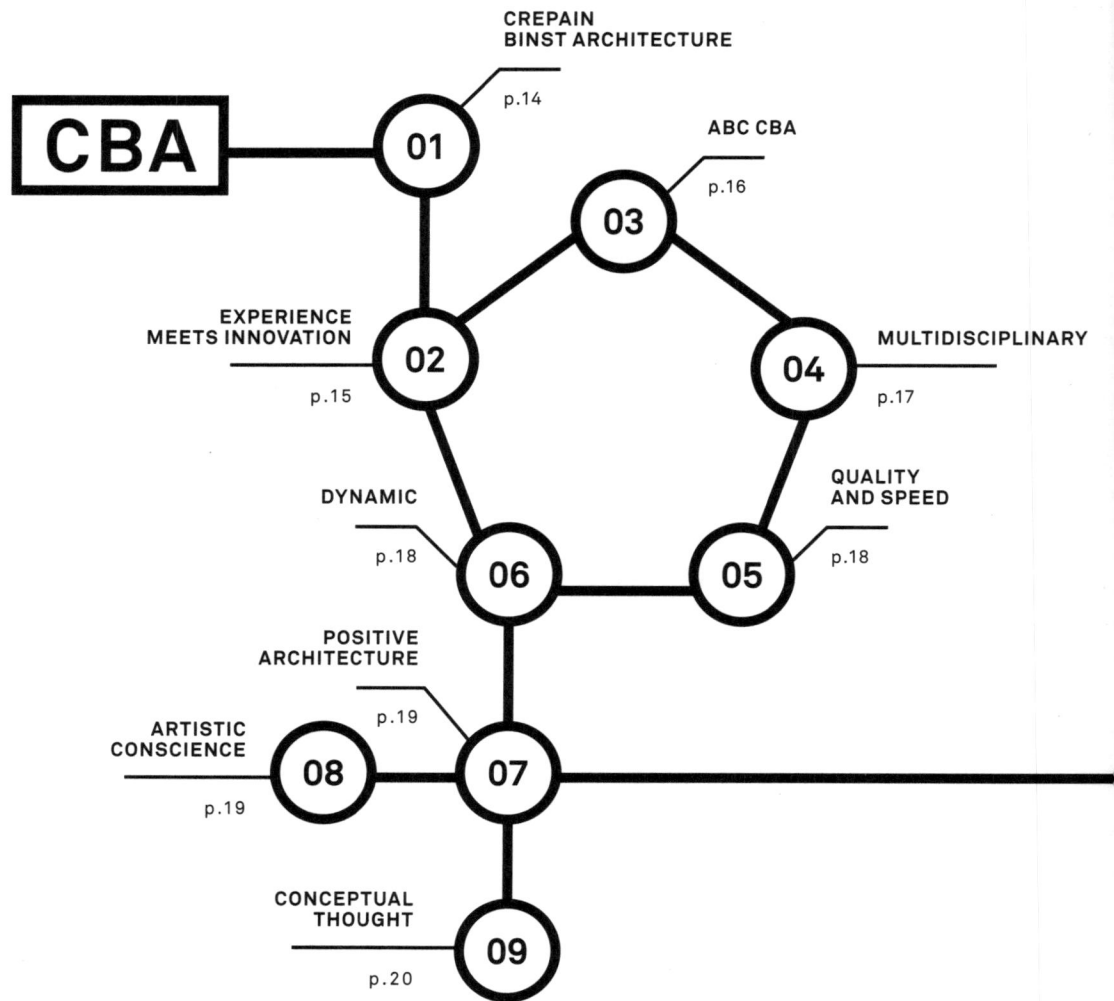

CBA

CREPAIN BINST ARCHITECTURE
01 — p.14

ABC CBA
03 — p.16

EXPERIENCE MEETS INNOVATION
02 — p.15

MULTIDISCIPLINARY
04 — p.17

DYNAMIC
06 — p.18

QUALITY AND SPEED
05 — p.18

POSITIVE ARCHITECTURE
07 — p.19

ARTISTIC CONSCIENCE
08 — p.19

CONCEPTUAL THOUGHT
09 — p.20

introduction — vision

DNA CBA

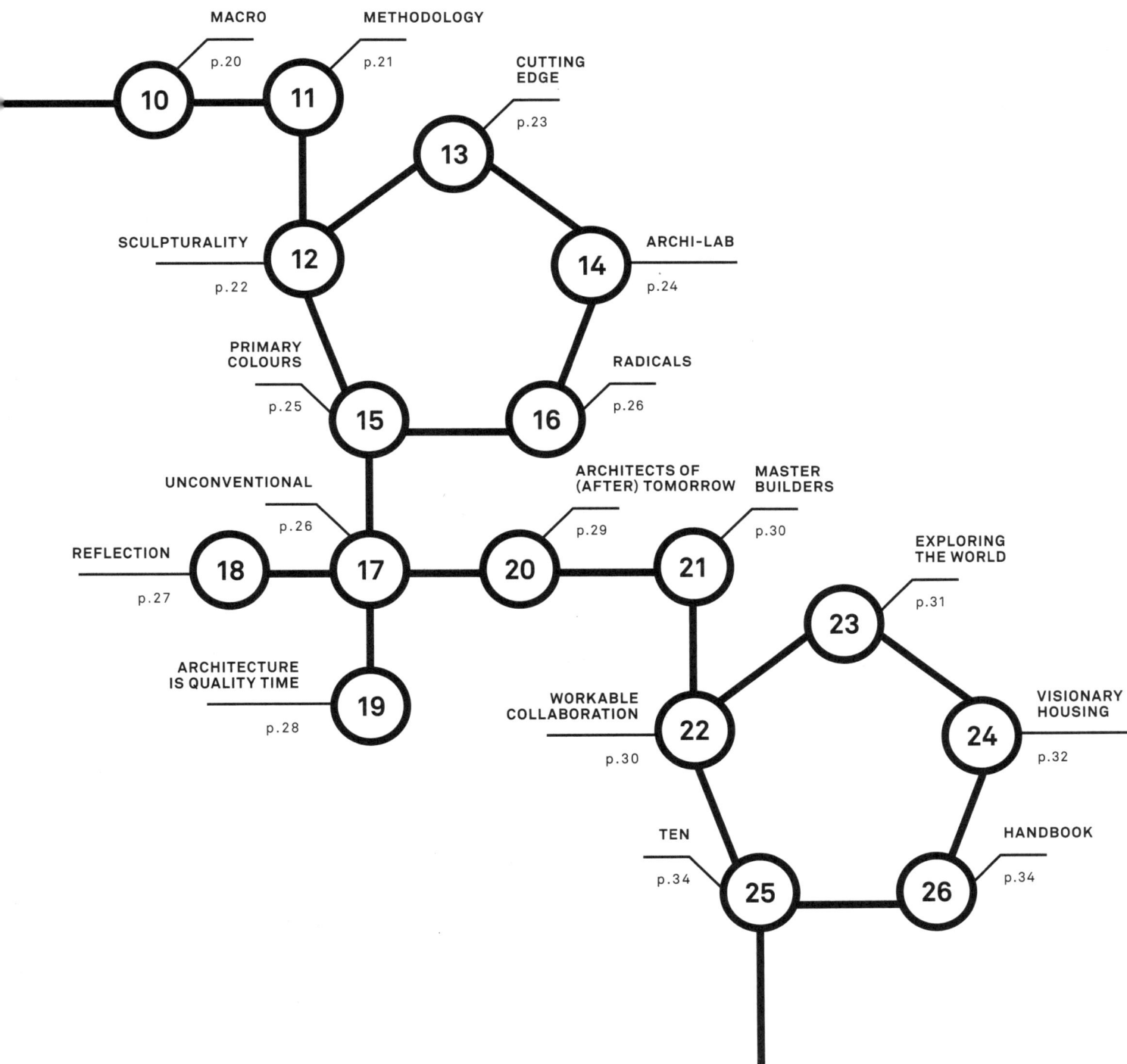

MACRO
p.20

METHODOLOGY
p.21

CUTTING
EDGE
p.23

10

11

13

SCULPTURALITY
p.22

12

ARCHI-LAB
p.24

14

PRIMARY
COLOURS
p.25

15

RADICALS
p.26

16

UNCONVENTIONAL
p.26

ARCHITECTS OF
(AFTER) TOMORROW
p.29

MASTER
BUILDERS
p.30

REFLECTION
p.27

18

17

20

21

EXPLORING
THE WORLD
p.31

23

ARCHITECTURE
IS QUALITY TIME
p.28

19

WORKABLE
COLLABORATION
p.30

22

VISIONARY
HOUSING
p.32

24

TEN
p.34

25

HANDBOOK
p.34

26

Crepain Binst Architecture has stood since early 2006 for the fusion of the late Jo Crepain († 10/12/2008) and Luc Binst. At the time we jointly announced the second youth of an oeuvre, the continuation of a life's work from a renewed ambition. An ambition that after ten years places us as a renewed established value in the medium. Our office has grown in recent years to a strong, stable and dynamic team of co-thinkers that can rely on 42 years of experience and some 500 built references in Belgium and the Netherlands.

We write ARCHITECTURE and AMBITION in capital letters because of our continuous intent and concern to disseminate this as ambitiously, professionally and realistically as possible. As a multidisciplinary office we represent a broad spectrum that brings us closer to the essence and activity of a leading office with many possibilities and an artistic presence.

With maximum flexibility for deadlines and project approach and the implementation of qualitative speed, we watch over the balance between Architecture, Building technique and Coordination. This ABC of CBA forms the red thread and, for several years, has been monitored closely throughout the entire development process because there is nothing to be gained from any turbulence between A, B or C.

We consider as self-evident our constant focus on quality architecture and professionalism to reinforce CBA as a renewed established value. Assessing projects internally on a daily basis, evaluating them, comparing them, weighing them per category and reflecting on them with the group — this is what we consider essential in the uniform project approach in which mutual dialogue, information flow and efficiency are central.

architecture = emotion

'Architecture works as a creative obsession and is the lifestyle of tomorrow.'

CREPAIN
BINST
ARCHITECTURE

Crepain Binst Architecture staat sinds begin 2006 voor de fusie van wijlen Jo Crepain (†10-12-2008) en Luc Binst, die destijds de 2de jeugd van een oeuvre aankondigden als voortzetting van een levenswerk vanuit een vernieuwde ambitie. Een ambitie die ons na 10 jaar als een vernieuwde vaste waarde in het medium plaatst. Ons kantoor is de voorbije jaren uitgegroeid tot een sterk, stabiel en dynamisch team van mededenkers dat kan terugvallen op 42 jaar ervaring en een 500-tal gebouwde referenties in België en Nederland.

ARCHITECTUUR en AMBITIE schrijven wij met een hoofdletter vanwege onze onophoudelijke betrachting en bekommernis om dit zo ambitieus, professioneel en zo realistisch mogelijk onderbouwd uit te dragen. Als multidisciplinair bureau vertegenwoordigen wij een breed spectrum dat ons dichter bij de essentie en werking brengt van een topbureau met vele mogelijkheden en een artistieke présence.

Met maximale flexibiliteit naar deadlines en aanpak van projecten, het implementeren van kwalitatieve snelheid, bewaken wij het evenwicht in Architectuur, Bouwtechniek en Coördinatie. Dit ABC van CBA vormt de rode draad en wordt sinds enkele jaren doorheen heel het uitwerkingsproces van een opdracht intens bijgestuurd, want niemand is gebaat bij grote turbulenties tussen A, B of C.

Wij beschouwen onze constante focus op kwalitatieve architectuur en professionalisme om CBA als vernieuwde vaste waarde te versterken, als een evidentie. Projecten dagelijks intern beoordelen, evalueren, vergelijken, afwegen per categorie en reflecteren aan de groep, achten wij essentieel in de uniforme projectaanpak waarbij onderlinge dialoog, informatiedoorstroming en efficiëntie centraal staan.

'Experience meets innovation' is our corporate slogan. The old approach, with an emphasis on logical plan elaboration, has evolved over the past decade to a more conceptual and pronounced design methodology.

EXPERIENCE

Our office represents 42 years of architectural background in Belgium and the Netherlands (from 1973 to 2005 as Jo Crepain Architect, since 2006 as Crepain Binst Architecture). A particular life work and a unique collection of 500 built projects of various scales and character: a striking portfolio for the future. In the Netherlands our master plans, collective housing and service buildings still show great expertise.

INNOVATION

We permanently keep a watch on ambition, initiative and enthusiasm, and we translate new typologies, interpretations and ways of seeing into architecture. We stand for competitive architecture with maximum awareness of economic market-conformity, a growing awareness of sustainability and professional service. Well-considered innovation remains our objective for the coming years.

'EXPERIENCE
MEETS INNOVATION'

'Experience meets innovation' is onze bedrijfsslogan. De oude aanpak, met nadruk op de logische planuitwerking, is in de laatste tien jaar geëvolueerd naar een meer conceptuele en uitgesproken ontwerpmethodiek.

EXPERIENCE. Ons bureau staat voor 42 jaar architectuurverleden in België en Nederland (van 1973 tot 2005 als Jo Crepain Architect, sinds 2006 als Crepain Binst Architecture). Een bijzonder levenswerk en een unieke collectie van 500 gebouwde projecten van diverse schaal en aard: een markant portfolio voor de toekomst. In Nederland getuigen onze masterplanning, groepswoningbouw en utilitaire gebouwen nog steeds van een grote expertise.

INNOVATION. Permanent bewaken wij ambitie, initiatief en enthousiasme, en vertalen wij nieuwe typologieën, interpretaties en zienswijzen in de architectuur. Wij staan voor een concurrentiële architectuur met een maximaal bewustzijn van economische marktconformiteit, een groeiend duurzaamheidsbesef en een professione.e service. Doordacht innoveren blijft ons streefdoel voor de volgende jaren.

The ABC of CBA is not only contained in 26 concepts that characterize our approach. The ABC lies especially in the balanced approach of the various projects and scales. Our discipline has grown highly complex over the past decade, and the architect can no longer present himself as a Renaissance man. Architecture, Building technique and Coordination have each evolved in their field to cover a broad network of involved parties. In addition, building legislation has expanded considerably. This all demands a new and intense form of vigilance.

ARCHITECTURE

Architecture can be modest or can need precisely to express itself. Depending on the ambition and the objective within the commission, CBA always starts out from a clearly supported concept. This is the result of a brainstorm process that delivers a maximum of three variants. Within the commissions, we distinguish about ten categories in our practice. In each category the five basic elements – context, scale, concept, plan and material – are always balanced. Sustainability is given full attention in this new design method.

BUILDING TECHNIQUE

Building technique has also strongly evolved in recent years towards a complex discipline with countless factors and responsibilities. The importance of integrated and sustainable designs, whereby architecture, stability, techniques and landscape are tuned to one another in an early stage, is necessary for effective submission and tender files. The clear delineation of everyone's commission is crucial in this to arrive at a coherent administrative and full-fledged result.

COORDINATION

The coordination of building sites demands constant alertness and overview with regard to the architectural quality we strive after. Our site leaders are the representatives of CBA and carry out the vision and culture of the office. Mock-ups must be taken up early in the process and the planning, as well as the planning of drawings and the documents to be submitted. Professionalism is central everywhere and remains the motor of A to C at CBA.

ABC CBA

Het ABC van CBA zit niet alleen vervat in 26 begrippen die onze aanpak kenmerken. Het ABC zit vooral in de evenwichtige benadering van de diverse projecten en schalen. Onze discipline is de voorbije tien jaar zeer complex geworden, en de architect kan zich niet meer als alleskunner profileren. Architectuur, Bouwtechniek en Coördinatie zijn elk in hun domein geëvolueerd naar een breed netwerk van betrokken partijen. Daarnaast is er een uitgebreide bouwwetgeving ontstaan. Dit alles vereist een nieuwe en intense vorm van behartiging.

ARCHITECTUUR
Architectuur kan bescheiden zijn of juist wel behoefte hebben aan expressie. Afhankelijk van de ambitie en doelstelling binnen de opdracht vertrekt CBA steeds vanuit een duidelijk onderbouwd concept. Dit is het resultaat van een brainstormproces dat maximaal drie varianten oplevert. Binnen de bouwopdrachten onderscheiden wij in onze praktijk een tiental categorieën. In elke categorie zijn de vijf basiselementen – context, schaal, concept, plan en materiaal – steeds in evenwicht. Duurzaamheid krijgt onze volle aandacht in deze nieuwe ontwerpmethode.

BOUWTECHNIEK
Ook de bouwtechniek is de voorbije jaren sterk geëvolueerd naar een complexe discipline met tal van factoren en verantwoordelijkheden. Het belang van geïntegreerd en duurzaam ontwerpen, waarbij architectuur, stabiliteit, technieken en landschap in een vroeg stadium op elkaar zijn afgestemd, is noodzakelijk voor performante aanvraag- en aanbestedingsdossiers. De duidelijke afbakening van ieders opdracht is hierin cruciaal om tot één coherent administratief en volwaardig resultaat te komen.

COÖRDINATIE
Coördinatie van werven vergt een permanente alertheid en toezicht op de architecturale kwaliteit die we nastreven. Onze werfleiders zijn de vertegenwoordigers van CBA en dragen de visie en cultuur van het bureau uit. Proefopstellingen (mock-ups) moeten vroeg in het proces en de planning opgenomen worden, alsook de planning van het tekenwerk en de te leveren documenten. Professionaliteit staat overal centraal en blijft de motor van A tot C bij CBA.

Creating, thinking up concepts, generating ideas: this quest knows no borders. Translating the results of this into reality and into a manageable scale is something else than letting oneself be restricted by economic or organizational parameters. This search process is too strong, too beautiful, too inspiring. More than that, it is sensible, good and courageous. More is multi, means sensibly reinforcing architecture with new interpretations and meanings.

Is multidisciplinary a buzzword? A symbolic term? It is synonymous with survival, with distinguishing oneself within the architecture world. It is often used and abused. It is often not visible, demonstrable or credible enough. It emerges, withstands time, presents a body of work, shows ambition, is a representation of an evolution and approach. It is our choice to work in a multidisciplinary fashion.

Multidisciplinary design
Multidisciplinary research
Multidisciplinary collaborations

—

Multidisciplinary winning of commissions

MULTIDISCIPLINAIR

Creëren, concepten bedenken, ideeën genereren: dit zoeken kent geen grenzen. De resultaten hiervan vertalen naar de werkelijkheid en in een behapbare schaal omvormen, is iets anders dan zich laten inperken door economische of organisatorische parameters. Dit zoekproces is te sterk, te mooi, te inspirerend. Meer zelfs, het is zinvol, goed en moedig. Méér is multi, is architectuur zinvol versterken met nieuwe interpretaties en betekenis. Multidisciplinair een modewoord? Een symbolische term? Het is het synoniem van overleven, van zich onderscheiden binnen de architectuurwereld. Het wordt vaak gebruikt en misbruikt. Het is vaak te weinig zichtbaar, aantoonbaar en geloofwaardig. Het ontstaat, weerstaat de tijd, presenteert een oeuvre, toont een ambitie, is een weergave van een evolutie en aanpak. Het is onze keuze om multidisciplinair te werken.

Multidisciplinair ontwerpen
Multidisciplinair onderzoeken
Multidisciplinair samenwerken
Multidisciplinair opdrachten verwerven

05 — QUALITY AND SPEED

We generate quality architecture quickly and efficiently. The experience we have acquired from competition designs has sharpened our design methodology. We deal positively with complexity and high pressure. We function at those moments on another frequency. Sometimes a specific project is outstanding because it is the synthesis of a past learning process while laying the basis for a new approach. From such a project we take out the extract that feeds the future work. The competitive atmosphere during a competition process pushes us to formulate a vision rapidly and sharply and to develop it very quickly into architecture. The 'missing client' in the competition context means that ideas are worked out rapidly and freely. That freedom is a positive lever.

Architecture is like sport. Speed, power, emotion and surprise are of the essence. In the limited work time the key for a striking and powerful design. This combined action makes our DNA healthier.

06 — DYNAMIC

Architecture is sometimes modest, sometimes expressive. Architecture is a versatile medium. A designer measures out the architectural means. The quest for architecture is a process with various dynamic thought processes that overlap. The architect designs, makes spaces with their own character, composes experience. Depending on the commission, the designer chooses modest or more pronounced qualities for specific spaces or buildings. The qualities lend each design their own identity. With architecture you can work. Architecture is a practice that lives and is dynamic. Versatility is essential.

KWALITEIT
EN SNELHEID

Wij genereren snel en efficiënt kwalitatieve architectuur. De ervaring die we opdeden uit wedstrijdontwerpen heeft onze ontwerpmethodiek aangescherpt. Wij gaan op een positieve manier om met complexiteit en hoge druk. We functioneren op die momenten op een andere frequentie. Soms is een bepaald project uitmuntend omdat het de synthese vormt van een voorbij leerproces en de basis legt voor een nieuwe aanpak. Uit dergelijk project halen we het extract dat het toekomstige werk voedt. De competitieve sfeer tijdens een wedstrijdproces zet aan om snel en scherp een visie te formuleren en ze in een versneld tempo te ontwikkelen naar architectuur. De 'ontbrekende opdrachtgever' in de wedstrijdcontext maakt dat ideeën snel en vrij uitgewerkt worden. Die vrijheid is een positieve hefboom.
Architectuur is als sport. Snelheid, kracht, emotie en verrassing zijn bepalend. In de beperkte werktijd ligt de sleutel voor een gebald en krachtig ontwerp. Dit samenspel maakt ons DNA gezonder.

DYNAMISCH

Architectuur is soms bescheiden, soms expressief. Architectuur is een wendbaar medium. Een ontwerper doseert de architecturale middelen. De zoektocht naar architectuur is een proces met diverse dynamische denkprocessen die elkaar overlappen.
De architect ontwerpt, maakt ruimten met een eigen karakter, componeert beleving. Afhankelijk van de opdracht kiest de ontwerper ingetogen of meer uitgesproken eigenschappen voor bepaalde ruimten of gebouwen. Die eigenschappen verlenen elk ontwerp een eigen identiteit. Met architectuur kun je werken. Architectuur is een praktijk die leeft en dynamisch is. Wendbaarheid is essentieel.

The concepts '(good) architecture' and 'positive' are instinctively synonymous. Good architecture and pleasant spatiality have a supportive, easy-going, rewarding effect. A pleasant atmosphere radiates, gives meaning, is therapeutic.

A positive approach of architecture is necessary to guarantee the future workability and merit of the profession of architect. Being an architect is wonderful, virtuous, rich in opportunities. The work is seasoned by enthusiasm, ambition, a fighting spirit and hunger for better results. Architecture demands courage, discipline, organization and talent. A team that is consistently positive in the work field has an uncommonly strong ability to do great things, to give fascinating subjects a chance. We need those chances to make a difference, to make, together with fellow architects, everyone aware that architecture is positive.

08 — ARTISTIC CONSCIENCE

Everyone has an artistic conscience and creative intelligence which we like to discover, challenge, reveal. As designers we have to cherish that in our work, and our buildings must appeal to the intelligence of the user. Working on an artistic conscience means working on a better balance of how we anchor ourselves culturally as people in society. Drawing on our genes, curiosity and a certain craftsmanship, we achieve a healthier and greater conscience.

Artistic intelligence is ubiquitous. We all carry it within ourselves and it is developed by interests, opinions, impressions and character. All art forms, including architecture, sharpen the artistic conscience. Besides the IQ and the EQ there also exists something like the AQ.

POSITIEVE ARCHITECTUUR

De begrippen '(goede) architectuur' en 'positief' zijn gevoelsmatig synoniemen. Goede architectuur en een aangename ruimtelijkheid werken ondersteunend, gemoedelijk, dankbaar. Een behaaglijke atmosfeer straalt, geeft betekenis, is therapeutisch.
Een positieve benadering van architectuur is noodzakelijk om de toekomstige werkbaarheid en verdienstelijkheid van het beroep van architect te garanderen. Architect zijn is prachtig, deugdzaam, kansrijk. Het werk wordt gekruid door enthousiasme, ambitie, vechtlust en honger naar een beter resultaat. Architectuur vergt moed, discipline, organisatie en talent. Een team dat consequent positief in het werkveld staat, heeft een buitengewoon sterk vermogen om schitterende dingen te doen, om boeiende ontwerpen een kans te geven. Die kansen hebben we nodig om het verschil te maken, om samen met confraters bij eenieder het bewustzijn te versterken dat architectuur positief is.

ARTISTIEK BEWUSTZIJN

Iedereen heeft een artistiek bewustzijn en creatieve intelligentie die we graag ontdekken, uitdagen, zichtbaar maken. Als ontwerpers moeten we dat koesteren in ons werk, en onze gebouwen moeten die intelligentie van de gebruiker aanspreken. Bouwen aan een artistiek bewustzijn is bouwen aan een beter evenwicht van hoe wij ons als mens in de maatschappij cultureel verankeren. Vanuit de genen, een nieuwsgierigheid, een bepaalde handvaardigheid bereiken wij een gezonder en groter bewustzijn. Artistieke intelligentie is alomtegenwoordig. Ieder van ons draagt haar in zich en ze ontwikkelt zich door interesses, opinies, impressies en karakter. Alle kunstvormen, waaronder architectuur, scherpen het artistiek bewustzijn aan. Naast het IQ en EQ bestaat er ook zoiets als het AQ.

09 — CONCEPTUAL THOUGHT

Designing is for us a training in conceptual thought, it is our methodology. Thinking in concepts means immersing oneself in the essence of a project; distinguishing the main issues from the side issues is essential. A project without a concept lacks overview; the programme is not readable. Simplicity leads to powerful design. Conceptual thought defines things. A few sketches, words, principles can express the soul of a project. Conceptual thought leads to good results; it yields a lot more ideas and brings us further than a traditional design process. That surplus of new resources leads us to new discoveries and inspires us.

10 — MACRO

Architects have to dare to think and act on a large scale, to approach the problem and the solution with a bird's-eye view. Macro-management, macro-architecture, macro-methodology, macro-vision: these are all means to oversee architecture from a broader perspective. Zooming out helps see more clearly, provides insight, provides an intake of air, relativizes. Think, act and prospect on a macro level and free yourself of the everyday uncertainties in the waiting room of new projects. By means of analysis and reason, the transposition of our solutions onto a greater scale, in other contexts, we find better solutions. For instance, what might seem at first sight to be a disadvantage can yield an advantage upon closer inspection. It is our challenge to think about this.

CONCEPTUEEL DENKEN

Ontwerpen is voor ons een training in conceptueel denken, het is onze methodiek. Denken in concepten is zich verdiepen in de essentie van een project; de hoofdlijnen en bijzaken onderscheiden is essentieel. Een project zonder concept ontbeert overzichtelijkheid, het programma is niet leesbaar. Eenvoud voert naar een krachtig ontwerp. Conceptueel denken definieert de dingen. Enkele schema's, woorden, principes kunnen de ziel van een project uitdrukken.
Conceptueel denken leidt tot goede resultaten, het levert veel meer ideeën op en brengt ons verder dan een klassiek ontwerpproces. Dat overschot aan nieuwe grondstoffen leidt ons tot nieuwe ontdekkingen en begeestert ons.

MACRO

Architecten moeten durven groots te denken en handelen, het probleem en de oplossing met helikopterzicht benaderen. Macromanagement, macroarchitectuur, macromethodiek, macrovisie: het zijn allemaal middelen om architectuur vanuit een bredere benadering te overschouwen. Uitzoomen werkt verhelderend, verschaft inzicht, brengt zuurstof, relativeert. Denk, handel en prospecteer macro en bevrijd jezelf van de dagelijkse onzekerheden in de wachtkamer van nieuwe projecten. Door analyse en ratio, het transponeren van onze oplossingen op een grotere schaal, in andere contexten, vinden we betere oplossingen. Zo kan een nadeel op het eerste gezicht bij nader inzien een voordeel opleveren. Het is net onze uitdaging om daarover door te denken. Wees macro, denk macro en communiceer macro. De wereld is te groot om klein te denken.

Be macro, think macro and communicate macro.

The world is too big to think small.

Each design process rests on a specific method: in-house knowledge, individual qualities and the ambition to arrive at an intelligent translation of a commission. The design is the visual result of a thought process that goes through a period during which ideas are taken up, let go, reworked and finalized. All architects have a personal work method. It is not always visible, consistent or acceptable to outsiders.

Our methodology emerges through the input of our own experiences, references and a database which we use as a source of information and design vocabulary. This basic toolkit is constantly being updated and is the motor of our office. The methodology is like the organs of the body that guarantee the health of our office.

Our methodology also consists in brainstorming on certain topics; they deliver a surplus of ideas. From the information in the database and the new input, new projects emerge as well as solutions of a high level, which are specific to the DNA of CBA.

Our methodology rests on the balanced development of the following steps in the design: base, approach, references, material and presentation.

METHODIEK

Elk ontwerpproces baseert zich op een bepaalde systematiek: op interne kennis, individuele kwaliteiten en de ambitie om tot een intelligente vertaling te komen van een opdracht. Het ontwerp is het visuele resultaat van een denkproces dat een tijdsverloop kent waarbij ideeën worden opgenomen, losgelaten, herwerkt en afgewerkt. Alle architecten hebben een persoonlijke manier van werken of methode. Die is voor buitenstaanders niet altijd even zichtbaar, consequent of aanvaardbaar.

Onze methodiek ontstaat door inbreng van eigen ervaringen, referenties en een 'database' die we als informatiebron en een ontwerpvocabularium inzetten. Dit basisgereedschap wordt voortdurend geactualiseerd en is de motor van ons bureau. De methodiek is als de organen van het lichaam die de gezondheid van ons bureau garanderen.

Onze methodiek bestaat ook uit brainstormen over bepaalde thema's; ze leveren een 'surplus' aan ideeën. Uit de informatie van de 'database' en de nieuwe inbreng ontstaan nieuwe projecten en oplossingen van een hoog niveau, die eigen zijn aan het DNA van CBA.

Onze methodiek steunt op de evenwaardige uitwerking van volgende stappen in het ontwerp: basis, aanpak, referenties, materiaal en presentatie.

Architecture is the result of thought in 3 dimensions, the placement of volumes in relation to one another. A space unfolds through the contours and silhouettes of walls and objects. Thinking about forms, designing forms and furniture means thinking about sculpturality. Articulating forms, establishing spaces, arranging functions — this is what makes architecture intelligible, gives it character.

Today, everywhere in the world we see buildings as icons that present themselves as landmarks, appealing presences. A new sculpturality can be seen to emerge that flirts with the laws of statics. We see other urban faces and landscapes that no longer coincide with what we have been used to for centuries, with our familiar image of urban planning and development. Sculpturality leads to a new visual culture in architecture. It adds a new dimension to the experience of architecture. Sculpturality knows no borders, is idiosyncratic, offers new opportunities.

SCULPTURALITEIT

Architectuur is het resultaat van denken in 3 dimensies, volumes ten opzichte van elkaar plaatsen. Een ruimte ontvouwt zich door contouren en silhouetten van muren en objecten. Denken over vormen, vormen en meubels ontwerpen is nadenken over sculpturaliteit. Vormen articuleren, ruimten vastleggen, het schikken van functies maakt architectuur bevattelijk, geeft haar karakter.
Tegenwoordig zien we overal in de wereld gebouwen als iconen die zich profileren als landmarks, aantrekkelijke verschijningen. We zien een nieuwe sculpturaliteit opdoemen die flirt met de wetten van de statica. We zien andere stadsgezichten en landschappen die niet meer overeenstemmen met wat we al eeuwen gewoon zijn, met ons vertrouwde beeld van stedenbouw en stadsontwikkeling. Sculpturaliteit leidt tot een nieuwe beeldcultuur in de architectuur. Ze geeft een nieuwe dimensie aan de ervaring van architectuur. Sculpturaliteit kent geen grenzen, is eigenzinnig, biedt nieuwe mogelijkheden.

OP HET SCHERP VAN DE SNEE

Architectuur is gevoel en emotie, direct, puur, sensueel, pornografisch. Ze spreekt alle zintuigen aan. Mensen laten zich leiden door prikkels, signalen, emoties, erotiek. Wij willen architectuur maken die beroert, die verwondert, die gelukkig maakt, die bevredigt. Soms is zelfs extravagantie op zijn plaats: mag het iets meer zijn? Architectuur mag ook uitgesproken luxueus en oogstrelend zijn. In haar compositie, haar perfecte format van verhoudingen mag, moet ze erotiek, extravagantie uitstralen. Ze moet steeds 'op het scherp van de snee' zijn.
Het is die scherpte en radicaliteit die we met CBA nastreven in ons werk.
In 2005 omschreef Hans Lensvelt mijn huis bij de uitreiking van de Lensvelt De architect interieurprijs als 'pure porno'. Ik weet wat hij daarmee bedoelt.

Architecture is feeling and emotion, direct, pure, sensual, pornographic. It addresses all senses. People are guided by stimuli, signals, emotions, eroticism. We want to make architecture that moves, that surprises, that satisfies. Sometimes extravagance has its place: can it be a bit more? Architecture can also be emphatically luxurious and soft on the eyes. In its composition, its perfect format of relations, it can, it must radiate eroticism, extravagance. It must always be at the cutting edge. It is that sharpness and radicality that we strive after in our work with CBA.

In 2005, when delivering the Lensvelt de Architect Interieurprijs, Hans Lensvelt described my house as 'pure porn'.

——————

I know what he means.

Architecture is a laboratory, an unknown and intriguing field of experimentation. Experimenting is the continuous searching for various applications and variants where material, colour and texture come together and emphasize one another in good harmony.

Experimenting with form, material and detail is specific to the field. We are always reinterpreting commissions, themes, built material. Private commissions and design exercises are a perfect scale for the laboratory of research and innovation, and they support innovative architecture, our design method and commissions on a larger scale.

Our architecture lab has covered a lot of ground in ten years. This will be visible throughout the ten building categories and the three chapters in this book. Careful attention for material, texture, colour and harmony characterizes all our projects.

the creative brain

'It is great to experience what a creative brain can bring about and how you can lose complete control over what you have done.'

ARCHI-LABO

Architectuur is een laboratorium, een ongekend en intrigerend domein van experiment. Experimenteren is het continu zoeken naar diverse toepassingen en varianten waar materiaal, kleur en textuur elkaar in goede harmonie ontmoeten en versterken. Experimenteren met vorm, materiaal en detail is eigen aan het vak. Steeds opnieuw herinterpreteren we opdrachten, thema's, gebouwde materie. Particuliere opdrachten en designoefeningen zijn een perfecte schaal voor het laboratorium van onderzoek en innovatie, en ze ondersteunen de innovatieve architectuur, onze ontwerpmethodiek en de opdrachten op grotere schaal.
Ons architectuurlabo heeft in tien jaar tijd een hele weg afgelegd. Doorheen de tien bouwcategorieën en de drie hoofdstukken zal dat zichtbaar zijn in het boek. Aandacht voor materiaal, textuur, kleur en harmonie is in alle projecten aanwezig.

PRIMAIRE KLEUREN

De kracht van kleur is dankbaar, boeiend, zeer geschikt voor de versterking en verduidelijking van elk ontwerp. Kleur 'staat', kleur 'straalt', kleur 'definieert'. Kleur geeft een boodschap, bepaalt zones, heeft een functie en betekenis. Kleur geeft evenwicht aan ruimten, verleent aan architectuur een présence, en daardoor overstijgt ze zwart-witte planmatigheid. Primaire kleuren zijn dominant, sterk, bepalend. Samen zijn ze gewaagd. De combinatie van de olympische kleuren is nog steeds sterk en brandend actueel. De drie primaire kleuren volstaan om zo door menging een rijk gamma aan kleuren te verkrijgen. In de schilderkunst worden de subtractieve kleuren traditioneel aangegeven als 'rood', 'geel' en 'blauw'. Geel en blauw waren diverse jaren als 'kleurperiode' of 'kleurthematiek' onderdeel van ons werk. Zowel in kleine designopdrachten als op masterplanschaal. Vanuit onze dagelijkse omgang met natuurlijke tinten geven primaire kleuren – krachtig en zuiver – karakter en een artistieke flair aan architectuur. Architectuur zonder kleur heeft een ander bestaan. Architectuur zonder kleur is moeilijk te bevatten.

Ode aan rood
Rood is de kleur met de krachtigste symboliek. Ze staat voor vreugde, verbondenheid, kracht en durf. Rood is ook puur, gewaagd en kleurt ook de stad Antwerpen. Rood trekt de aandacht, is een prachtige modekleur en springt er meer uit dan andere kleuren. Tien jaar Crepain Binst eren we met een rood portfolio: een duidelijke boodschap én een eresaluut aan onze stichter en bezieler Jo Crepain.

The power of colour is rewarding, exciting, very appropriate for the reinforcement and clarification of each design. Colour 'stands', colour 'radiates', colour 'defines'. Colour sends a message, defines zones, has a function and meaning. Colour provides balance to spaces, lends architecture a presence, and in this it exceeds a black-and-white methodology.

Primary colours are dominant, powerful, determining. Together they are daring. The combination of the Olympic colours is still strong and powerfully contemporary. The three primary colours are enough to obtain a rich palette of colours when they are mixed. In painting, the substractive colours are traditionally given as 'red', 'yellow' and 'blue'.

For a number of years yellow and blue were a part of our work; they formed the 'colour period' or 'colour theme', both in small design commissions and in master plans. From our daily use of natural colours, primary colours – powerful and pure – give both character and an artistic flair to architecture. Architecture without colour has another existence. Architecture without colour is difficult to conceive.

ODE TO RED

Red is a colour with a powerful symbolism. It stands for joy, connectedness, strength and daring. Red is also pure and bold, and it is also the colour of the city of Antwerp. Red draws attention, is a wonderful fashion colour and jumps out more than others. We are honouring ten years of Crepain Binst with a red portfolio: a clear message as well as a tribute to our founder and driving force Jo Crepain.

(16)— RADICAL

Radical thinkers, artists, architects are out to reset. 'Radical' is a word that incites to improvise about architecture, about continuity and about the work method of radicals. If you study the work of radicals, you see that they test the borders of their discipline and are ready to accept the most extreme consequences of their thinking method and to convert them into acts. They are passionate and idealistic. Their creative hunger is inexhaustible, their language authentic, universal and consistent.

Many architects deny being radical, but acknowledge that they integrate characteristics of radicals in their work. The beauty of radicals is not in the unworkable idiosyncrasy but in genuinely giving meaning to things. Radicals have a powerful drive.

(17)— UNCONVENTIONAL

Thinking unconventionally is particularly rewarding, challenging and madly interesting. In architecture we need to dare to free ourselves of conventions, to push back the borders of our habits. Only then will we exceed ourselves exponentially. The best ideas lie beyond conventional thought.

The search for conventional and unconventional principles, facts and starting points broadens our thought, increases our knowledge and bolsters our creative ability. It is our duty to generate a production capacity that reaches far and awakens creative emotion. In this emotion lies the beauty of unconventional thought.

We wish to integrate unconventional concepts in our oeuvre. That is the ambition of a firm in evolution, looking for its maximum ability. We feel challenged to develop a vision, to bring convention and innovation together and to balance them. A new balance for a new future.

RADICAAL

Radicale denkers, kunstenaars, architecten zijn eropuit te 'resetten'. 'Radicaal' is een woord dat aanzet om te improviseren over architectuur, over continuïteit en over de werkwijze van radicalen. Als je werk van radicalen bestudeert, zie je dat zij de grenzen van hun discipline aftasten, en bereid zijn om de uiterste consequenties van hun denkwijze te aanvaarden en in daden omzetten. Ze zijn gepassioneerd en idealistisch. Hun creatieve honger is onuitputtelijk, hun taal is authentiek, universeel en consequent.
Veel architecten ontkennen radicaal te zijn, maar erkennen wel eigenschappen van radicalen in hun werk te verwerken. De schoonheid van radicalen zit niet in de onwerkbare eigenzinnigheid, maar in het werkelijk betekenis geven aan de dingen. Radicalen hebben een sterke drijfveer.

ONCONVENTIONEEL

Onconventioneel denken is bijzonder dankbaar, uitdagend en krankzinnig interessant. In architectuur moeten we durven loskomen van conventies, de grenzen van gewoontes aftasten. Dan pas zullen we onszelf exponentieel overtreffen. De beste ideeën liggen voorbij het conventionele denken.
Het onderzoek naar conventionele én onconventionele principes, feiten, uitgangspunten, verruimt ons denken, geeft meer kennis en versterkt ons creatief vermogen. Het is onze taak om een productievermogen te genereren dat ver reikt en creatieve emotie opwekt. In deze emotie ligt de schoonheid van onconventioneel denken.
Wij willen onconventionele concepten in ons oeuvre integreren. Dat is de ambitie van een bureau in evolutie, op zoek naar zijn maximale vermogen. Wij voelen ons uitgedaagd om visionair te denken, om conventie en vernieuwing te laten samengaan en in evenwicht te brengen. Een nieuw evenwicht voor een nieuwe toekomst.

Reflection and a growing identity are unconditionally connected. Self-reflection is the perfect method and motor for creative impulses. In architecture, in our artistic conscience, reflection is necessary in order to progress within the design question and to improve. An architect or artist must question his or her practice regularly. We are responsible for our acts and for the architecture we put at the service of society.

Reflection gives us insight into our motivations, our growth process and creative ability. Even a total 'reset' is not unthinkable. Artists are much more convinced by this. Architects can allow themselves such rapid 'short circuits' between reality and fantasy less. The interaction between both is interesting, because artists and architects both work on the border between reality and utopia. At times the interaction between both is a 'conscious approach', at other times it is like an 'unconscious experience'.

10 questions for professionals

– Where does the strength of your idiosyncrasy lie as an artistic person?
– Do you have an ad hoc approach or a visible strategy?
– Against what do we need to protect ourselves in our idiosyncrasy?
– Have you ever been the victim of your own approach and thought?
– Is progress at all noticeable for yourself, or is it an unconscious given?
– Have there been important pivotal moments,
  projects or possible breaking points?
– Are your inspirations objectifiable? Measurable?
– Are you happy about your artistic approach and past?
– Where does the real force of your experience and reflections lie today?
– To what extent does 'mind-setting' form a basis
  for approach and guidance?

REFLECTIE

Reflectie en een groeiende identiteit zijn onvoorwaardelijk met elkaar verbonden. Reflectie is de perfecte methode en motor voor creatieve impulsen.
In architectuur, in ons artistiek bewustzijn is reflectie noodzakelijk om binnen het ontwerpvraagstuk hoger te schakelen en te verbeteren. Een architect of kunstenaar moet zijn praktijk regelmatig in vraag stellen. Wij zijn verantwoordelijk voor onze daden en de architectuur die we ten dienste van de maatschappij stellen. Reflectie geeft ons inzicht in onze motivaties, ons groeiproces en creatief kunnen. Zelfs een totale 'reset' is niet ondenkbaar. Kunstenaars zijn hiervan veel meer doordrongen. Architecten kunnen zich dergelijke snelle 'kortsluitingen' tussen realiteit en wensdroom minder veroorloven. De wisselwerking tussen beide is wel interessant, want kunstenaars en architecten werken allebei op de snee tussen realiteit en utopie. Soms is de wisselwerking tussen beide een 'bewuste aanpak', dan weer is het als een 'onbewust ondergaan'.

10 vragen voor professionals

– Waar ligt de kracht van jouw
  eigenzinnigheid als artistiek persoon?
– Is jouw aanpak een ad-hocproces of
  een zichtbare strategie?
– Waartegen moeten wij onszelf in onze
  eigenzinnigheid beschermen?
– Ben je ooit het slachtoffer geworden
  van je eigen aanpak en denken?
– Is vooruitgang überhaupt voor jezelf
  merkbaar, of is het een onbewust
  gegeven?
– Zijn er belangrijke kantelmomenten,
  projecten of mogelijke breekpunten
  geweest?
– Zijn je inspiraties objectiveerbaar?
  Meetbaar?
– Ben je tevreden over je artistieke aanpak
  en verleden?
– Waar ligt vandaag de echte kracht van
  jouw ervaring en reflecties?
– In hoeverre vormt 'mindsetting' een
  basis voor aanpak en sturing?

Our love for construction is in our subconscious, in our DNA. It is high time to disseminate our architecture climate and conscience. People are guided and influenced by architecture every day. Architecture is everywhere, is permanent and all-embracing. It can be present in simple or refined forms, or can be translated consistently into something tangible in the form of a well-considered idea. Something tangible on the scale of 'human design' or 'city design'.

Architecture is a constituent part of society and of the dialogue between society and the individual. Architecture is like a second skin. Qualitative space contributes to a pleasant experience. People must lock architecture in their hearts, absorb its power, learn to read and understand and integrate its language in their culture. Architecture is creating, contains an artistic freedom and is sometimes art. Architecture can inspire and shows beauty. Architecture is a rewarding medium. It can touch people and mean quality time for everyone.

Architecture is like built music: it is composed, fixed in a score, with its own sound. Architecture is capable of silencing us, intoxicating us, pleasing us, caring for us and restoring us mentally. The power of architecture is underestimated. Don't be afraid, don't avoid it, don't lose it.

architecture

Architecture is healthy
Architecture is beneficial
Architecture is restorative
Architecture is culinary
Architecture is 24/7
Architecture is immodest
Architecture is intriguing
Architecture is rewarding
Architecture is Belgian
Architecture is quality time

ARCHITECTUUR
IS QUALITYTIME

Onze liefde voor het bouwen zit in ons onderbewuste, in ons DNA. Het is hoog tijd om ons architectuurklimaat en -bewustzijn uit te dragen.
Mensen worden dagelijks door architectuur gestuurd en beïnvloed. Architectuur is overal, is permanent en allesomvattend. Ze kan aanwezig zijn in haar eenvoud of in verfijning, of onder de vorm van een goed doordacht idee consequent vertaald in materie. Materie op schaal van *human design* of *city design*. Architectuur is onderdeel van de maatschappij en van de dialoog tussen maatschappij en individu. Architectuur is als een tweede huid. Kwalitatieve ruimte draagt bij tot een aangenaam vertoeven. Mensen moeten architectuur in hun hart sluiten, haar kracht absorberen, haar taal leren lezen en begrijpen en opnemen in hun cultuur. Architectuur is creëren, bezit een artistieke vrijheid en is soms kunst. Architectuur kan bezielen en toont schoonheid. Architectuur is een dankbaar medium, het kan mensen raken en voor iedereen *quality time* betekenen. Architectuur is als gebouwde muziek: ze is gecomponeerd, ligt vast in een partituur, met een eigen sound. Architectuur is bij machte om ons te verstillen, te bedwelmen, te behagen, te verzorgen en ons mentaal te helen. De kracht van architectuur wordt onderschat. Wees niet bang, schuw ze niet, verlies ze niet.

Architectuur is gezond
Architectuur is heilzaam
Architectuur is versterkend
Architectuur is culinair
Architectuur is 24/7
Architectuur is onbescheiden
Architectuur is intrigerend
Architectuur is dankbaar
Architectuur is Belgisch
Architectuur is qualitytime

Architects of tomorrow emancipate themselves, reincarnate
free themselves of administrative ballast
determine the rules of spatial planning
are visionary global idealists, world visionaries
determine the workability of architecture
have a clear mission
are the managers of society
are praised by the political establishment
are healthily self-willed
reconcile, fuse, reinforce
make the architecture of after tomorrow
are looking for an updated status, a new balance
make wonderful things
honour ethics, show mutual respect
we can't find any like that yet
are working on a visionary manifesto

I want to invite architects to come together in a think tank. To address the government as one strong body. Architects can enthuse and raise awareness and press for the implementation of visionary solutions. We have ideas about issues such as infrastructure, metropolises or high-rise construction. As architects we can offer the citizens of today better housing, better mobility and better architecture. This is an appeal, a wish and a commitment.

ARCHITECTEN
VAN (OVER)MORGEN

Architecten van morgen bevrijden zich, reïncarneren komen los van administratieve ballast bepalen de regels van ruimtelijke ordening zijn visionaire wereldverbeteraars, werelds visionair bepalen de werkbaarheid van de architectuur hebben een duidelijke missie zijn de dirigenten van de maatschappij worden gelauwerd door het politieke bestel zijn gezond eigenzinnig verzoenen, fusioneren, versterken maken architectuur van overmorgen zoeken naar een vernieuwd statuut, een nieuw evenwicht. maken fantastische dingen eren ethiek, tonen wederzijds respect zo vinden we ze nog niet vandaag bouwen aan een visionair manifest

Ik wil architecten uitnodigen om zich te verenigen in een *think tank*. Om samen als één sterk college te spreken met de overheid. Architecten kunnen enthousiasmeren en sensibiliseren en aansturen op de invoering van visionaire oplossingen. Wij hebben ideeën over vraagstukken als infrastructuur, grote steden, hoogbouw.

Als architecten kunnen wij de burgers van vandaag betere woningen, een betere mobiliteit en betere architectuur aanbieden. Dit is een oproep, een wens en een engagement.

(21)— MASTER BUILDERS

We are all master builders, but far too few
      of tomorrow are visionary diplomats
      mostly masterly builders
      build bridges for people, over people, through people
      watch over professional ethics and pride
      are of every age
      are the masters of tomorrow, not the master builders of yesterday
      are modest, but masterfully present
      are appointed by masterly builders
      a masterly team with inspiring strength
      a council that exceeds the individual

(22)— WORKABLE COLLABORATION

In a globalized world, dialogue is necessary to manage complex processes and to achieve workable collaboration. Dialogue is the lever of success. In the world of architecture, peopled by powerful figures and characters, a new work culture must emerge. Architects must collaborate more and keep defining what the role of architecture is or will be in society.

Architects must become masterly diplomats, strong and convincing, positive. With our shared interests, ambitions and objectives, we provide a broad basis for building culture. Architects carry a shared responsibility and serve the citizen and society.

It is necessary to bundle forces, to work together, to have a dialogue and to show empathy. Only then will architecture survive, will architects from here be able to make statements that are visible and important here and on the international scene.

BOUWMEESTERS

Bouwmeesters zijn we allemaal, maar veel te weinig van morgen zijn visionaire diplomaten meestal meesterlijke bouwers bouwen bruggen voor mensen, over mensen, door mensen bewaken ethiek, deontologie, professionele trots zijn van elke leeftijd zijn de meesters van morgen, niet de bouwmeesters van gisteren zijn bescheiden, maar meesterlijk aanwezig worden door meesterlijke bouwers aangesteld een meesterlijk team met begeesterende slagkracht een college dat het individu overstijgt

WERKBARE SAMENWERKING

In een geglobaliseerde wereld is dialoog noodzakelijk om complexe processen te beheersen en om tot werkbare samenwerking te komen. Dialoog is de hefboom voor succes. In de wereld van de architectuur, waar sterke figuren en karakters aanwezig zijn, moet een nieuwe werkcultuur ontstaan. Architecten moeten meer samenwerken en steeds opnieuw definiëren wat de rol van architectuur in de maatschappij is of zal zijn. Architecten moeten meesterlijke diplomaten worden, sterk en overtuigd, positief. Vanuit de gedeelde interesses, ambities en doelstellingen maken wij een breed draagvlak voor bouwcultuur. Architecten dragen een gedeelde verantwoordelijkheid en staan ten dienste van de burger en de maatschappij. Krachten bundelen, samenwerken, dialoog en empathie zijn noodzakelijk. Alleen dan zal architectuur overleven, zullen architecten van hier statements kunnen maken die hier en internationaal zichtbaar en van belang zijn.

Architecture makes landmarks on all continents. Exceptional architectural statements worldwide are the new heritage of tomorrow. Besides the virtual worlds of Google, Facebook and Apple, it is metropolises like Singapore, São Paulo and Mumbai that are generating new ideas for an architecture for the 21st century.

Great challenges lie ahead: urban planning, sustainability, technology, new nature have to be reconciled in powerful projects. As an architecture firm we too want to take part. Under the title 'Exploring the world', Crepain Binst Architecture successfully launched several international initiatives.

In France we were the laureates with a beautiful five-star resort of 25,000 m2 including a hotel, villas and apartments in Saint-Paul-de-Vence on the Côte d'Azur, France, in collaboration with Coussée & Goris Architecten.

In Vietnam our design for a new city hall in Ho Chi Minh was nominated from among 11 international submissions and we are in the last round with three design studios in collaboration with Jaspers & Eyers Architects.

In Singapore we have joined forces with six partners from the construction world on a unique initiative, BDNA: 'Belgium Design Nature Architecture' (info@b-dna.asia). In Singapore we are setting up a Belgian delegation for the construction world.

Crepain Binst Architecture wants to connect to a 'bigger world'. We are ambitious and interested in international opportunities on a large scale. Our fortes are our Western-European expertise, our Belgian knowhow and our portfolio of more than 500 built projects on all scales. We put all our weight into the fight: multidisciplinarity, visionary concepts, speed and efficiency.

EXPLORING
THE WORLD

Architectuur maakt landmarks in alle continenten. Uitzonderlijke architecturale statements wereldwijd zijn het nieuwe erfgoed van morgen. Naast de virtuele werelden van Google, Facebook en Apple zijn het wereldsteden als Singapore, São Paulo en Mumbai die nieuwe ideeën voor een architectuur voor de 21ste eeuw genereren.
De uitdagingen zijn groot: stedenbouw, duurzaamheid, technologie, nieuwe natuur moeten verzoend in sterke projecten. Ook wij willen als architectuurbureau hieraan participeren. Onder de noemer 'exploring the world' lanceerde Crepain Binst Architecture met succes enkele internationale initiatieven.

* In Frankrijk werden wij laureaat met een prachtig vijfsterrenresort van 25.000m² met hotel, villa's en appartementen in Saint-Paul-de-Vence, Côte d'Azur Frankrijk, i.s.m. Coussée & Goris Architecten.
* In Vietnam is ons ontwerp voor een nieuwe Cityhall in Ho Chi Minh City uit elf internationale inzendingen genomineerd en zitten we in de laatste ronde met drie ontwerpbureaus in samenwerking met Jaspers & Eyers Architects.
* In Singapore verenigen we ons met zes partners uit de bouwwereld in een uniek initiatief, BDNA: 'Belgium Design Nature Architecture' (info@b-dna.asia). We richten er een Belgisch vertegenwoordigingskantoor voor de bouwwereld op.

Crepain Binst wil aansluiten op 'a bigger world'. Wij zijn ambitieus en geïnteresseerd in internationale opportuniteiten met een grote schaal. Onze West-Europese expertise, onze Belgische knowhow en portfolio van meer dan vijfhonderd gebouwde projecten in alle schalen zijn onze sterktes. Al onze troeven gooien we in de strijd: multidisciplinariteit, visionaire concepten, snelheid en efficiëntie.

We want to provide new answers for the changing world of tomorrow, to conceive visionary concepts about new housing comfort. Smart technology gives people more free time for their hobbies, for each other. Quality of life is central and makes community living different.

Visionary housing is the tenth category in our book. It is our ambition to design housing, housing needs and housing communities from a new perspective and in an unconventional manner. Firstly we posit that we are going to live collectively: groups of like-minded people, groups of people that share the same interests will live together in the future. For architecture this means new housing structures, other models of collective buildings. The building specifications will be new: building in different places, seeking new relations with regard to the city and the existing infrastructure and in new landscapes. It requires intelligent solutions between delimitations of private and public spaces and buildings, collective nature, new interior arrangements. Housing as furniture and furniture as housing.

We present 10 alternative housing structures. They are built up around our vocabulary and our concepts from the past but projected into the future. They comprise all scales, from human design to city design. We let ourselves be inspired by themes and present among others Garden Living, Water Living, Olympic Living and Horizon Living.

Housing in the future will be more than a necessary place of residence. The housing biotope will become a temporary atmosphere that coincides at that moment in time with the interests and experience we choose for. Tomorrow's housing will exceed conventions, the usual actions, the traditional thought patterns. Housing space will take on new forms, a new sculpturality, will be assembled out of new compositions.

We are not seeking to design the perfect housing for the future. We want to rethink the basic needs – eating, sleeping, living, working and relaxing. We wish to give these experiences new dimensions. Over the course of a lifetime, attention for these needs changes: depending on their life stage, people need a different type of housing. We want to focus our new and visionary housing on those changing and flexible needs.

VISIONAIR WONEN

Voor de veranderende wereld van morgen willen we nieuwe antwoorden bieden, visionaire concepten over nieuw wooncomfort bedenken. Slimme technologie levert mensen meer vrije tijd op voor hun interesses, voor elkaar. Levenskwaliteit staat centraal en maakt het samenleven anders.

Visionair wonen is de tiende categorie in ons boek. Het is onze ambitie om het wonen, woonbehoeften en woongemeenschappen vanuit een nieuw perspectief op een onconventionele manier vorm te geven. Vooreerst poneren we dat we collectief gaan wonen: groepen van gelijkgestemden, groepen die hun leven invullen met dezelfde interesses wonen in de toekomst samen. Voor de architectuur betekent dat nieuwe woonstructuren, andere modellen van gemeenschappelijke gebouwen. De bouwopgaven worden nieuw: bouwen op andere plaatsen, nieuwe relaties zoeken ten opzichte van de stad, de bestaande infrastructuur en in nieuwe landschappen. Het vergt intelligente oplossingen tussen afbakeningen van privé- en publieke ruimten en gebouwen, collectieve natuur, nieuwe interieurinrichtingen. Woningen als meubels en meubels als woningen. We presenteren 10 alternatieve woonstructuren. Ze zijn opgebouwd uit ons vocabularium en onze concepten uit het verleden, maar geprojecteerd naar de toekomst. Ze omvatten alle schalen: van *human design* tot *city design*. We laten ons inspireren door thema's en stellen onder meer *Garden Living, Water Living, Olympic Living, Horizon Living* voor. De woning zal in de toekomst meer zijn dan een noodzakelijke verblijfsruimte. De woonbiotoop wordt een tijdelijke atmosfeer die op dat moment overeenstemt met de interesses en beleving waarvoor we kiezen. Het wonen van morgen overstijgt het conventionele, de gebruikelijke handelingen, de klassieke denkpatronen. Woonruimte krijgt nieuwe vormen, een nieuwe sculpturaliteit, is opgebouwd uit nieuwe composities. De perfecte woning voor de toekomst ontwerpen is niet wat wij zoeken. We willen de basisbehoeften – eten, slapen, wonen, werken en ontspannen – herdenken. Wij streven ernaar die ervaringen nieuwe dimensies te geven. In een mensenleven wijzigt de aandacht voor die behoeften: naargelang de levensfase hebben mensen nood aan een ander soort woning. Op die veranderende en flexibele behoeften willen wij ons nieuwe en visionaire wonen richten.

'a house is like a stopwatch'

Ticking fragments away
Second after second
Structured in one house
One hour to find out
One day to explore
One house with time
Dreaming of time
Dreaming of distance
My time lab house

DNA CBA

(25)— TEN

The number 10 symbolizes the absolute, the return to unity, perfection, the combination of male (1) and female (0). 10 is a lucky number. 10 stands for positive, strong, for a fresh beginning. Suddenly you turn 10. Young, energetic, growing, searching. 10, but with the DNA of 42 years. The past years have been tough, delicate, but we are still here with a passion for architecture and a distinct artistic insight. What we are is here explained through 26 ingredients. The best is yet to come.

(26)— HANDBOOK

This book offers a snapshot of a life, a career and a body of work. It is at the same time an assessment and an incitement to look forward. The book also aims to function as a handbook for the future. It wants to challenge and to inspire creative solutions. It offers an overview of ten years of work with an outline of all the plans, visualizations and photographs of built projects, collected together by chapter. Divided from small to large and summed up under various chapter headings: 'human design', 'city design', 'exploring the world' and '10 future living concepts'. Our 'extract' of ten years of teamwork presented in an atypical manner.

TIEN

Het getal 10 staat symbool voor het absolute, de terugkeer naar eenheid, de perfectie, de vereniging van het mannelijke (1) en het vrouwelijke (0). 10 is een gelukkig getal. 10 staat voor positief, voor sterk, voor een start naar een nieuwe toekomst.
Plots ben je tien. Jong, energiek, groeiend, zoekend. Tien, maar met een DNA van 42 jaar. De voorbije jaren waren zwaar, delicaat, maar we staan er nog steeds met een passie voor architectuur en een eigen artistiek inzicht. Wat we zijn, staat hier verduidelijkt in 26 ingrediënten. Het beste moet nog komen.

HANDBOEK

Dit boek weerspiegelt een momentopname van een leven, een carrière en een oeuvre. Het is tegelijkertijd een stand van zaken en een aanleiding om vooruit te kijken. Het boek wil ook een handboek zijn voor de toekomst. Het wil uitdagen en inspireren tot creatieve oplossingen. Het biedt een overzicht van tien jaar werk met een overzicht van alle plannen, visualisaties en foto's van gerealiseerde gebouwen samen in hoofdstukken gebundeld. Opgedeeld van klein naar groot en samengevat onder verschillende hoofdstukken: *human design, city design, exploring the world* en *10 future living concepts*. Ons 'extract' van 10 jaar teamwerk op een atypische manier gepresenteerd.

think

'Architecture is a perfect master key to taste and try out our dreams, the power of innovative, visionary ideas.'

Think Innovative
Think Visionary
Think Different
Think Inspiring
Think Sparkling
Think Theoretic
Think Passionate
Think Amazing
Think Everywhere
Think Tomorrow

1973–1988

HOUSE + HAIR SALON ROELS KAPELLEN
PRIZE ROBERT MASKENS '74

EXPERIENCE MEETS INNOVATION

CBA

42 YEARS OF EXPERIENCE

█ = awards

'73

JO CREPAIN STARTS PRIVATE PRACTICE

HOUSE + DENTAL PRACTICE BRASSCHAAT
INTERNATIONAL PRIZE OF ARCHITECTURE
ANDREA PALLADIO

VAN DER VELDEN KALMTHOUT

3 HOUSES IN A ROW KAPELLEN

PHARMACY ROEBBEN KAPELLEN
CHARLES WILFORD ARCHI. AWARD

HOUSE FRANCKEN KAPELLEN

'74   '75   '76   '77   '78   '79   '80   '81   '82   **'83**   '84   '85   '86   '87   '88

BARON HORTA ARCHITECTURE PRIZE
FOR OEUVRE

HOUSE DE SCHUTTER KAPELLEN
BRICK AWARD FOR ARCHITECTURE '81

DE WACHTER 'S GRAVENWEZEL

HOUSE SELS ANTWERP

FOUNDING OF 'JO CREPAIN ARCHITECT NV' KAPELLEN

SILO '75-'81

1989–2007

UCO GHENT
BUSINESS PREMISES OF THE YEAR '93

ZAVEL BRUSSELS

BRANDSE HOF ETTEN-LEUR_NL

WLADIWOSTOK JAVA-ISLAND AMSTERDAM_NL

GROESEIND NOORD-TILBURG_NL

VVL/BBDO BRUSSELS

RENSON WAREGEM
FAB ENERGY AWARD '03
GREEN GOOD DESIGN AWARD '09

HAVERLEIJ-DEN BOSCH_NL

| '89 | '90 | '91 | '92 | '93 | '94 | '95 | '96 | '97 | '98 | '99 | '00 | '01 | '02 |

BOLLE BRUG AMERSFOORT_NL

KATTENBROEK_NL

WATER TOWER BRASSCHAAT

LOFT & OFFICE CREPAIN ANTWERP

ULTRAK WOMMELGEM

DUVAL-GUILLAUME BRUSSELS

POINCARE BRUSSELS

POLSTRAAT DEVENTER_NL

OFFICE TELINDUS HAASRODE
BUSINESS PREMISES OF THE YEAR '93

LOFTHOUSE BINST HUMBEEK
LENSVELT/ DE ARCHITECT
INTERIORPRIZE '06

BELFIUS BANK HEADQUARTER BRUSSELS

URBAN VILLA'S TEMSE

APARTMENTS TILBURG_NL

HOUSING DE HAMEIJE
WEERT_NL

'03   '04   '06   '07

2005

APARTMENTS LANDGRAAF_NL

APARTMENTS POTHOOFD DEVENTER

TOWN HALL LOMMEL

WAUTERS HAMME

UNIVERSITY ANTWERP

FOUNDING OF
'CREPAIN BINST ARCHITECTURE NV' ANTWERP

CAMPUS LEUVEN

2008–2017

HOUSING DE BOSCHKENS GOIRLE_NL

KBC LEUVEN

PORT PAVILION MAS ANTWERP

APARTMENTS ANTWERP
ULI AWARD FOR EXCELLENCE '08

NIKO SINT.-NIKLAAS

ARTEVELDE COLLEGE GHENT
PROVINCIAL PRIZE FOR ARCHITECTURE '11
EDUBUILD ARCHITECTURAL SCHOOL AWARD '11

TELEX BELGACOM BRUSSELS
1°PRIZE - ENERGYCONTEST BRUSSELS '07

APARTMENTS VIERSCHAER ANTWERP

DENYS WONDELGEM

'08   '09   '11   '12

2010

OFFICES LEUVEN

JO CREPAIN (†58)

HOUSE OF MARKETING MECHELEN

INFRAX WEST TORHOUT
2020 CHALLENGE AWARD - PUBLIC AWARD '09
GREEN GOOD DESIGN '10

EVENT AND CONFERENE VENUE
ALM-ANTTEC ANTWERP

OOSTERDOKS ISLAND AMSTERDAM_NL

SILVER PAVILION MAS ANTWERP

DIAMANT PAVILION MAS ANTWERP

RENSON EXIT 5 WAREGEM

ARTIST'S RESIDENCE KAPELLE O/D BOS

KAAI COMPLEX BOOM

'PORTFOLIO' MODULAR

PARADONTOLOGIE MERCHTEM

RESIDENCE MELOPEE ANTWERP

OFFICE + MEETING ROOM CENTER BASF ANTWERP

SERVICEFLATS &
STUDENTHOUSING LEUVEN

NEW BRUGES LOT 2 BRUGGE

'13 **'14** **'16** **'17**

2015

RESTAURANT 'TE KOOK' ANTWERP

'WONEN AAN HET MAS' ANTWERP

RESIDENCE OUDE MUZIEKSCHOOL MOL

DRAKENHOF DEURNE

**CREPAIN
BINST
ARCHITECTURE
10 YEARS**

GREEN SOUTH HOBOKEN - ANTWERP

PARK OOST ANTWERP

APARTMENTS ANTWERP

CELESSE LUXE RESORT MAS D'ARTIGNY_FRANCE

A

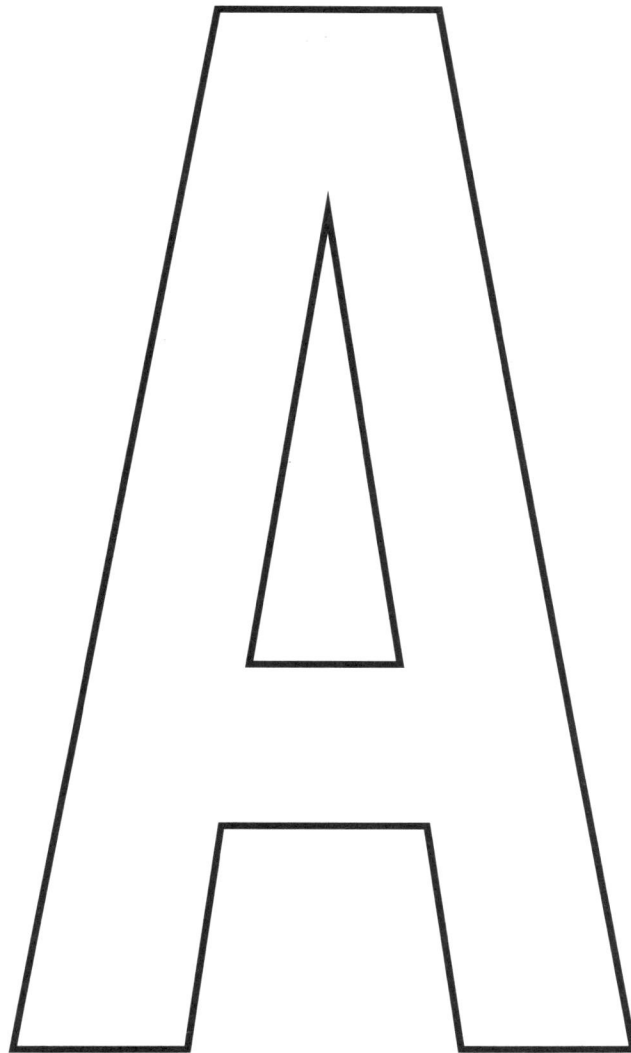

Index —— pp. 49-208
+ drawings

DESIGN + INSTALLATIONS

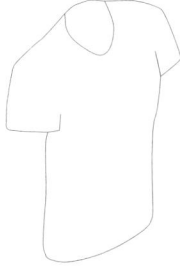

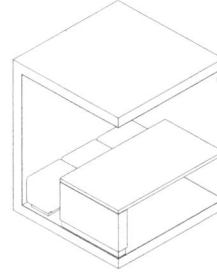

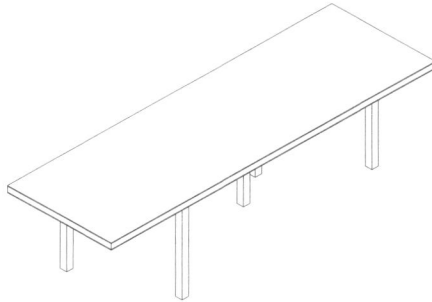

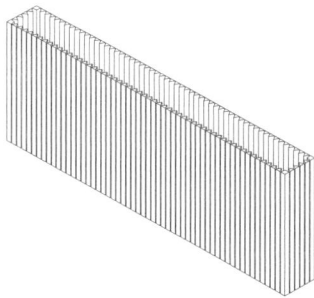

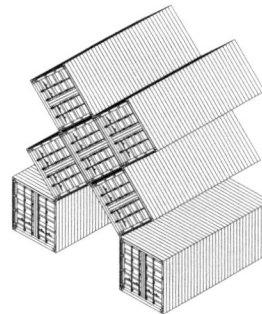

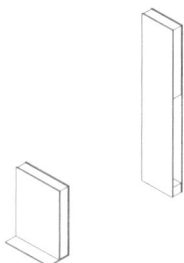

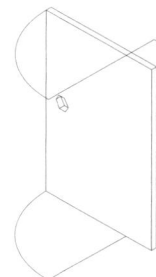

Exhibition Concept for Artist Günther Förg

A drawings
p.76

C photography
pp.340-343

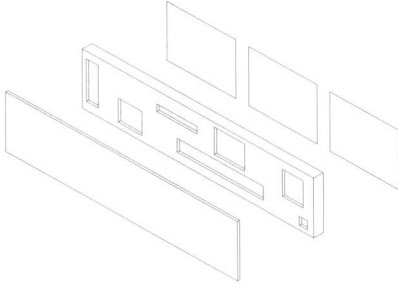

Light Installation at the Biennale Interieur

A drawings
p.76

C photography
pp.354-355

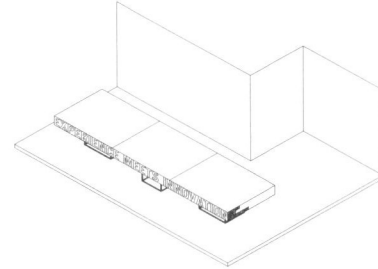

Realty Brussels – Real Estate Fair – CBA Platform 2012

A drawings
p.76

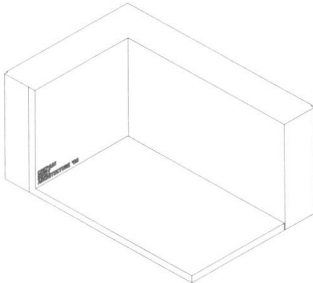

Realty Brussels – Real Estate Fair – CBA Platform 2013

A drawings
p.76

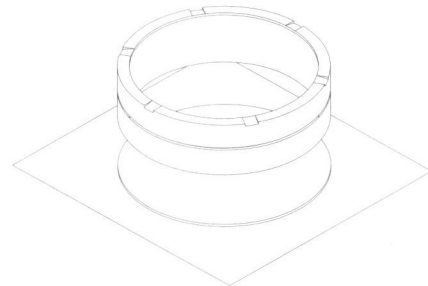

Realty Brussels – Real Estate Fair – CBA Platform 2014-2015

A drawings
p.76

C photography
p.356

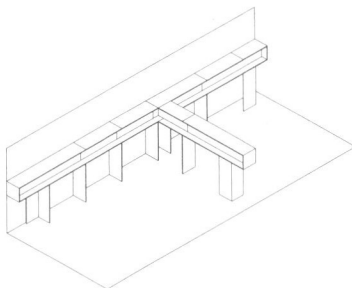

Port Pavilion MAS (Museum Aan de Stroom) with Integrated Multimedia Design + 360° Panoramic Projection

A drawings
p.77

C photography
pp.350-351

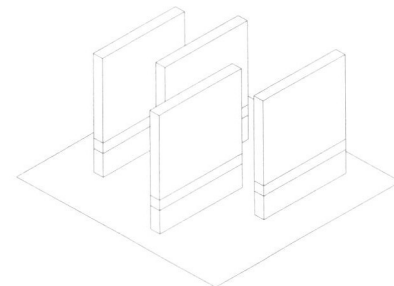

Silver Pavilion MAS Designed for Umicore + Silver Museum Sterckshof

A drawings
p.77

C photography
pp.348-349

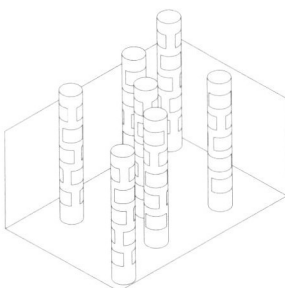

Diamond Pavilion MAS

A drawings
p.77

C photography
pp.346-347

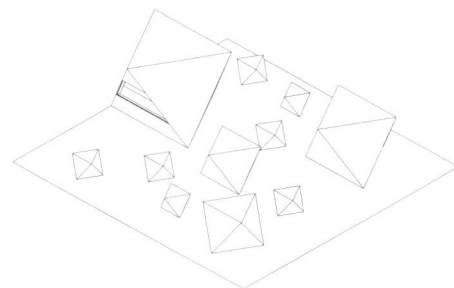

INTERIOR

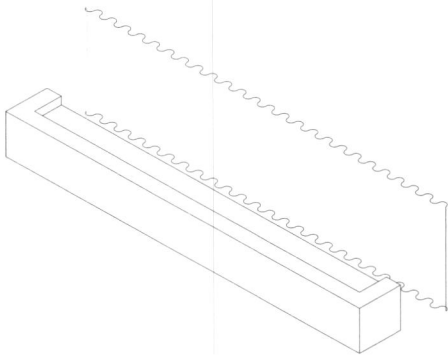

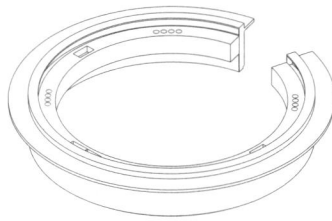

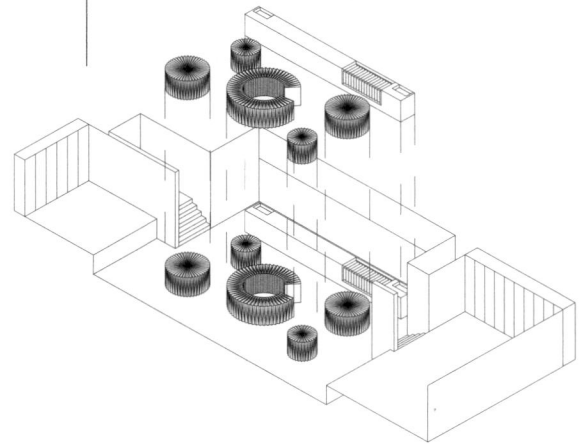

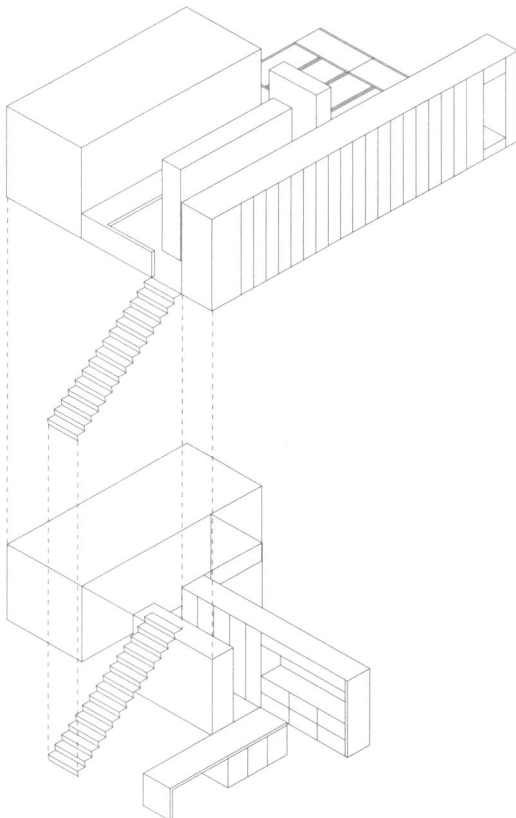

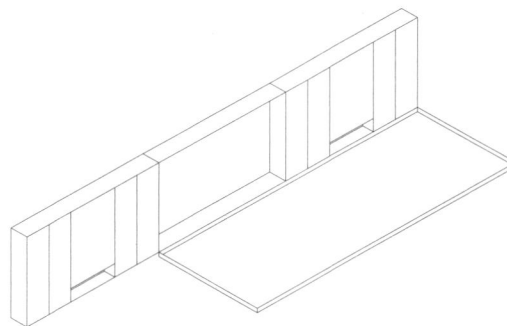

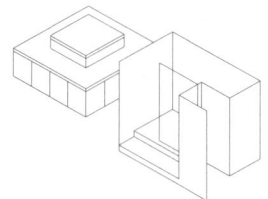

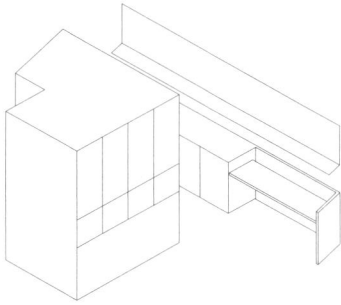

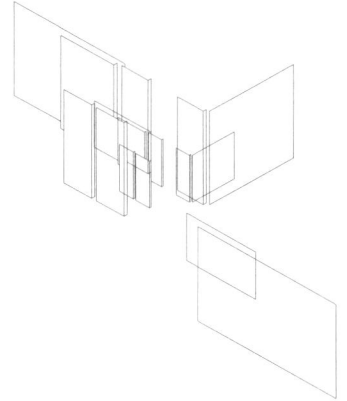

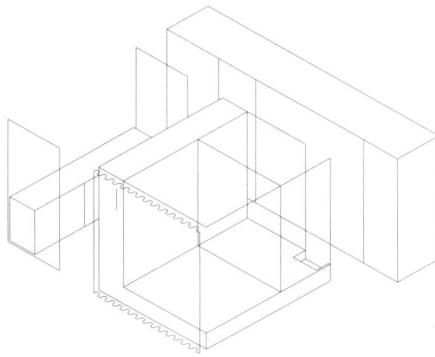

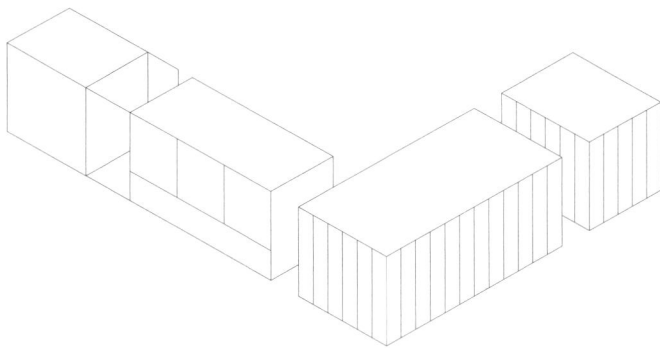

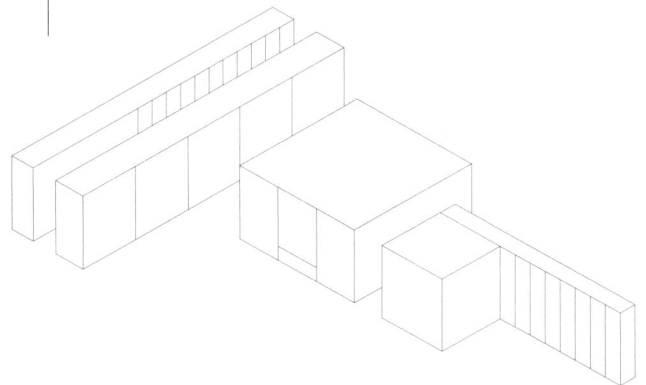

PRIVATE HOUSING

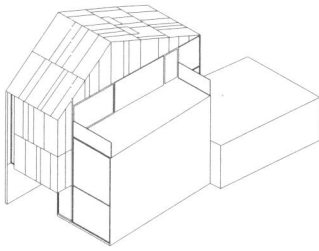
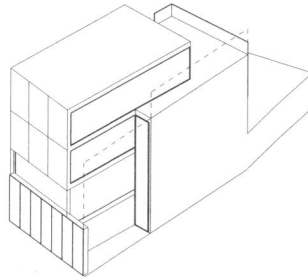
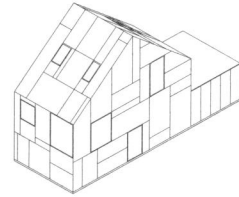
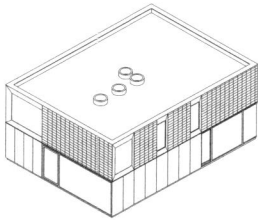
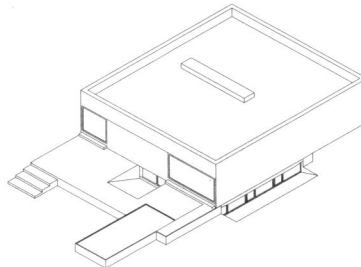
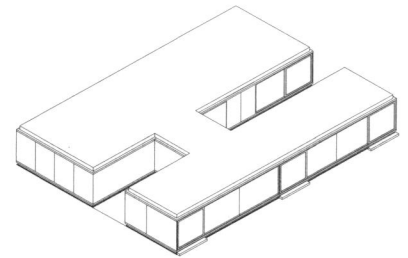
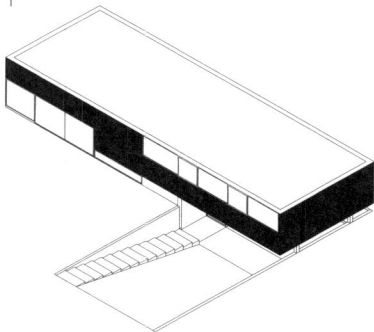
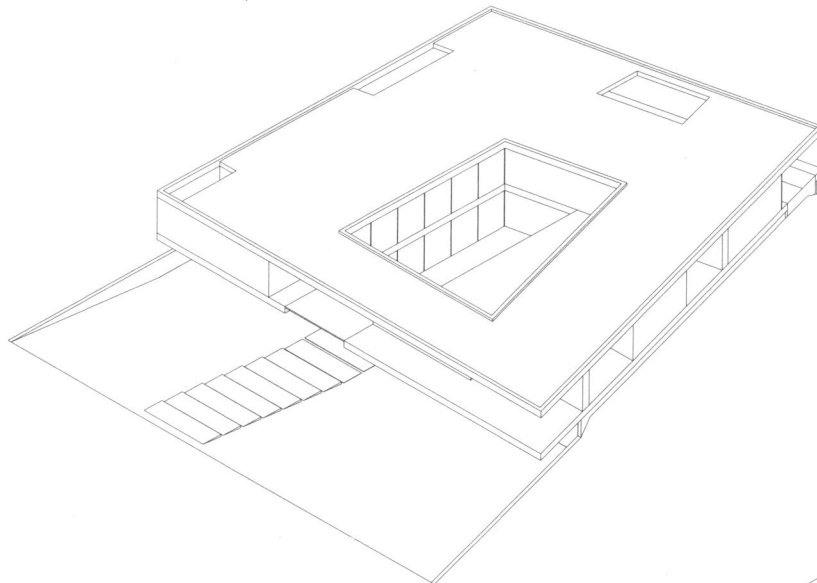
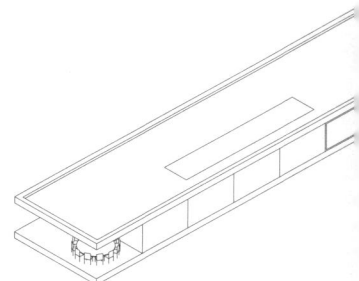

Artist Residence

A drawings
p.84
pp.90-91

C photography
pp.376-381

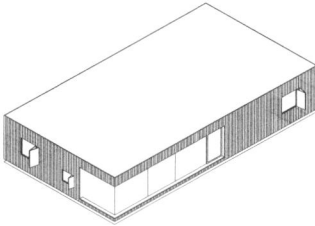

Detached Pentagonal House

A drawings
p.84
pp.90-91

B visuals
p.221

C photography
pp.374-375

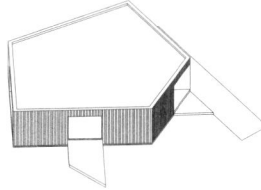

Turnkey Concept

A drawings
p.84

B visuals
p.222

Loft House Concept

A drawings
p.86
pp.92-93

B visuals
p.220

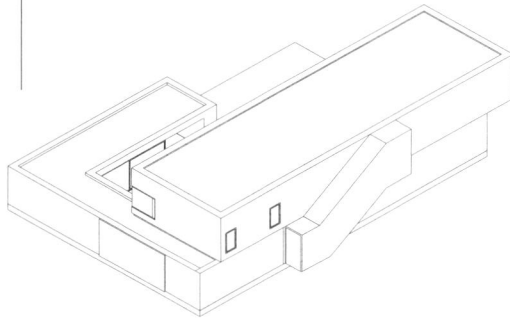

Detached House with Swimming Pool

A drawings
p.87
p.91

C photography
pp.400-401

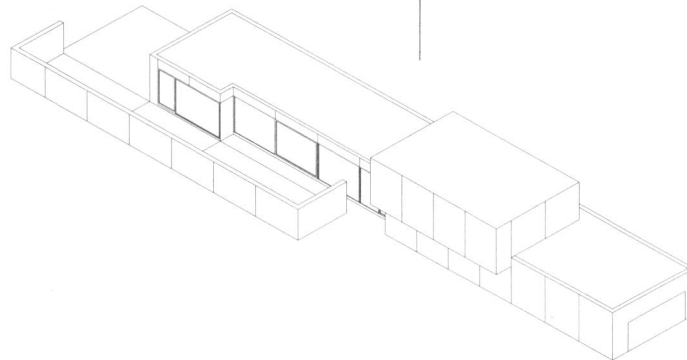

Extension Detached House with Garden Pavilion

A drawings
p.89
pp.92-93

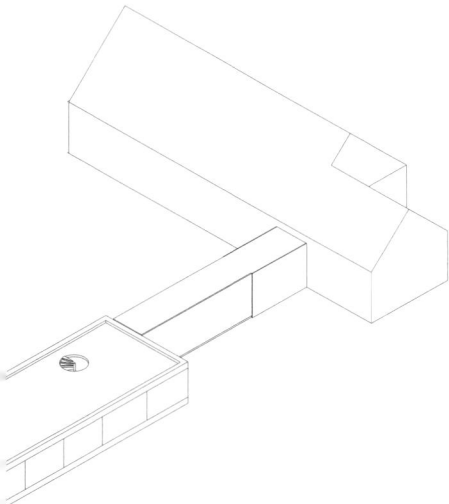

Conversion A.Ghyssaert Monument into New House

A drawings
p.89
pp.92-93

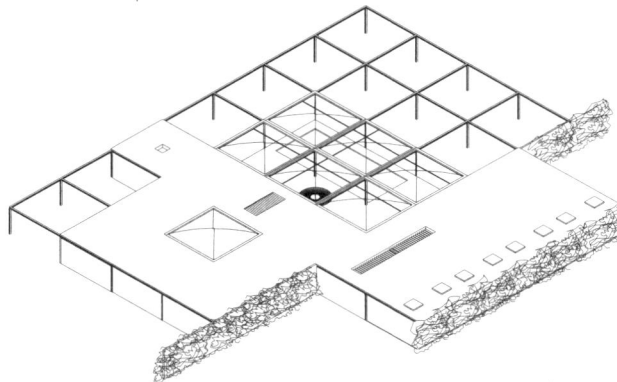

Detached House

B visuals
p.223

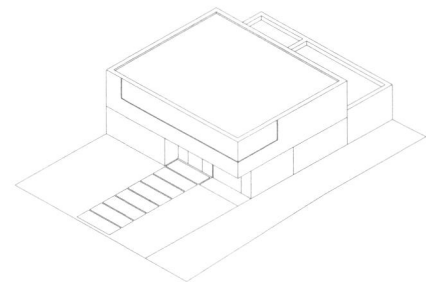

GROUPED HOUSING

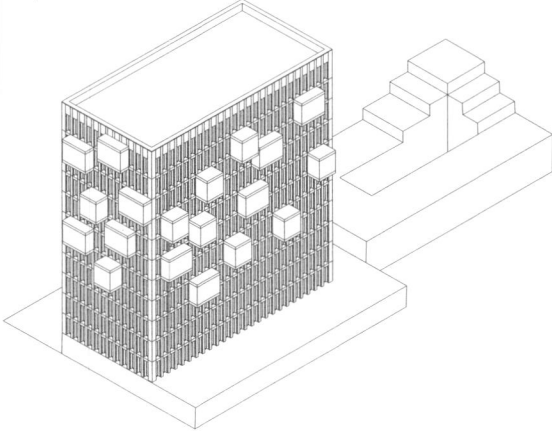

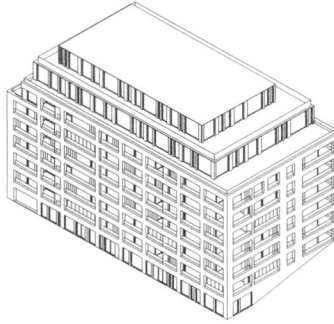

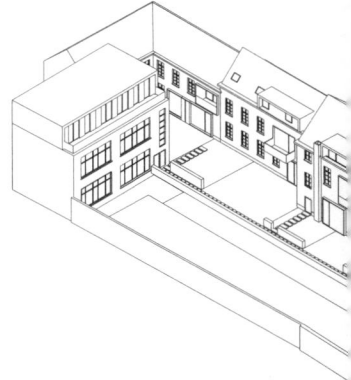

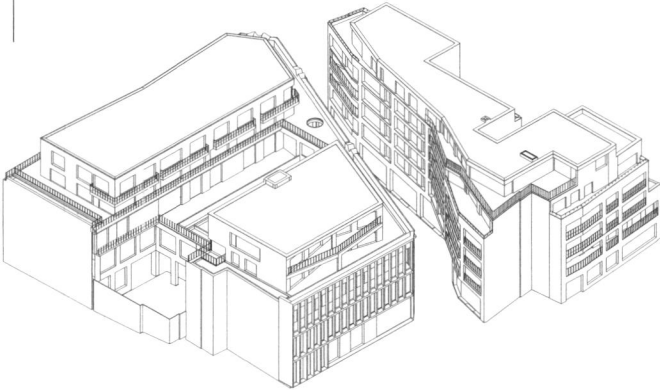

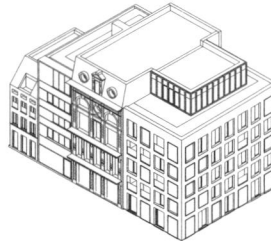

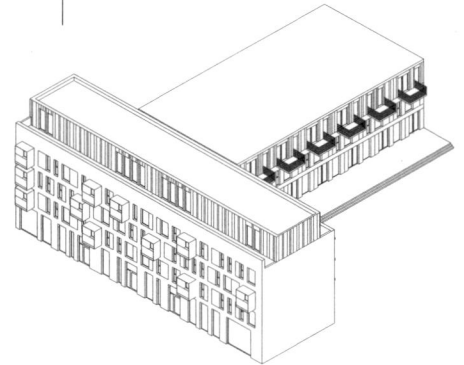

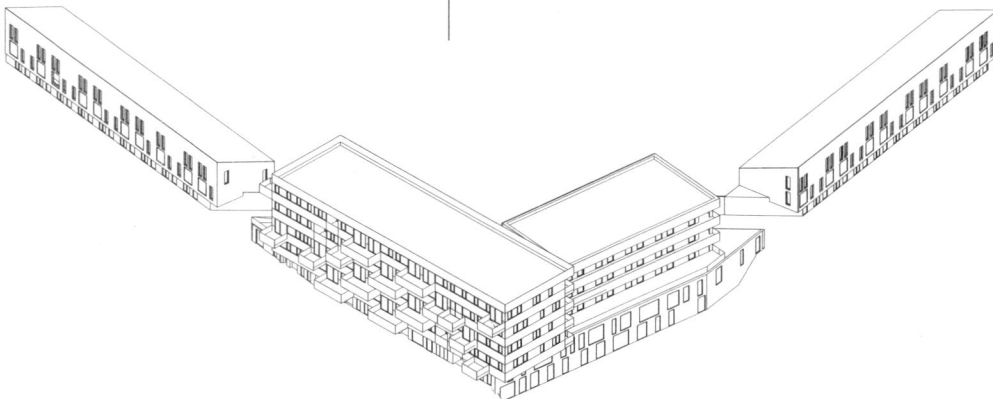

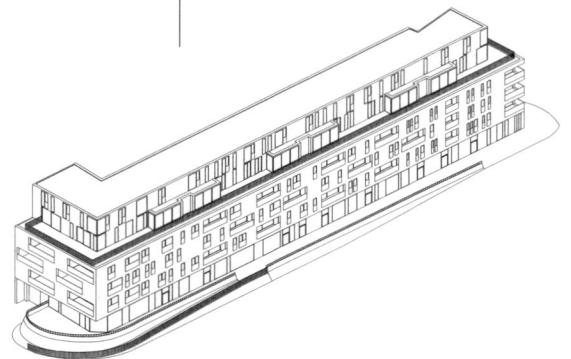

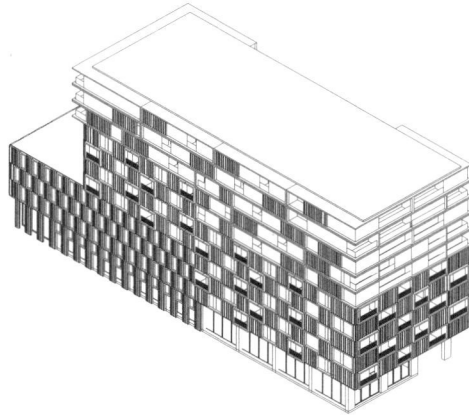

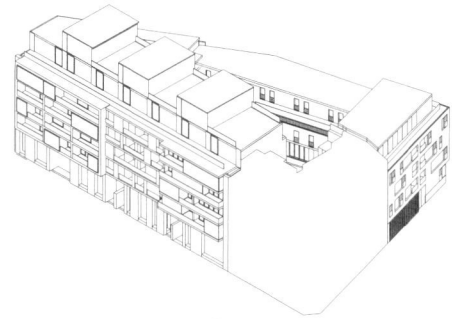

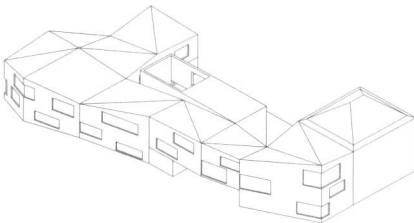

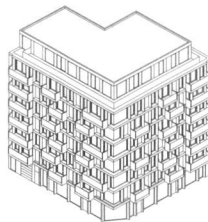

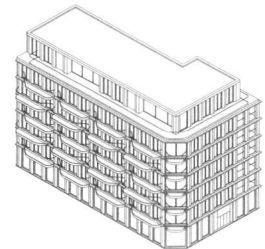

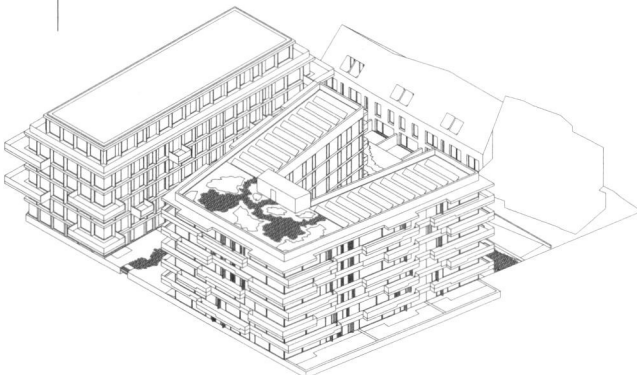

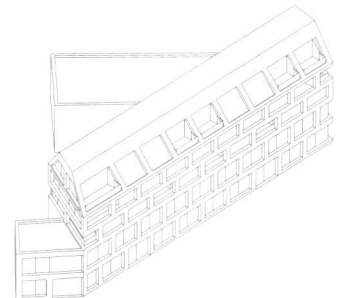

GROUPED HOUSING

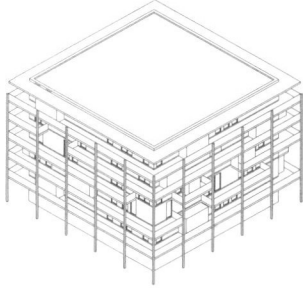

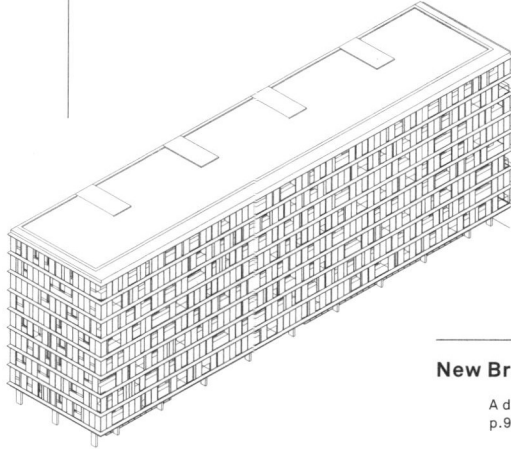

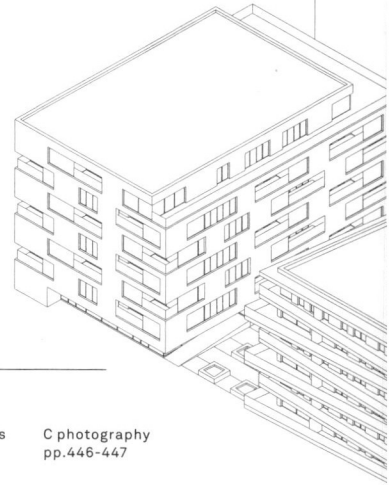

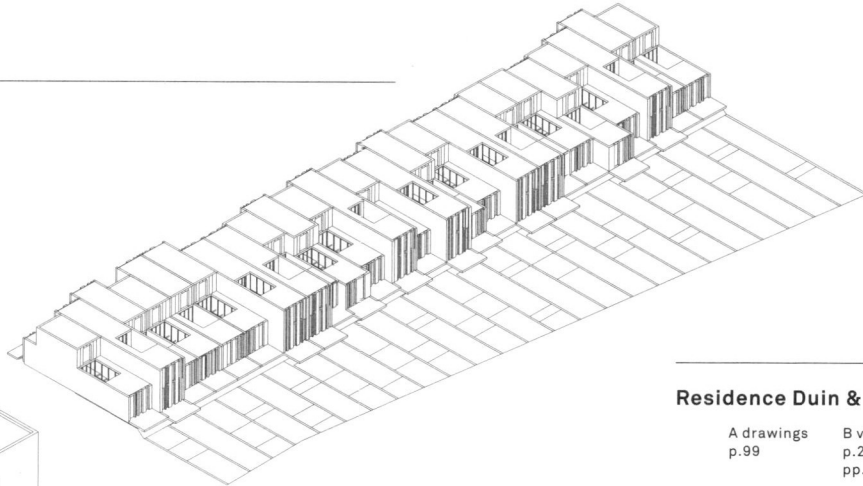

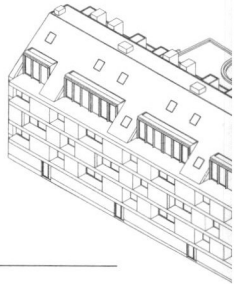

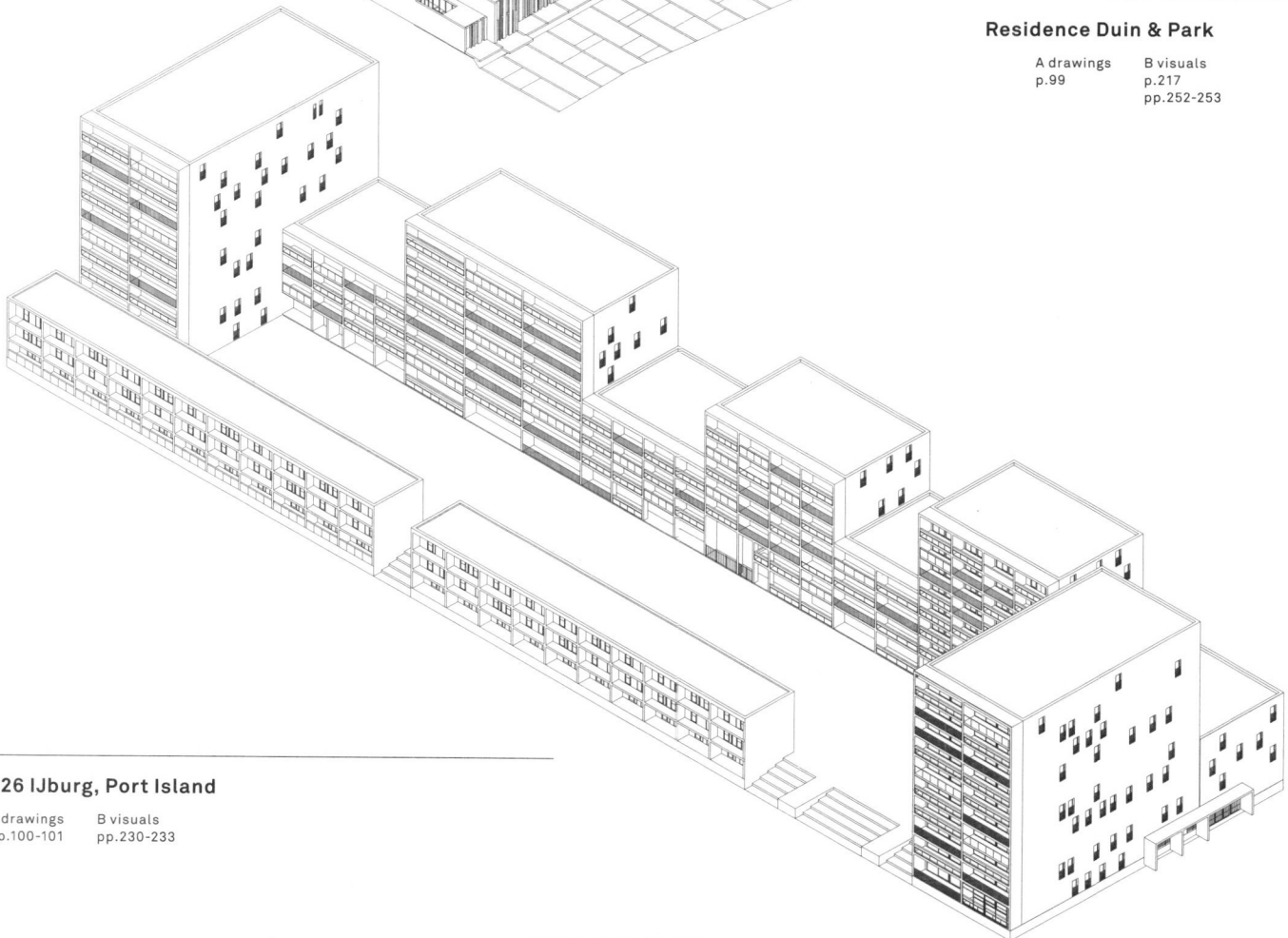

GROUPED HOUSING

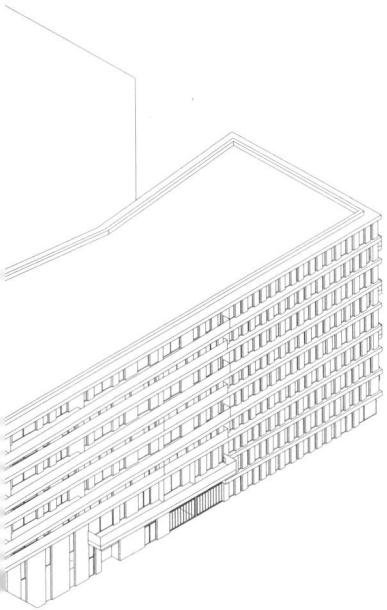

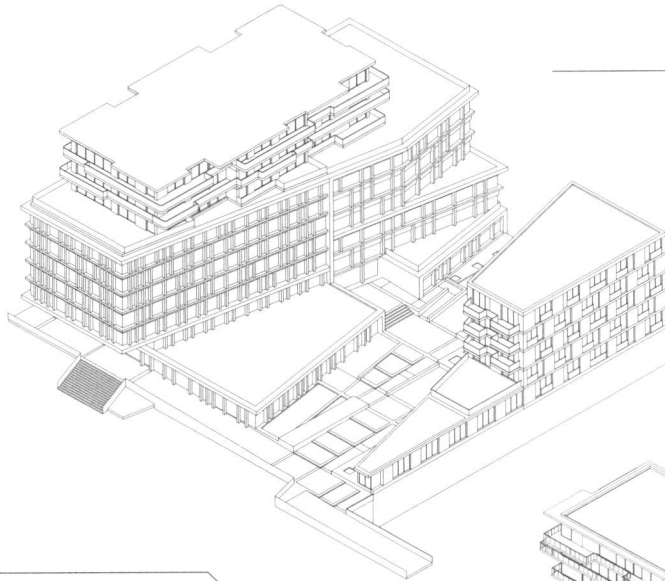

New Bruges – Plot 3B

**Apartments + Service Flats
+ Commercial Space**

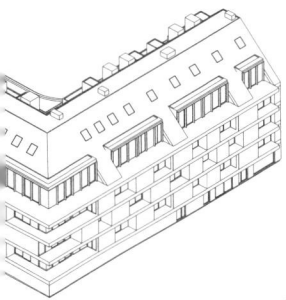

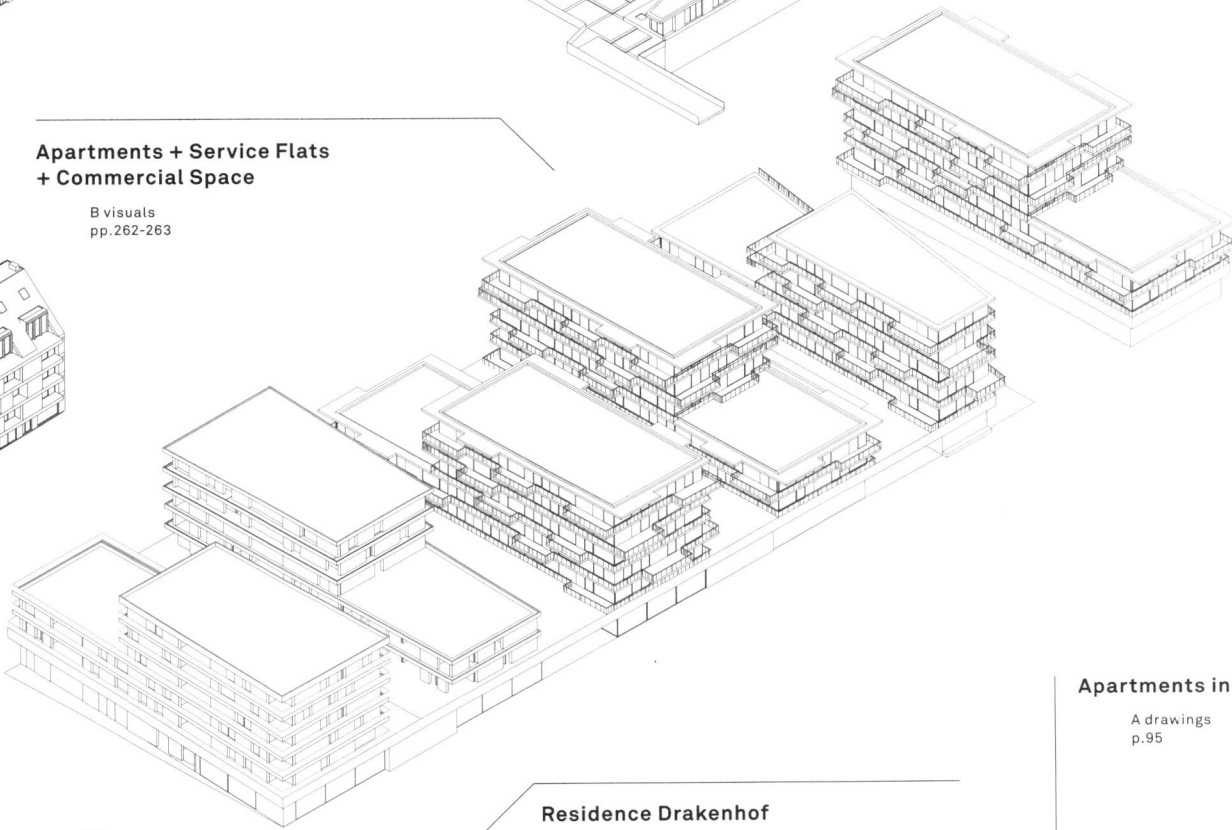

Apartments in the Park

Residence Drakenhof

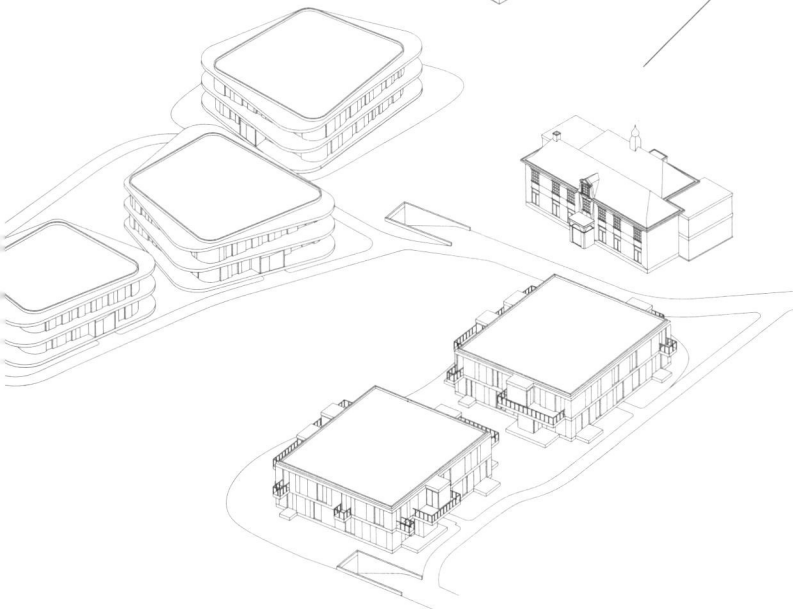

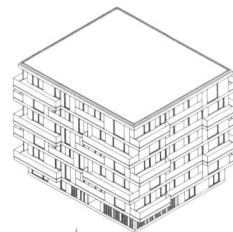

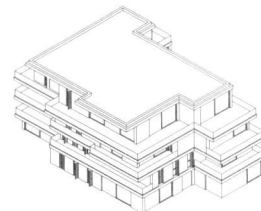

Green South Block 1 + 2

GROUPED HOUSING

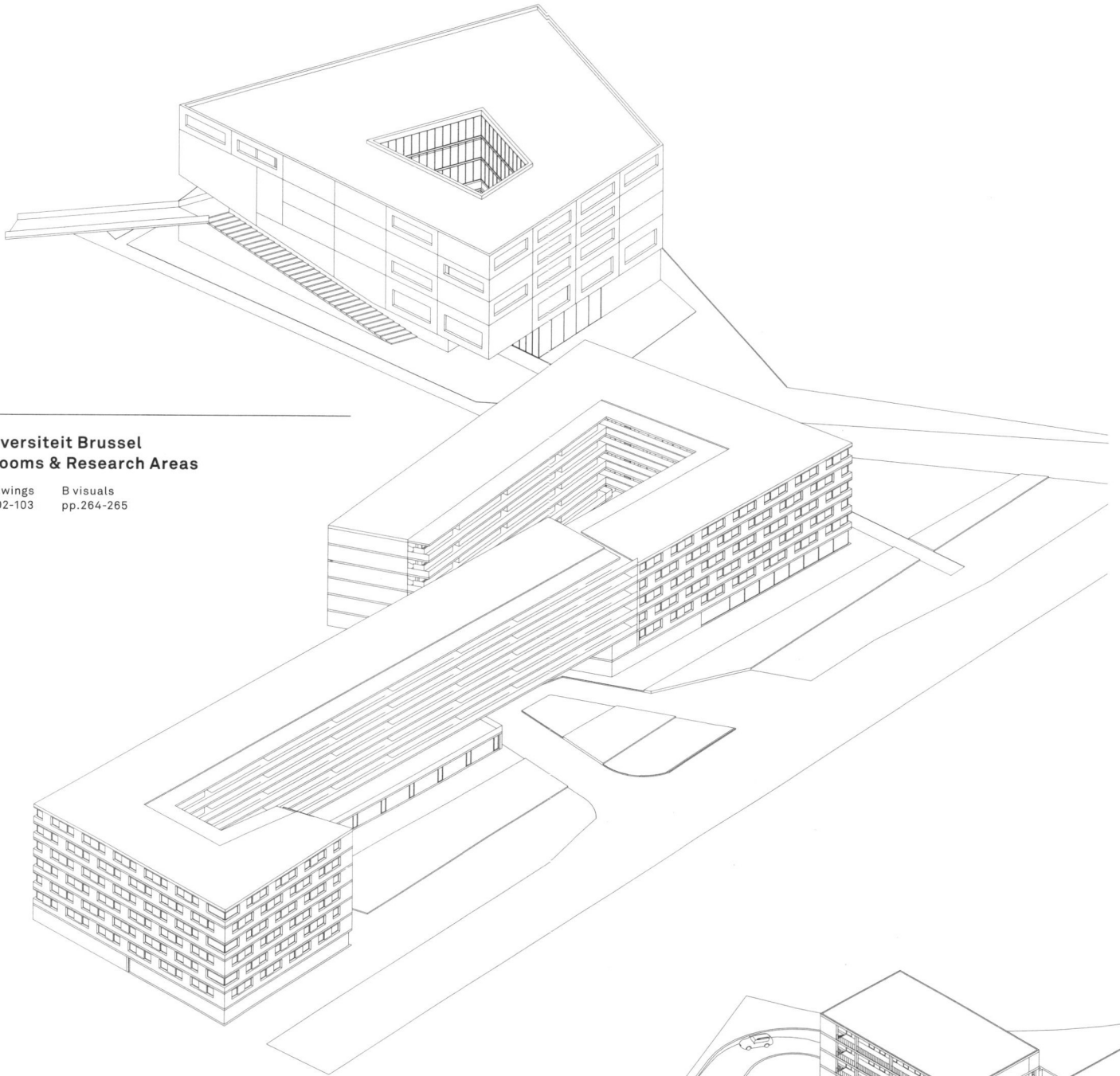

Student Housing Vesaliusstraat

Woods - Service Flats + Student Housing

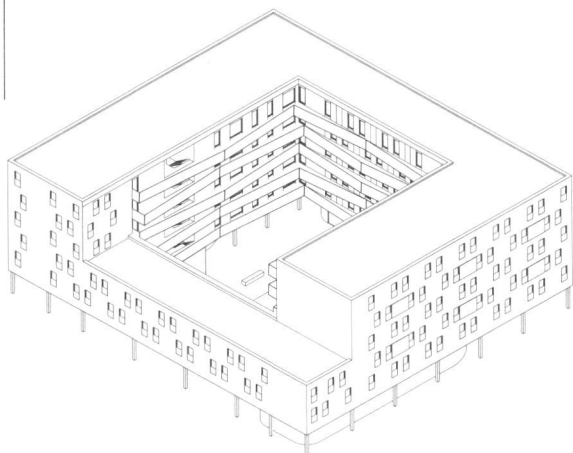

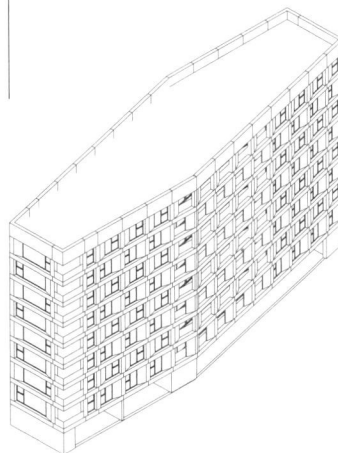

Luchtbal – Social Housing

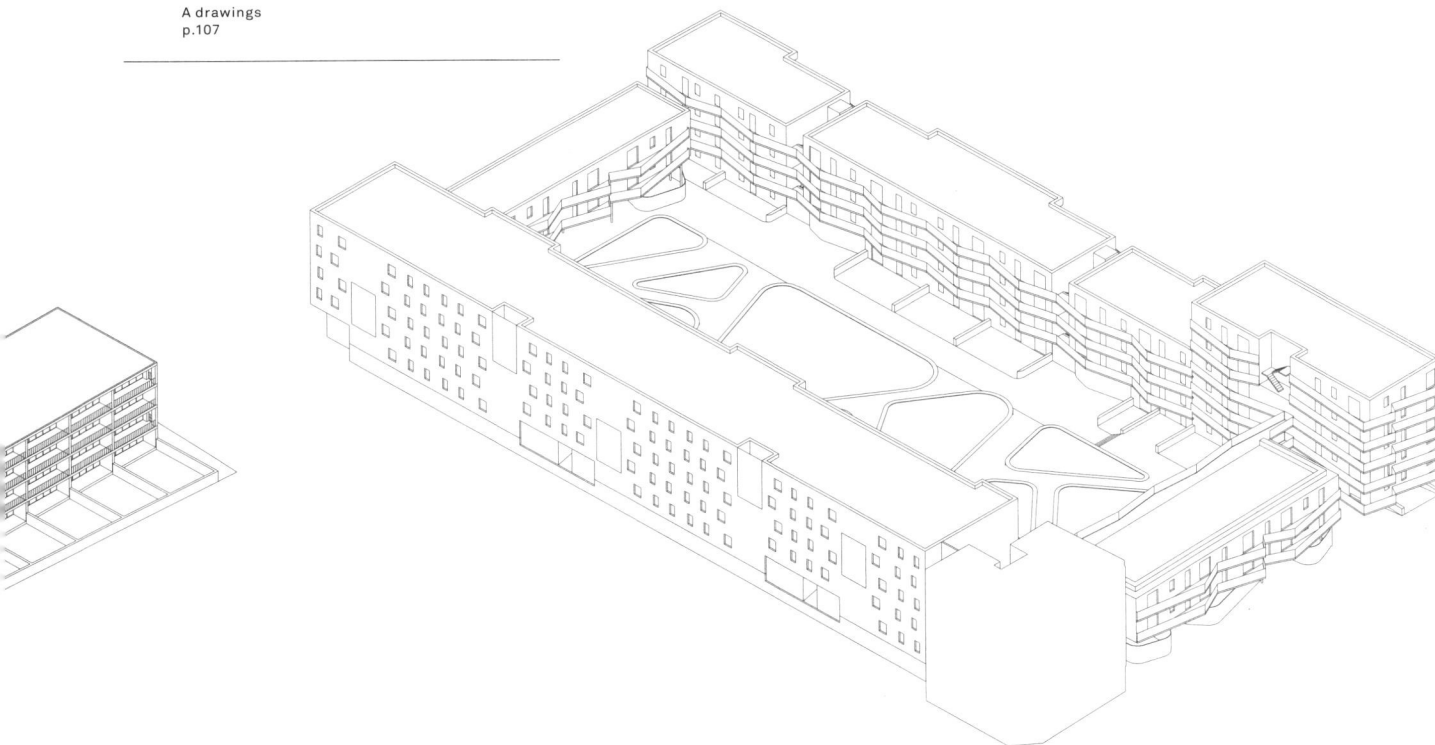

ASSISTANCE + CARE

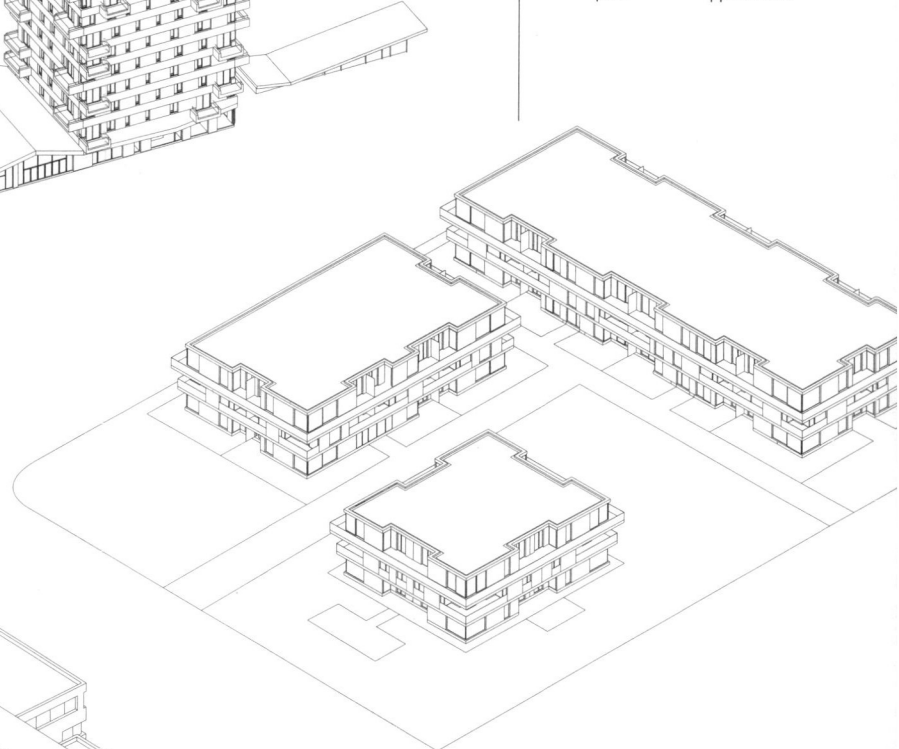

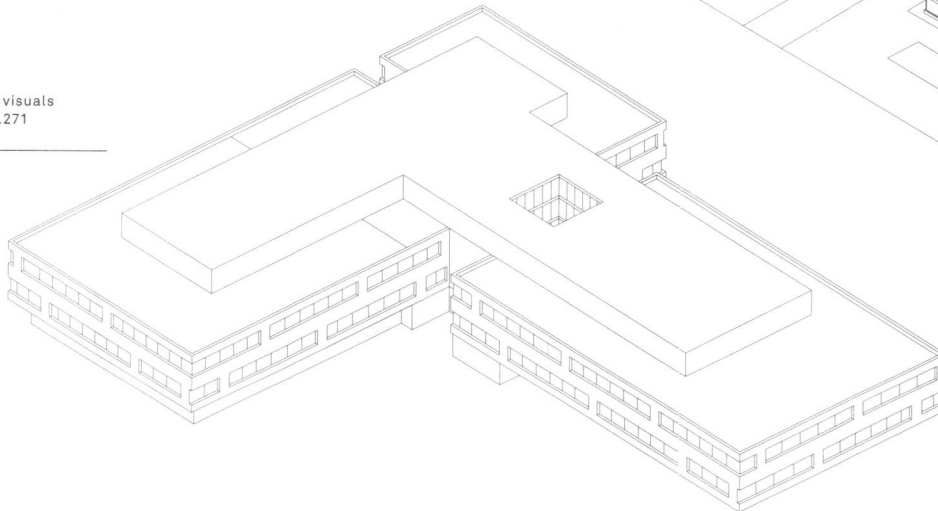

Assisted Living Kontich

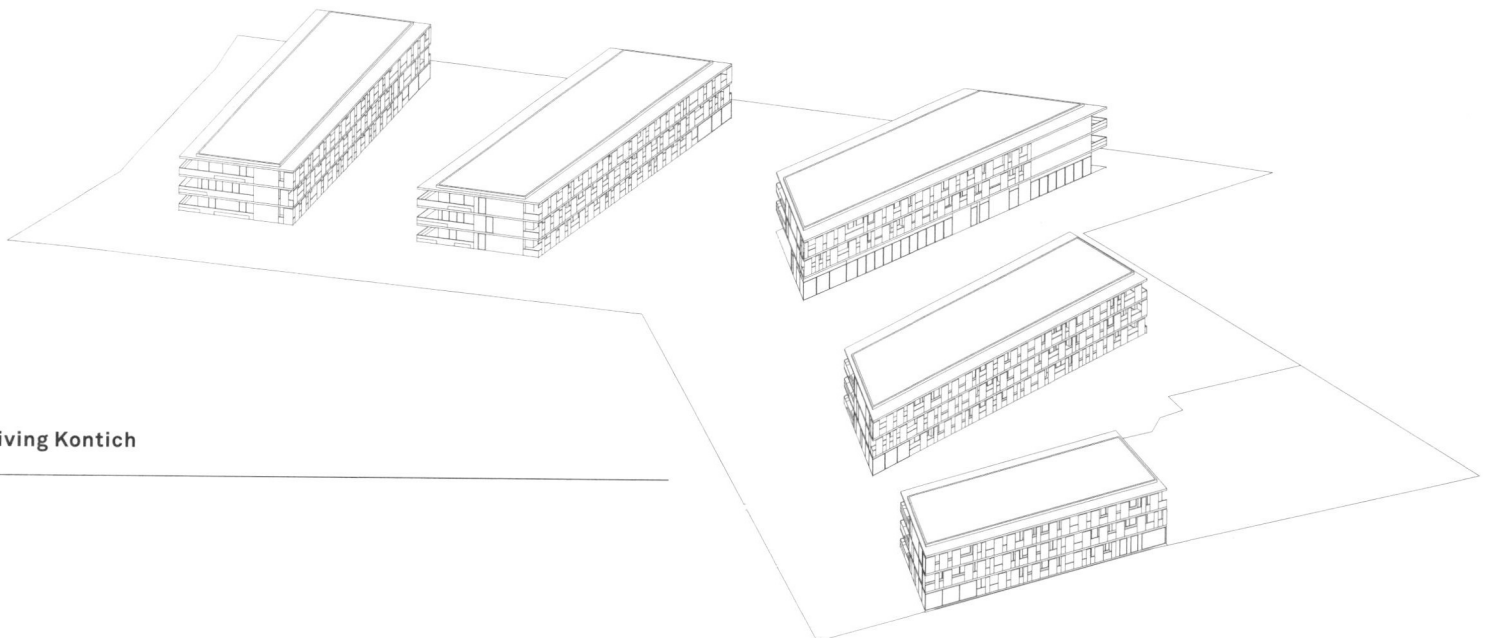

Service Centre

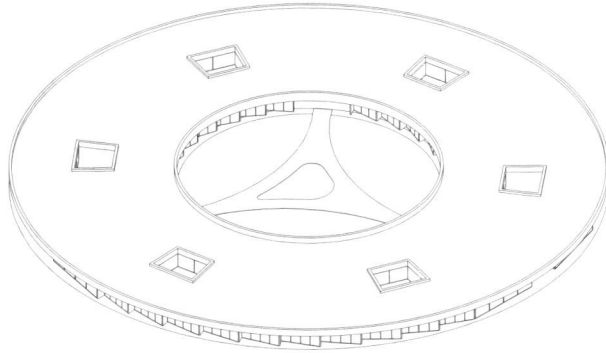

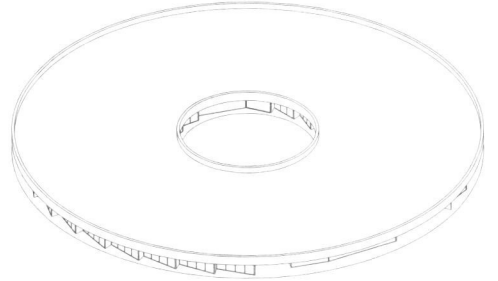

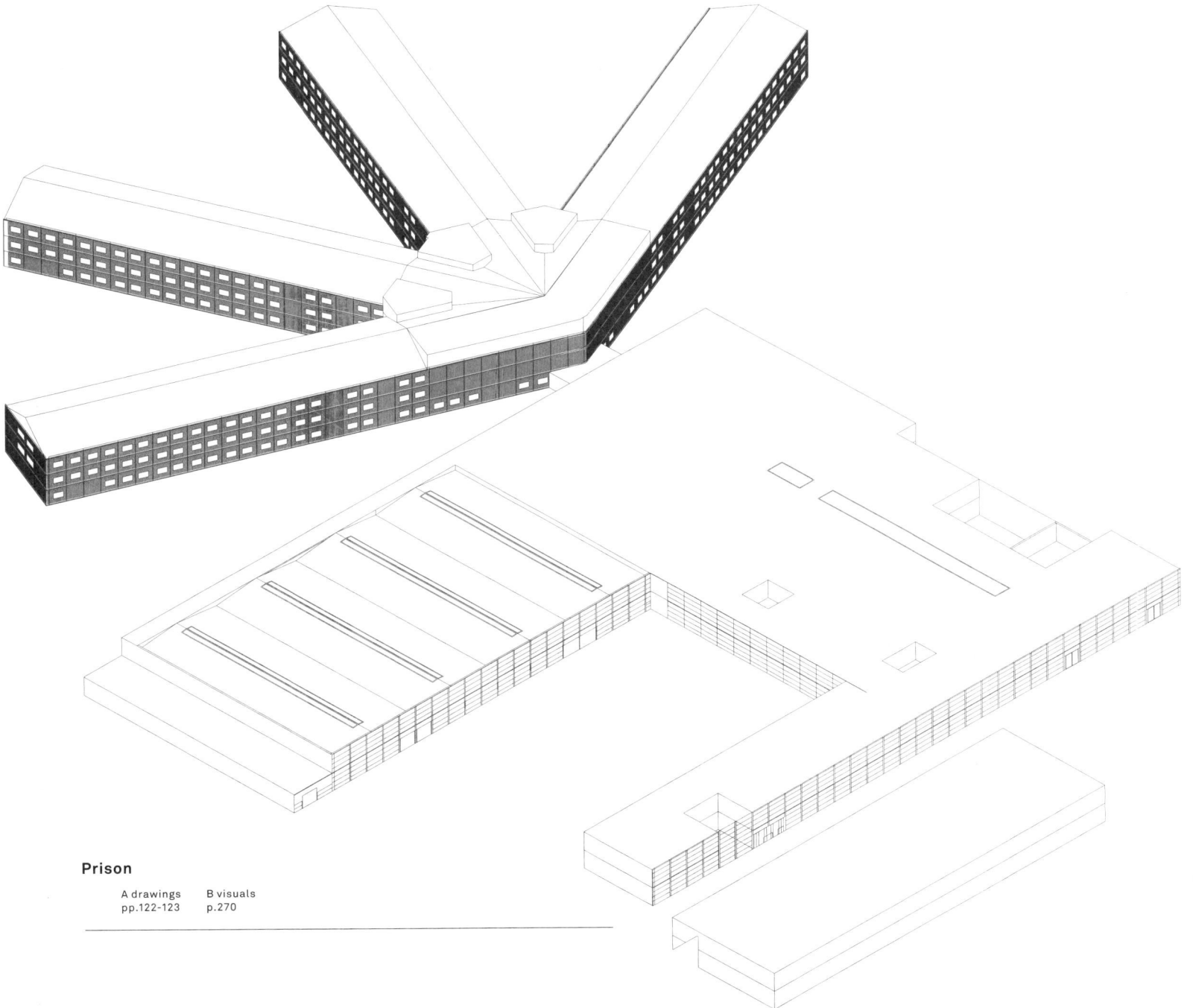

Prison

OFFICES

Administration and Services Oostkamp

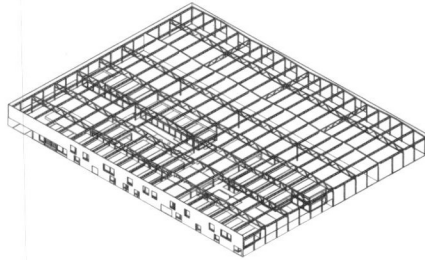

Headquarters Denys

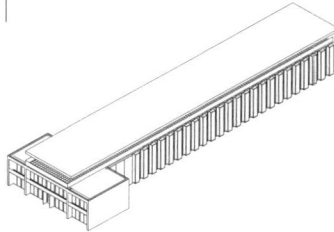

Offices Imalso

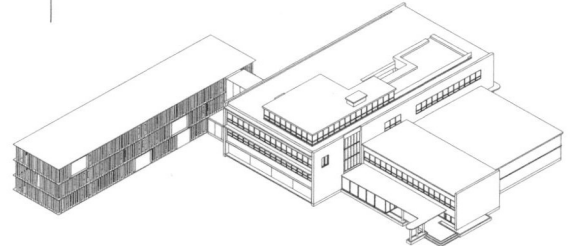

Offices Munt

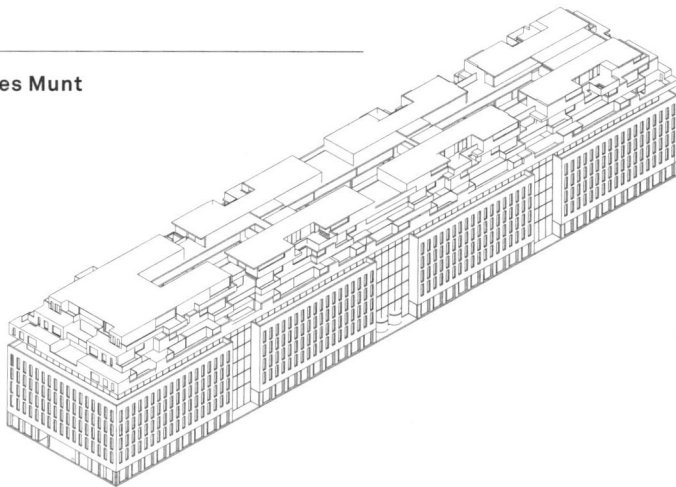

Telex Belgacom – Renovation & Restoration

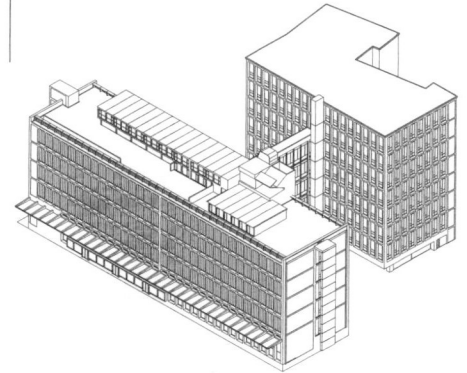

KBC Bank Martyrs Square

Notary Office

Tour & Taxis Offices

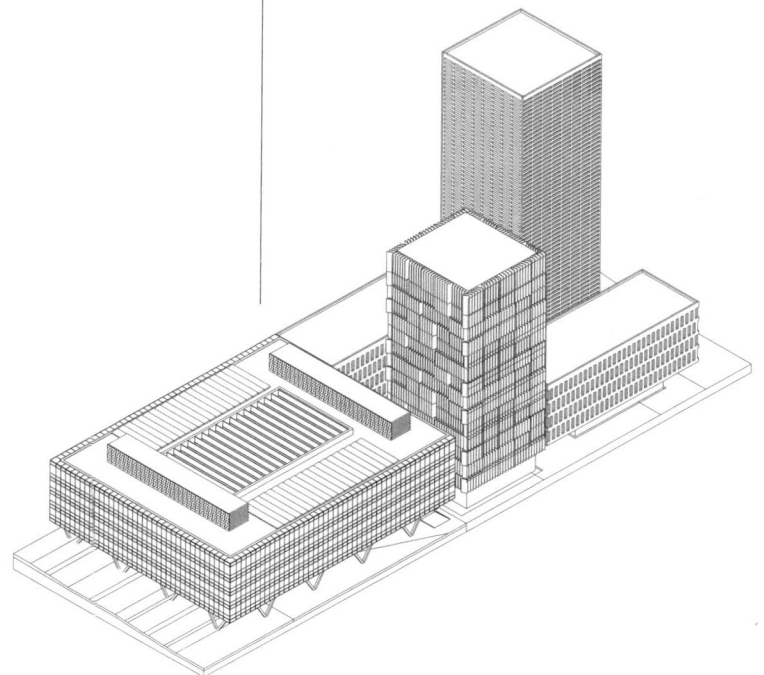

Infrax West - Head Office

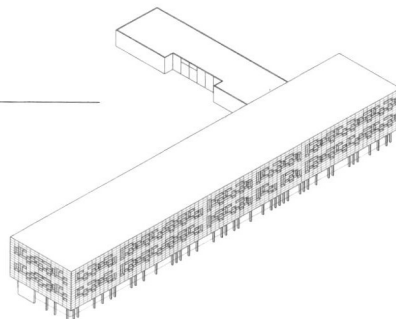

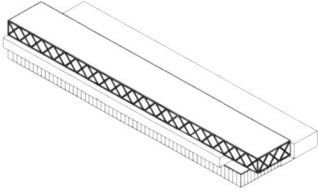

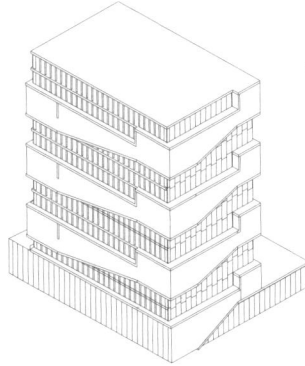

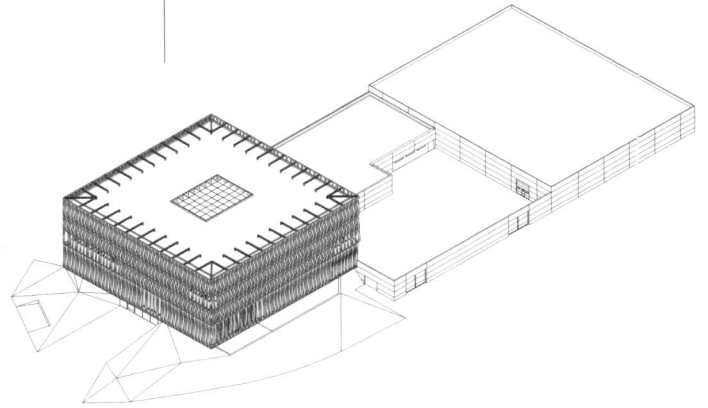

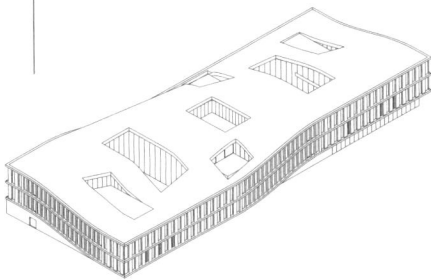

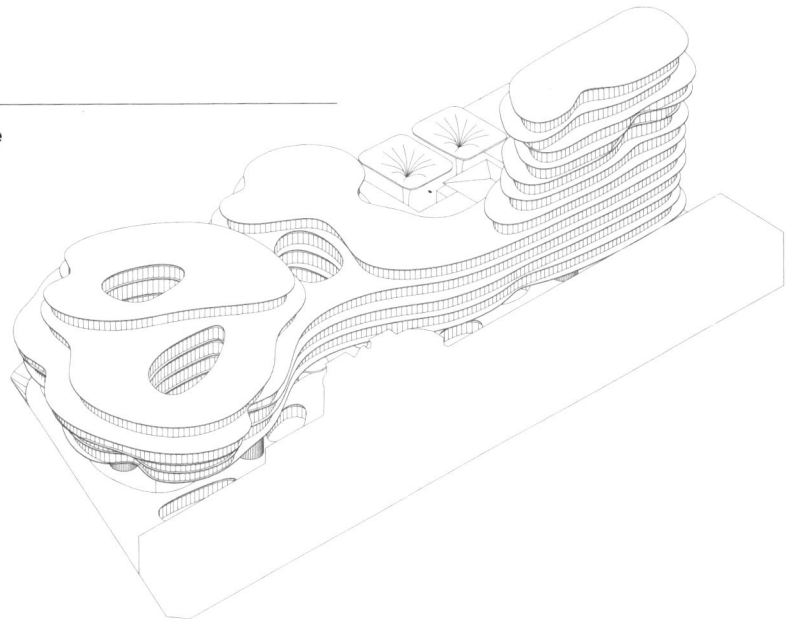

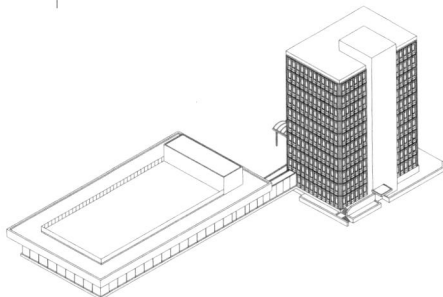

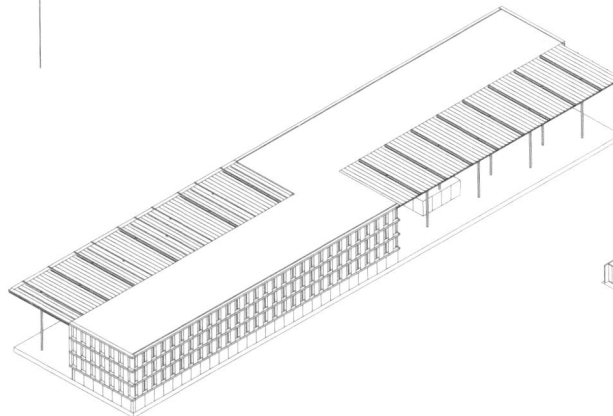

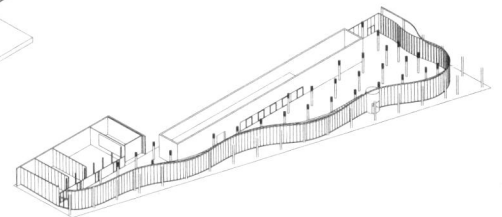

OFFICES

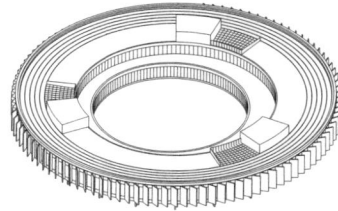

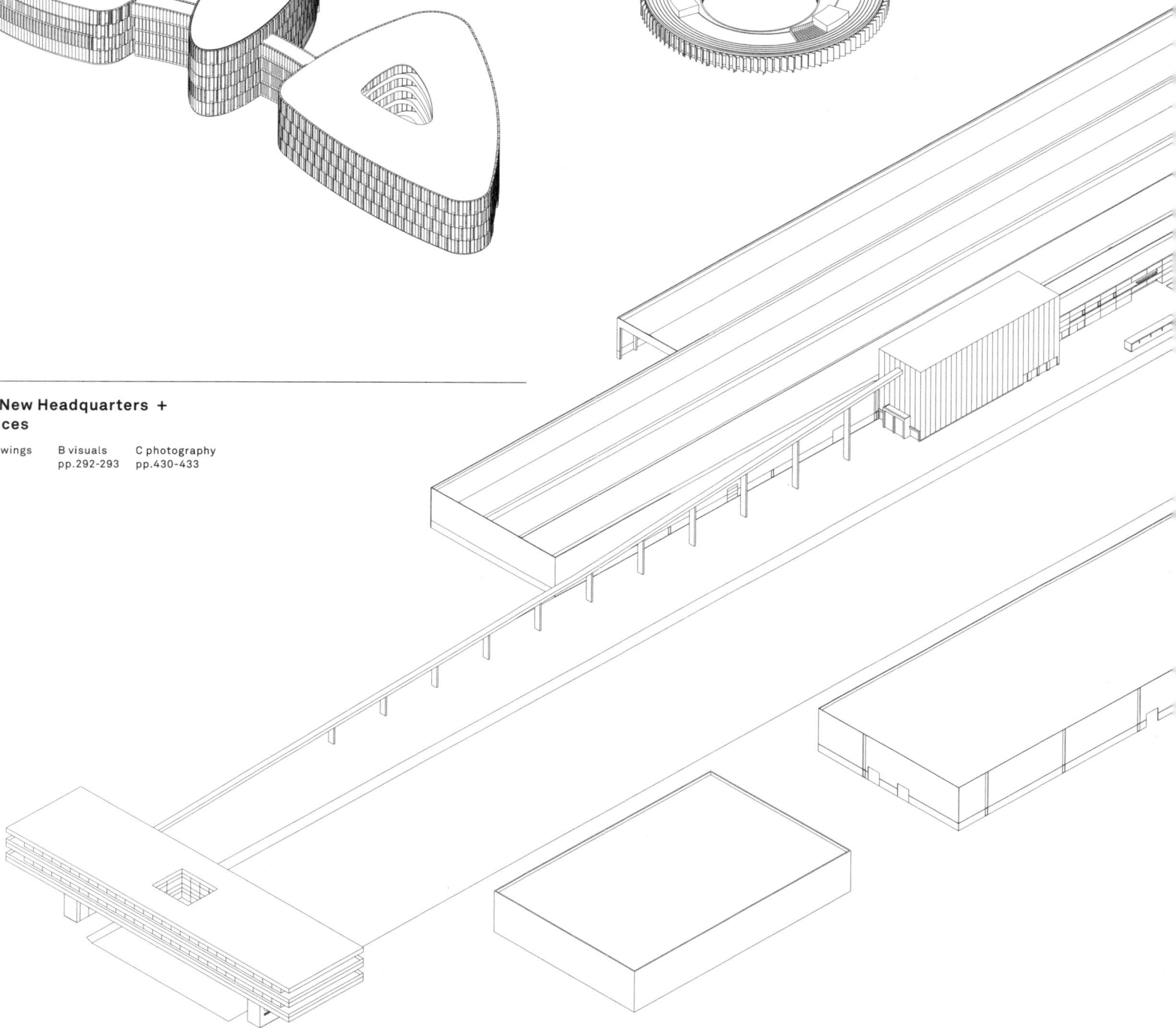

Albintra

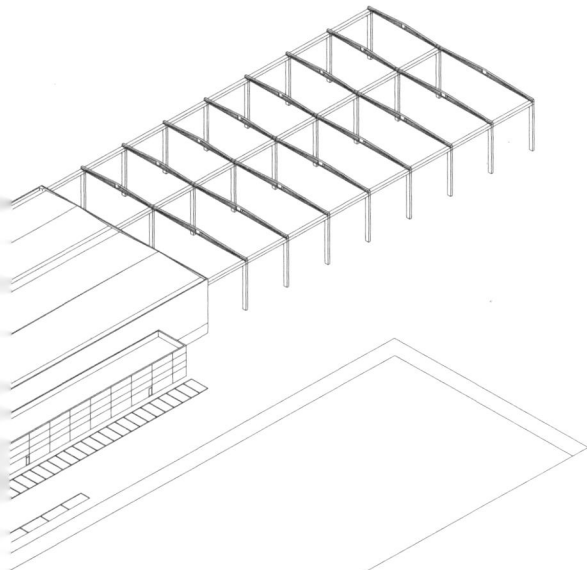

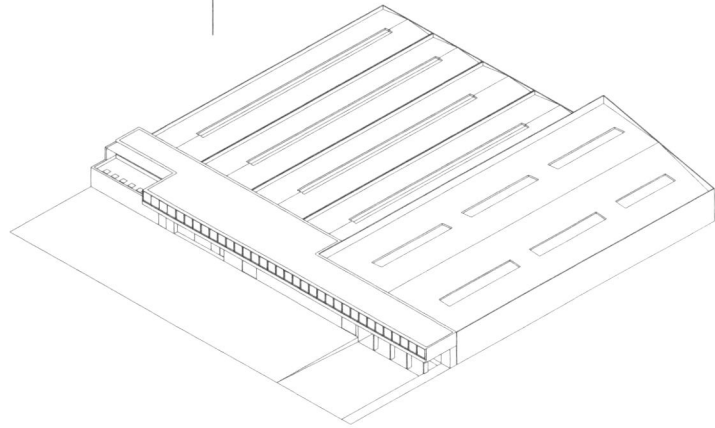

Renson

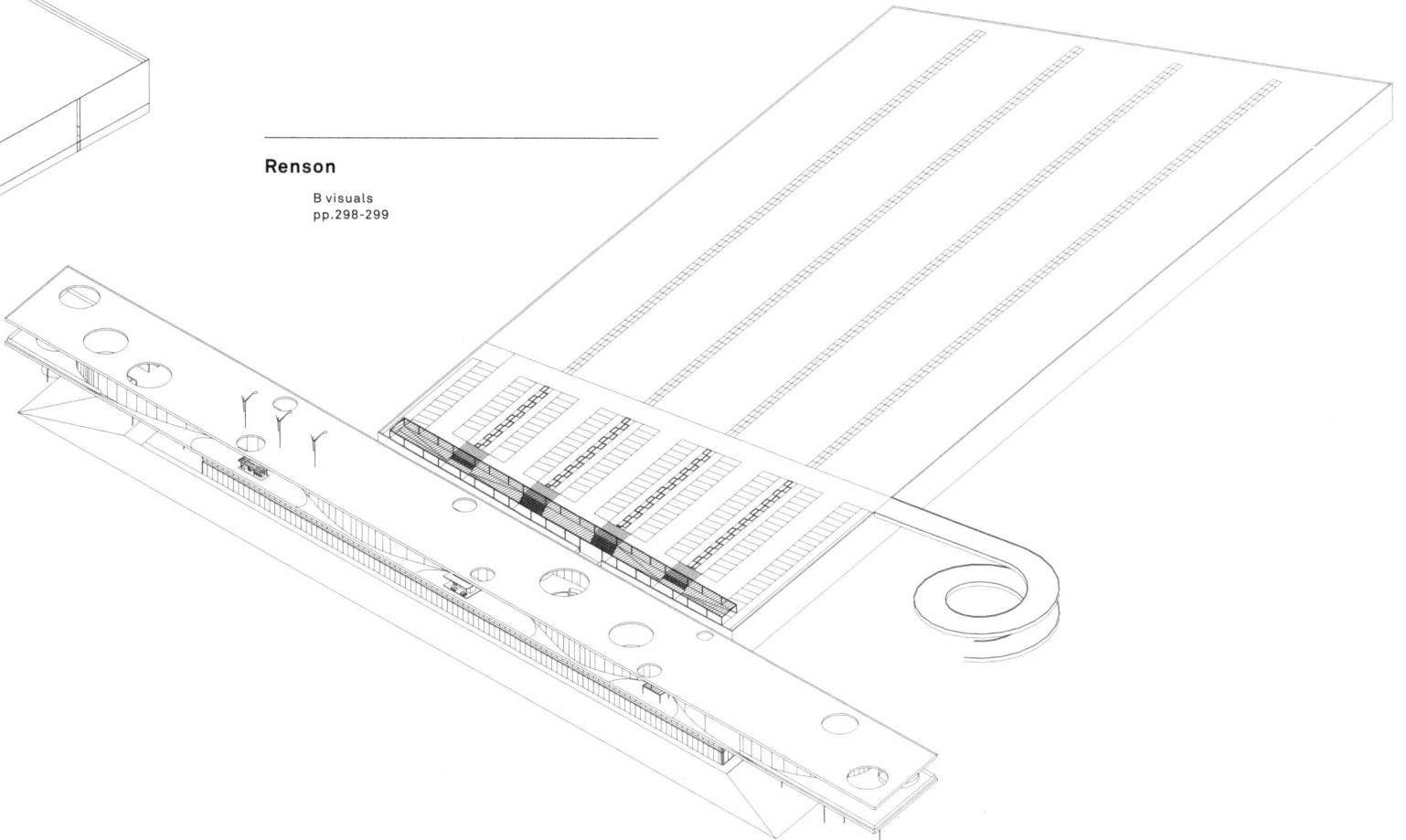

SCHOOLS

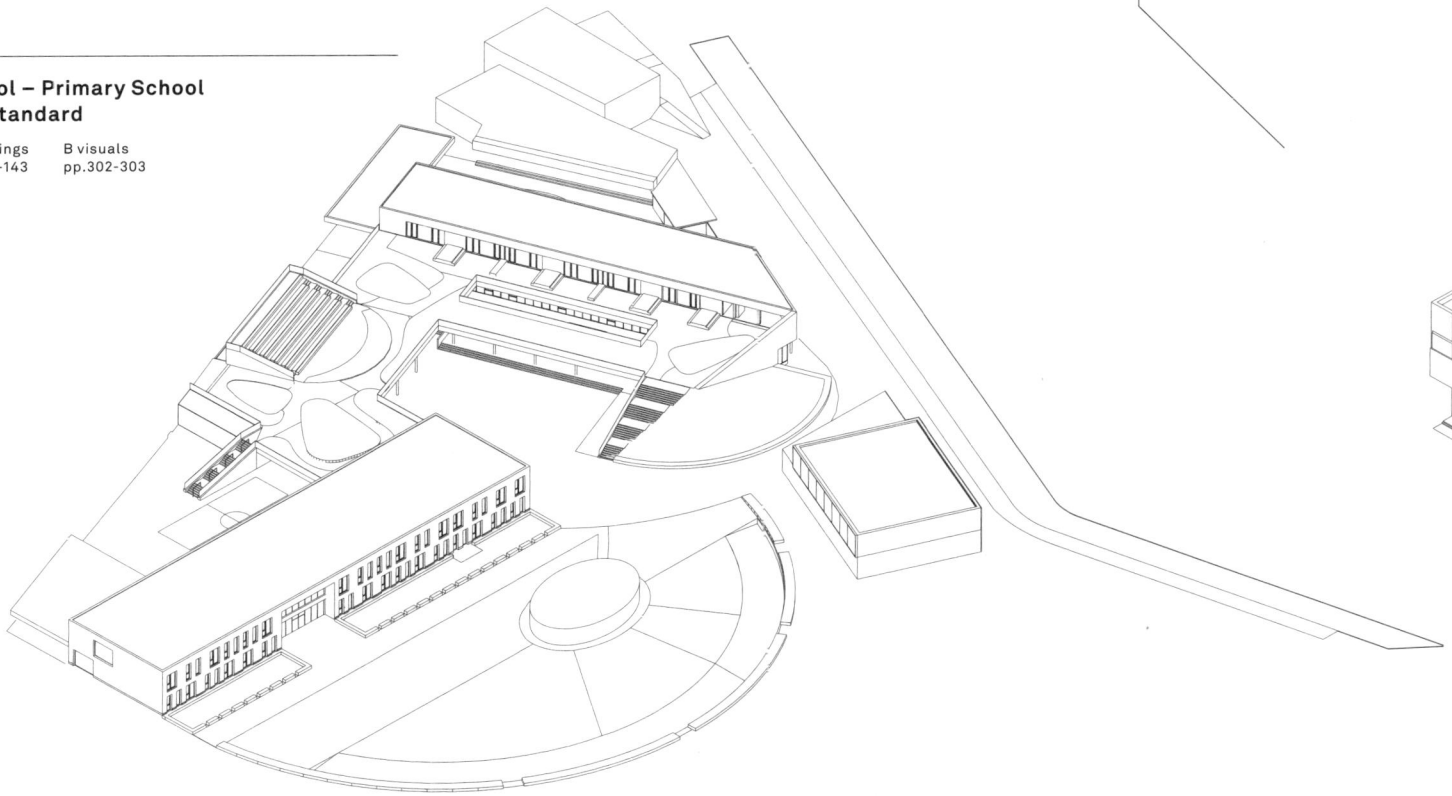

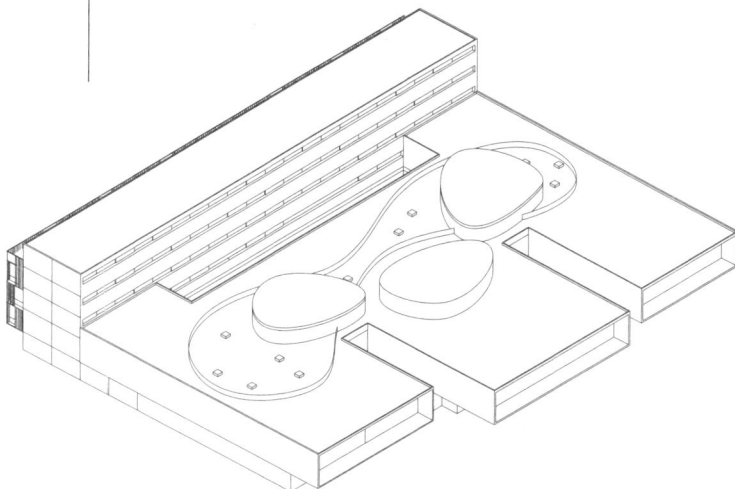

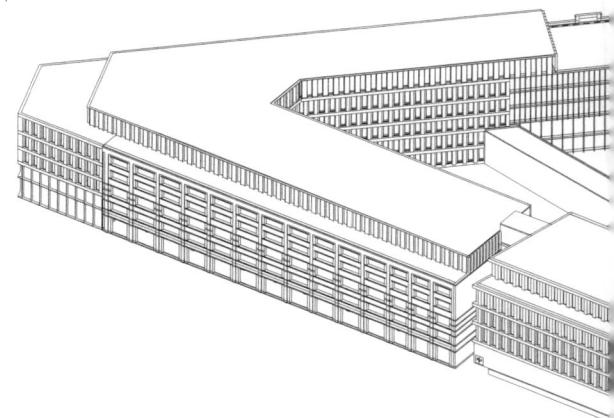

University – Learning Centre 1 Library

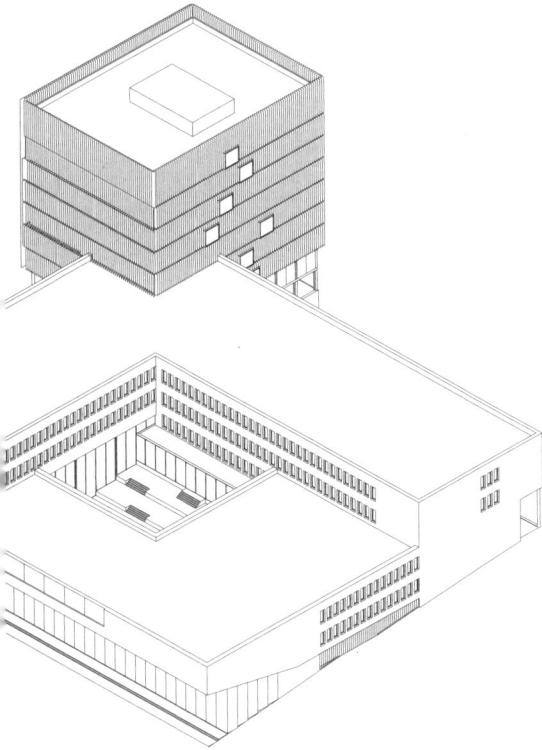

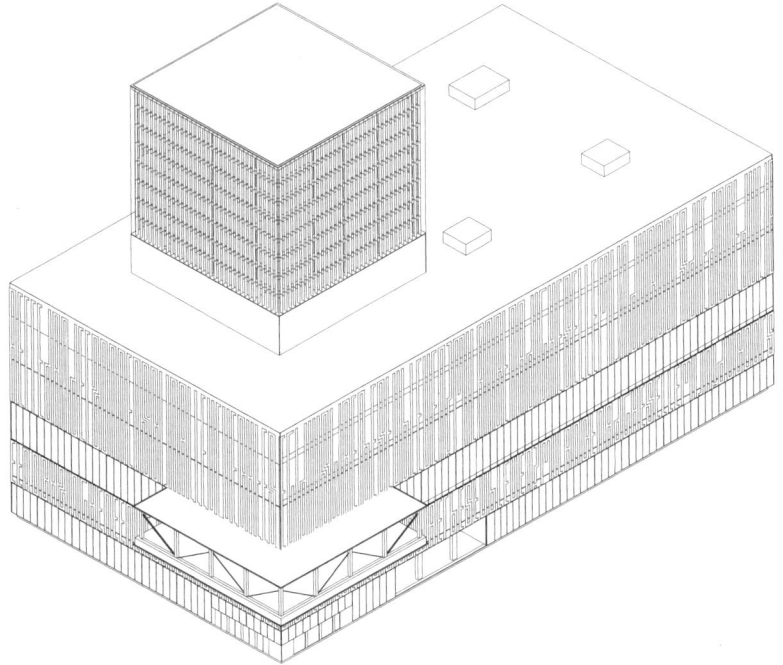

T2 Campus Thor Park

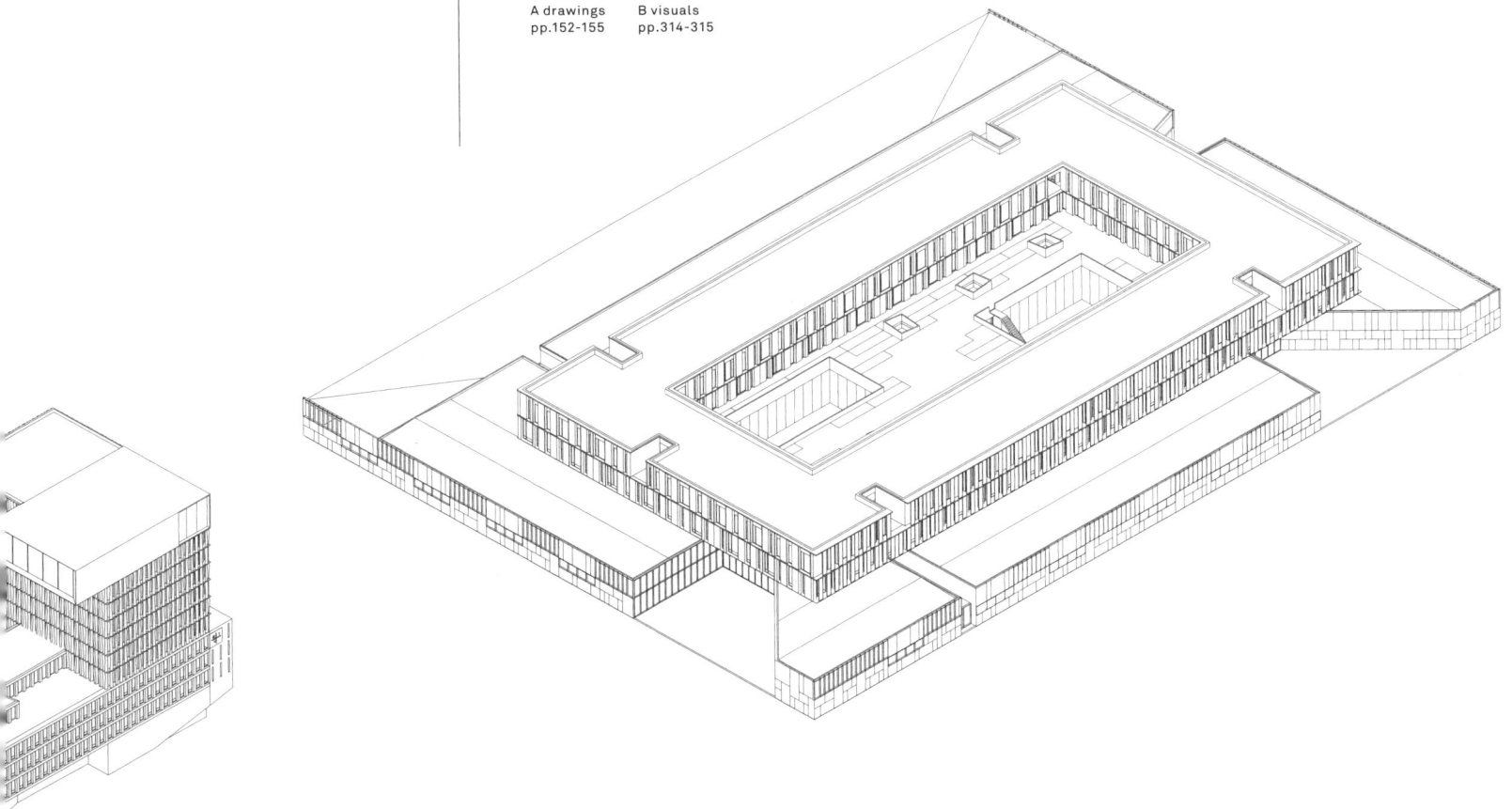

LEISURE

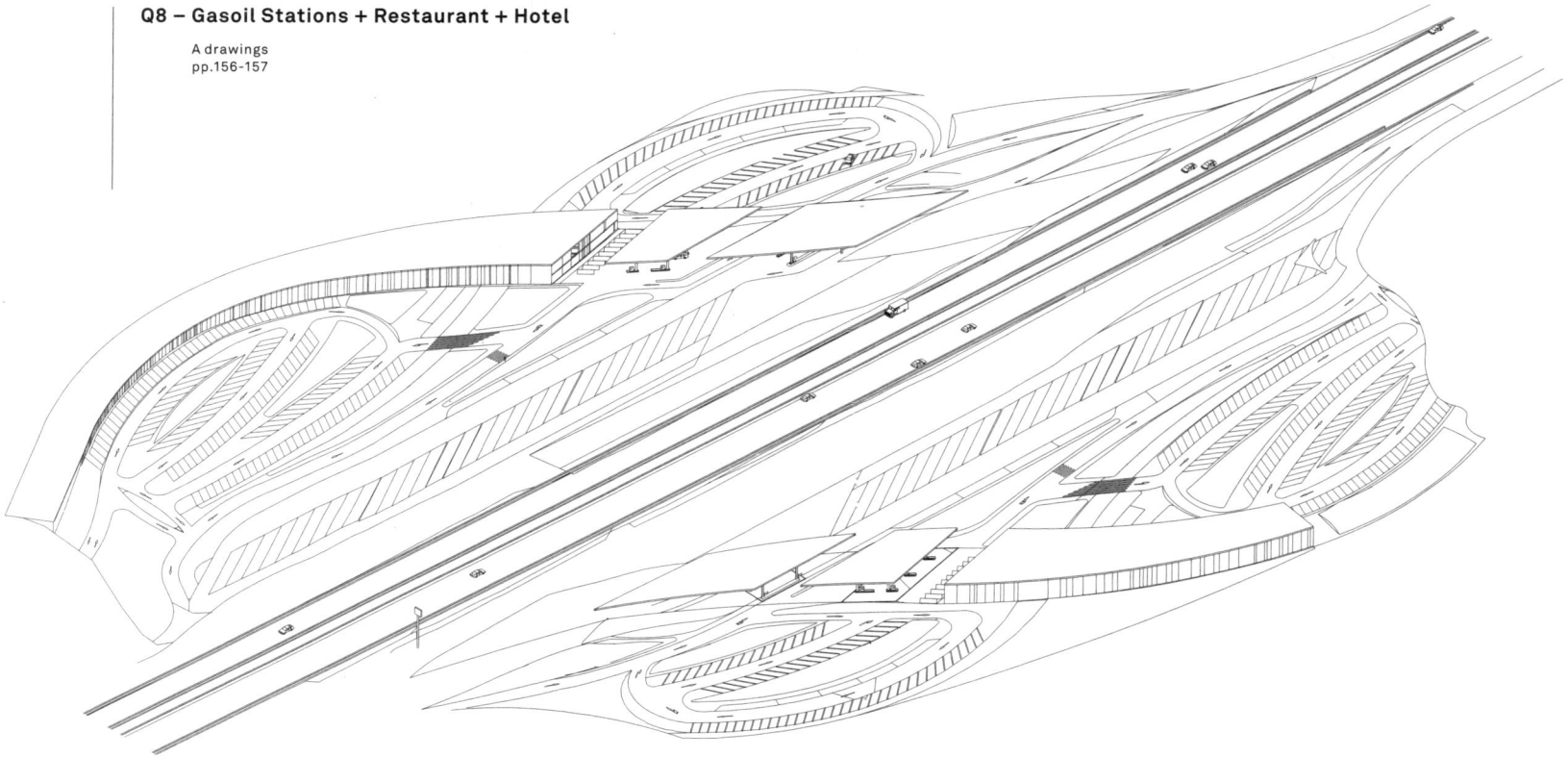

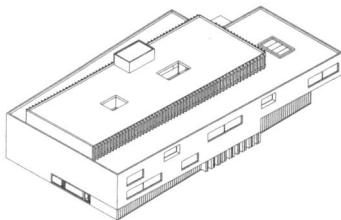

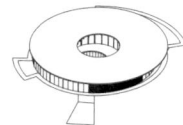

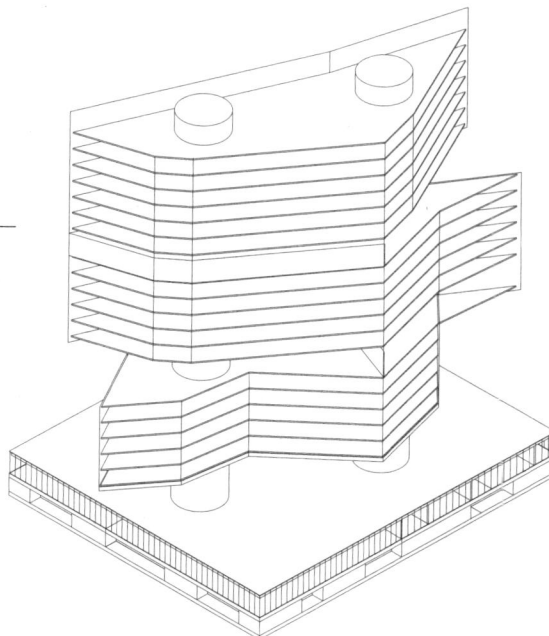

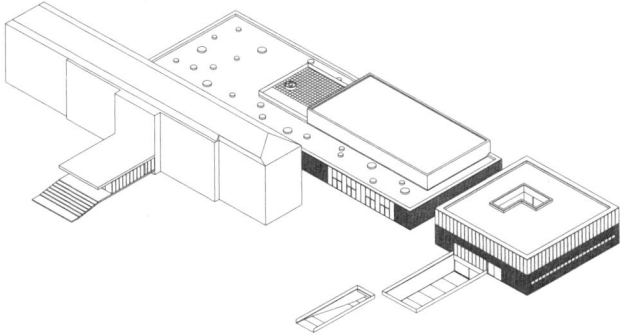

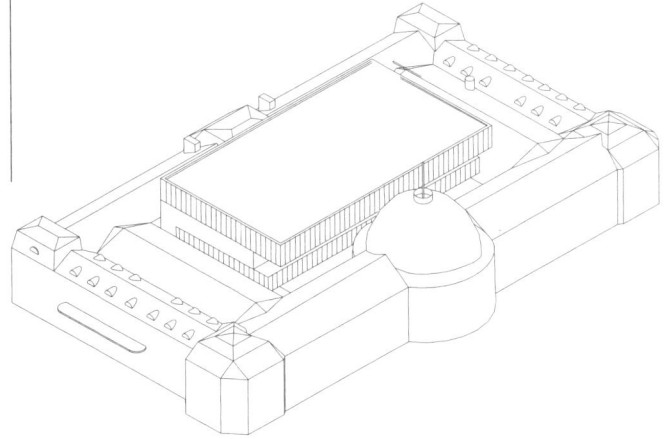

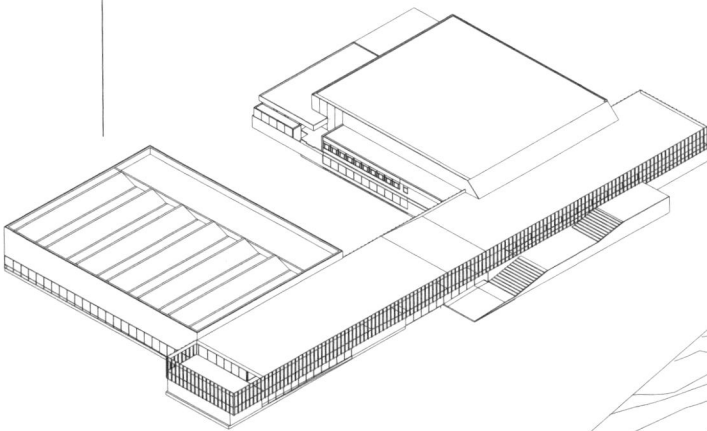

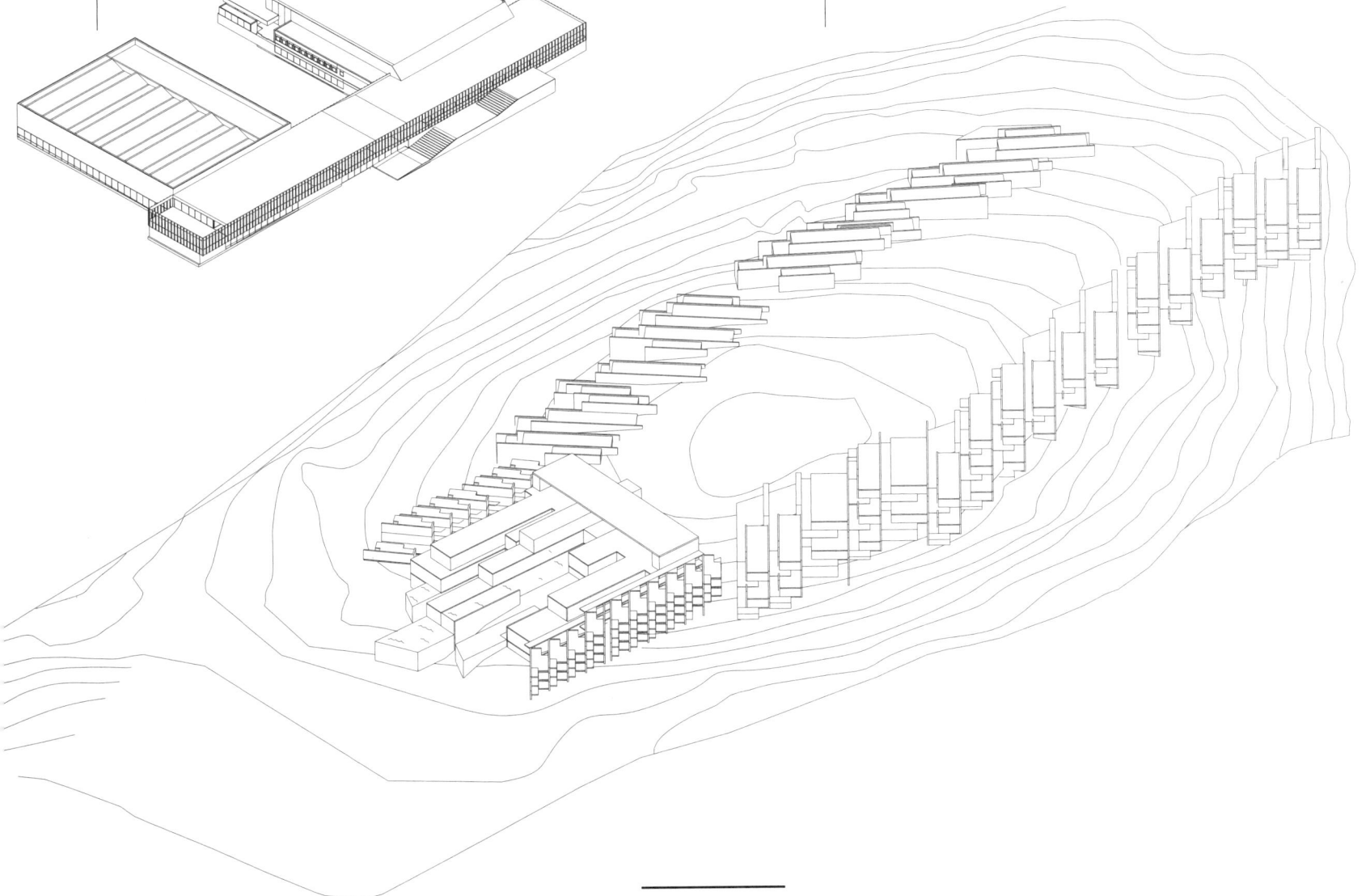

building

'It is our duty alw
and visionary in
housing and buil
test boundaries i
to nourish dreams
creative f

methods
—

ys to be attentive
the evolution of
ling methods, to
our research and
that reinforce our
eshness.'

Binst to Wear Collection – 10 Conceptual T-shirts with Architectural DNA

2008/2009   Luc Binst

5-Legged Table Concept for Lensvelt

2014   Lensvelt

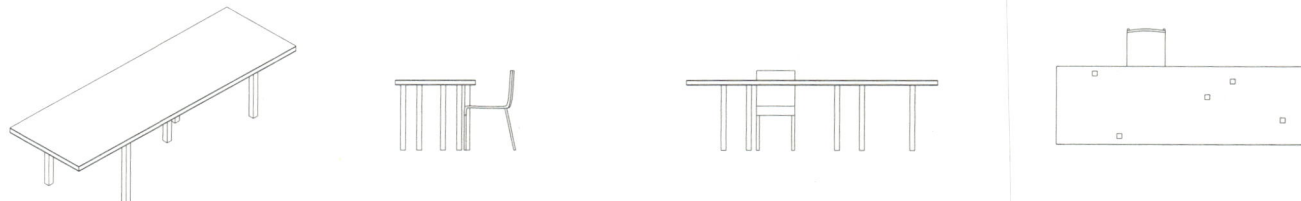

Billboard for Dark – Light Fixture

2003/2008   Dark

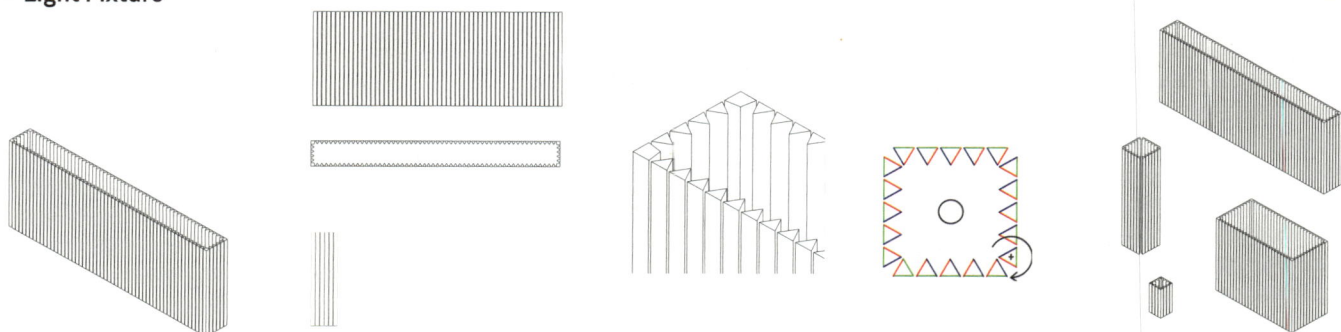

Portfolio 01+02 for Modular Lighting – Light Fixture

2011/2014   Modular Lighting Instruments

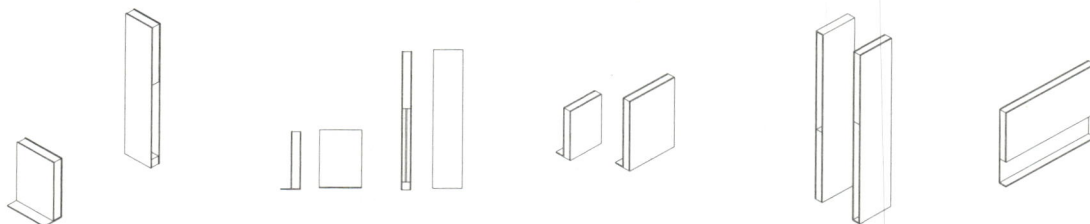

Work Lounge – Restyling Automated Workplace Lounge

2007/2008   Lensvelt/Gispen

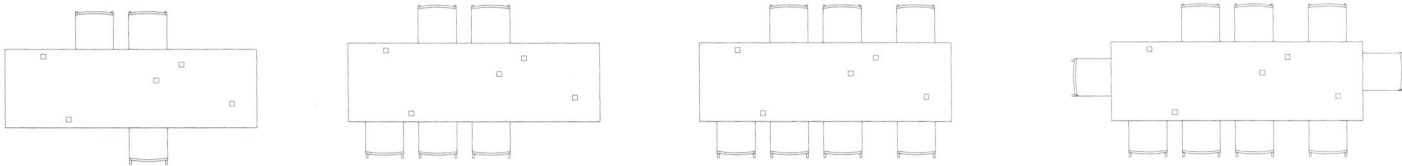

Sundial Instrument – Monument Following 1000 Years Humbeek

2008/2013 Humbeek
City of Humbeek
In collaboration with Leenders

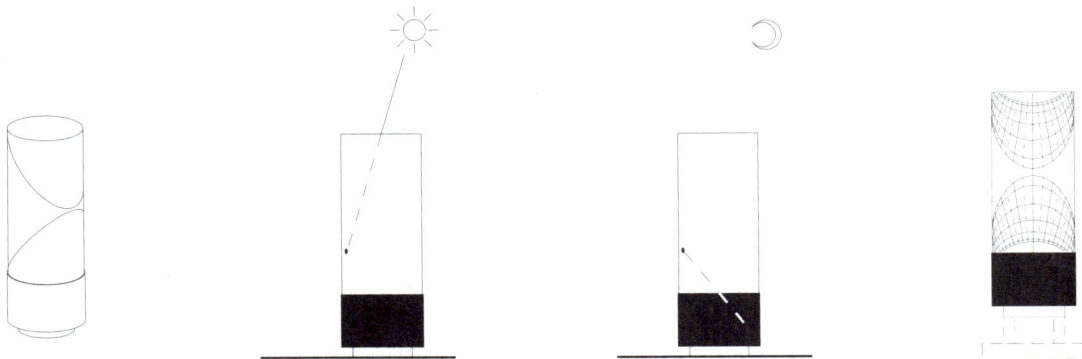

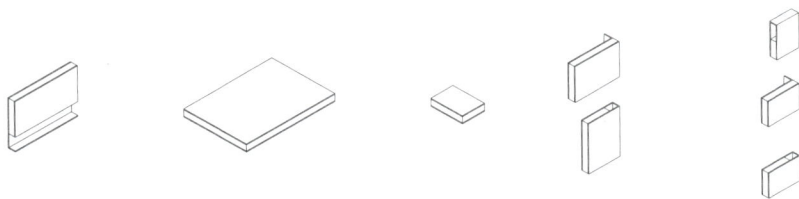

X-Installation for the Release of Book X

2010 Antwerp
CBA
In Collaboration with Luc Deleu

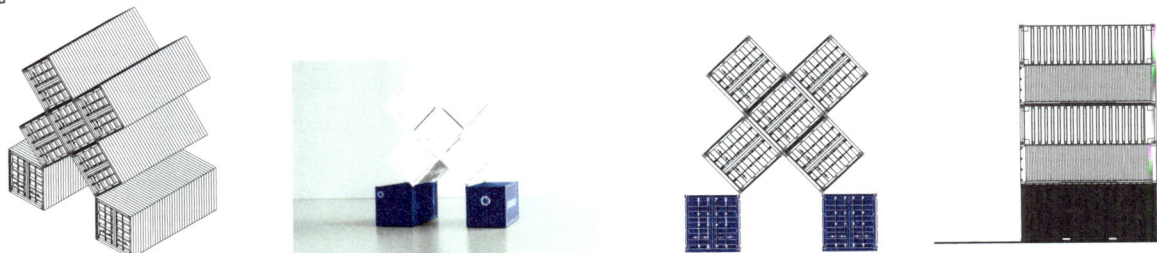

Exhibition Concept for Artist Gunther Förg

2008   Strombeek
             Cultural Centre Strombeek

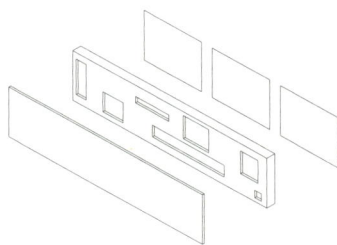 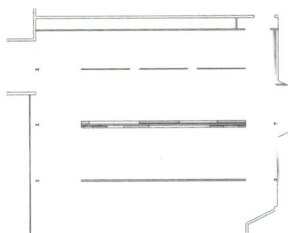 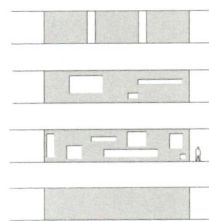 

Light Installation at the Biennale Interieur

2008   Kortrijk
             Biennale Interieur

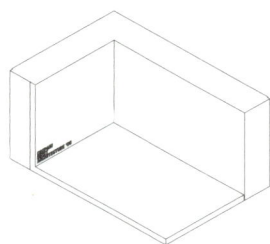   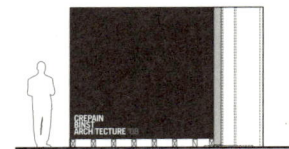

The Cabinet – Hexagonal Exhibition Space

2007   Strombeek
             Cultural Centre Strombeek

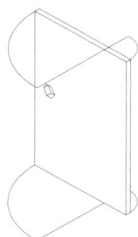 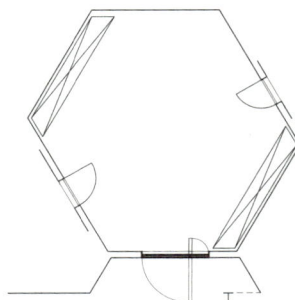 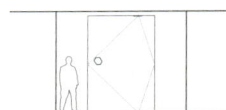

Realty Brussels – Real Estate Fair – CBA Platform

Brussels   CBA

	2012	2013	2014-2015

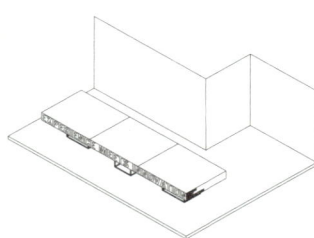 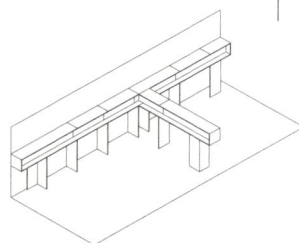 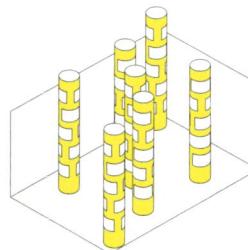 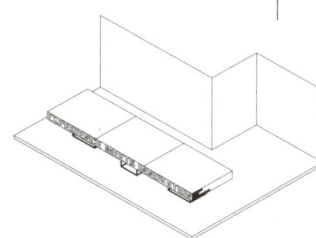

2010/2011 Antwerp
Umicore (Founder MAS)

Diamond Pavilion MAS

2011 Antwerp
Antwerp World Diamond Centre (Founder MAS)

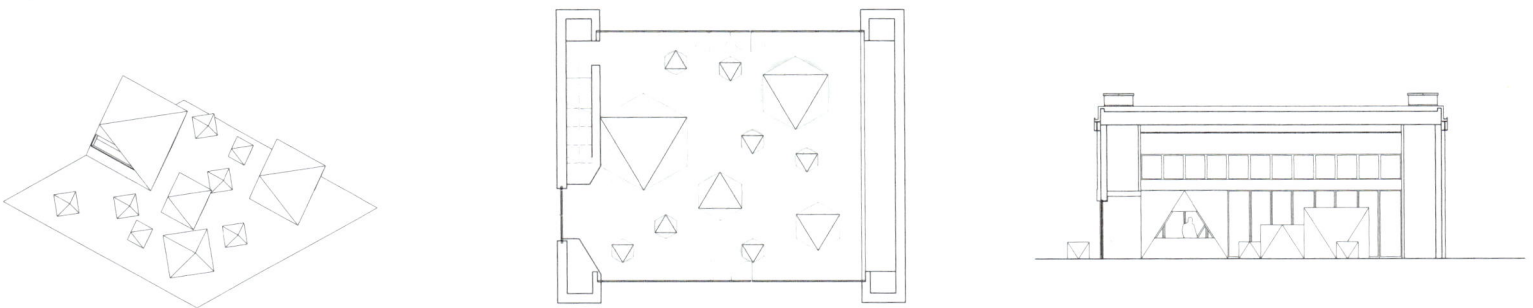

Port Pavilion MAS with Integrated Multimedia Design + 360° Panoramic Projection

2009/2010 Antwerp
The Port of Antwerp (Founder MAS)

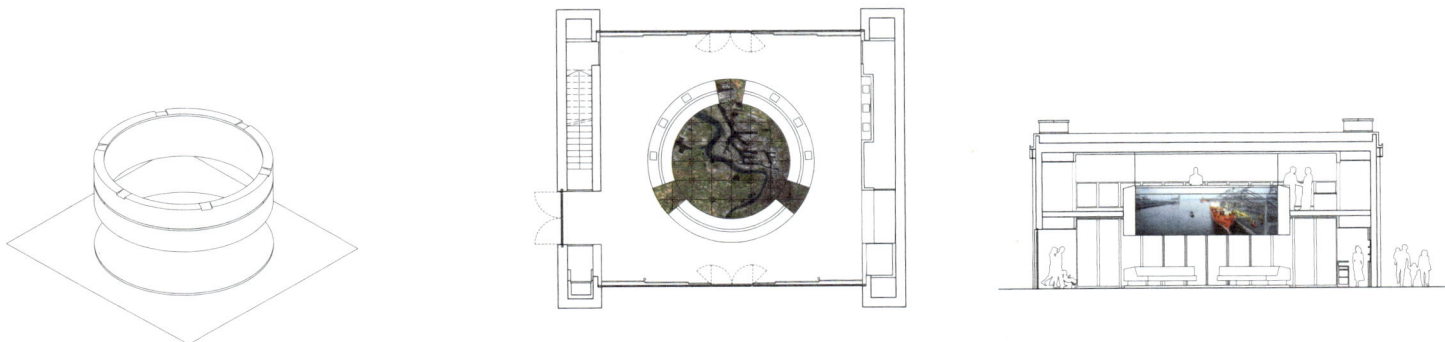

VIP Bar Club Carré

2007   Willebroek
        Carré

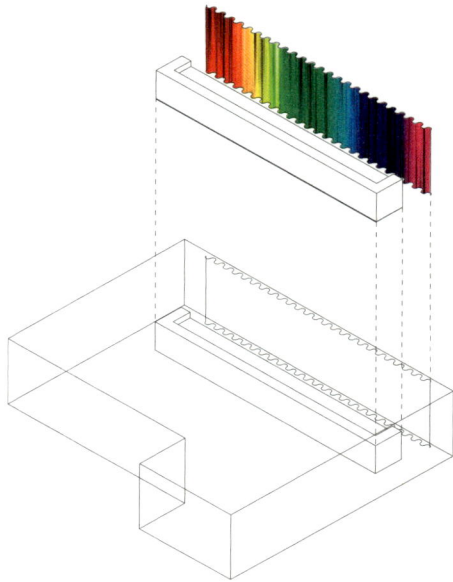

→ C PHOTOGRAPHY P.357

Showroom Wine Store

2015/...   Aartselaar
         Young Charlie

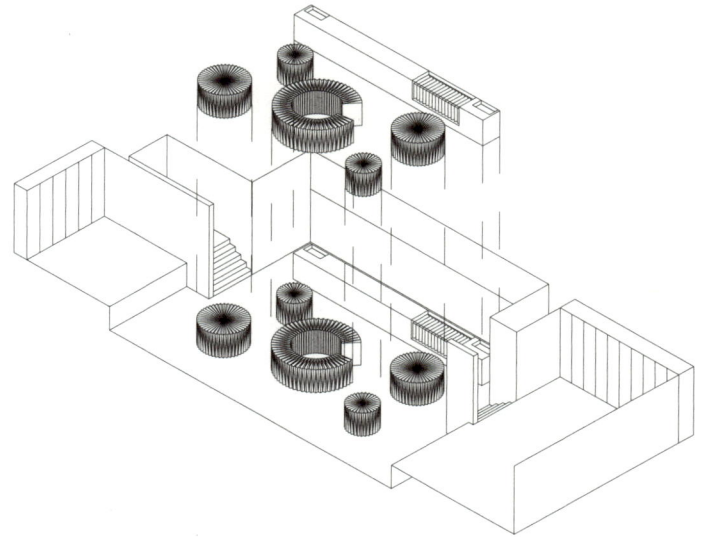

Restaurant Te Kook

2012/2013   Antwerp
         Johan Segers

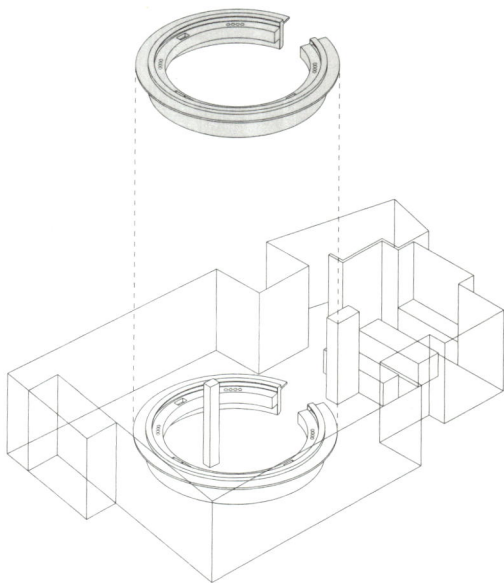

→ C PHOTOGRAPHY PP.360-361

Interior in Student Housing Woods

2015/...   Leuven
        Dyls

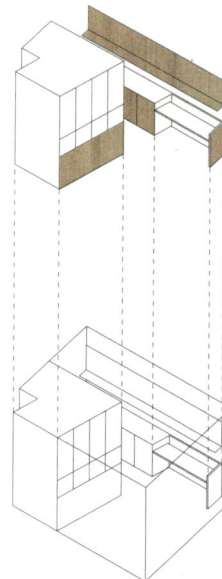

→ B IMPRESSIONS P.216

'Architecture empowers and supports the individual's self-assurance.' — Luc Binst

LANNOO

From HUMAN DESIGN to CITY DESIGN.
The power of AMBITION and COURAGE,
CREATIVITY and VISION.
CROSSOVERS with design and interior design.
The ABC of CBA — Crepain Binst Architecture

UNITED

10 years of Crepain Binst Architecture in
1 impressive book with plans, sketches,
impressions & photos of 138 projects and
the vision of architect Luc Binst, with due
respect for the legacy of Jo Crepain.

Van HUMAN DESIGN tot CITY DESIGN.
De kracht van AMBITIE en MOED,
CREATIVITEIT en VISIE.
CROSS-OVERS met design en interieur.
Het ABC van CBA — Crepain Binst Architecture

UNITED

10 jaar Crepain Binst Architecture in 1
indrukwekkend boek met plannen, schetsen,
impressies & foto's van 138 projecten en
de zienswijze van architect Luc Binst, met
respect voor de erfenis van Jo Crepain.

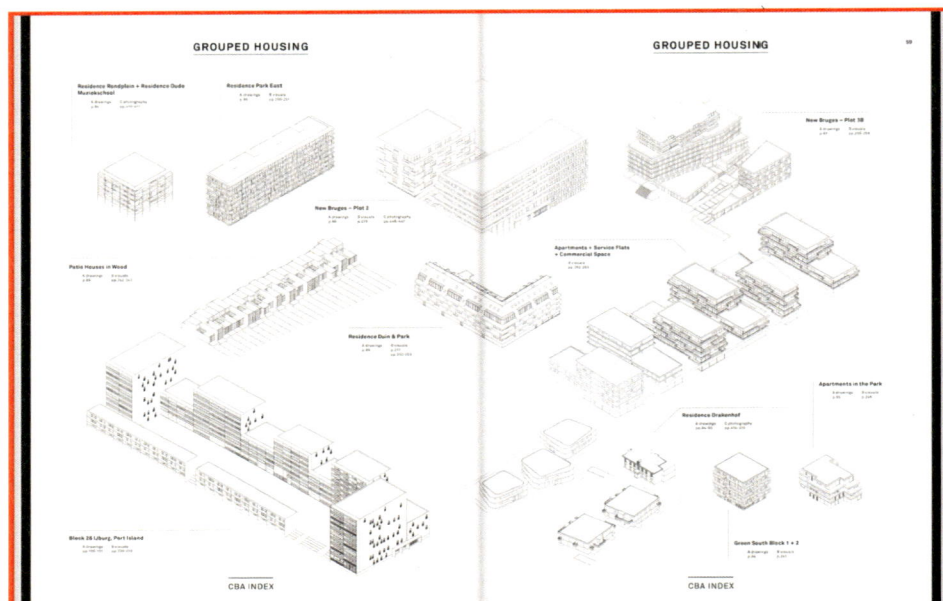

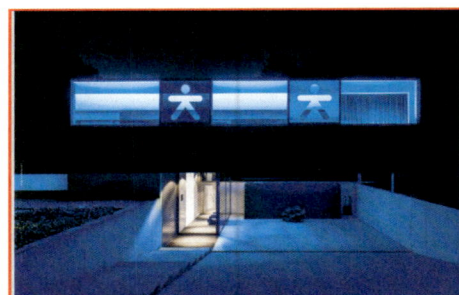

ISBN: 9789401430890
D/2015/45/431
NUR: 648
496 PAGES

www.lannoo.com

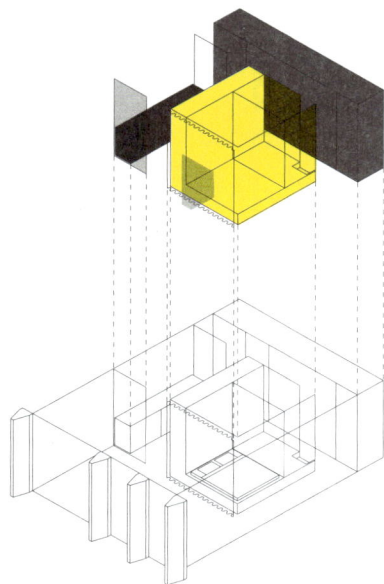

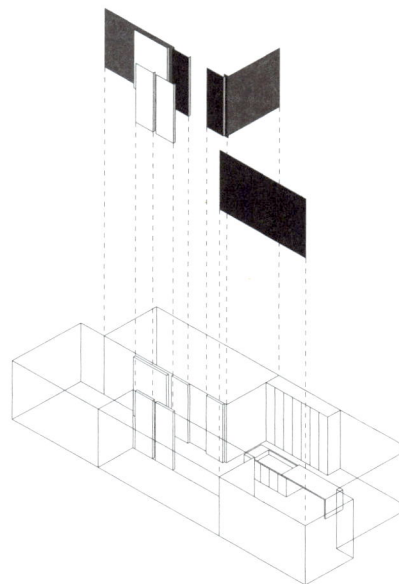

→   B
IMPRESSIONS
PP. 216-217

→   C
PHOTOGRAPHY
PP. 362-363

interior

'Interior and architecture together form a single story and are indissolubly connected as a single creative mother tongue.'

Renovation Duplex Apartment 13/14 in Riverside Tower

2006/2009   Antwerp
             Private

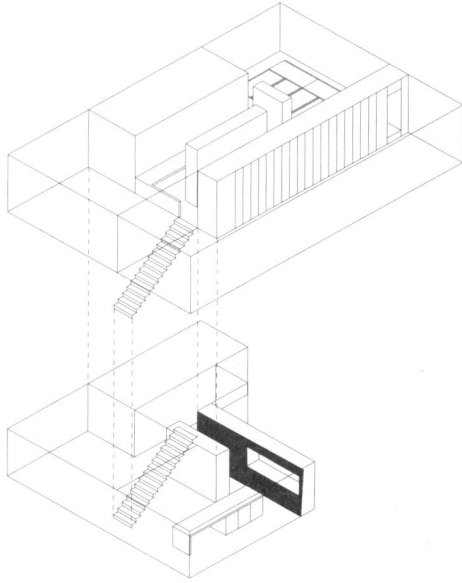

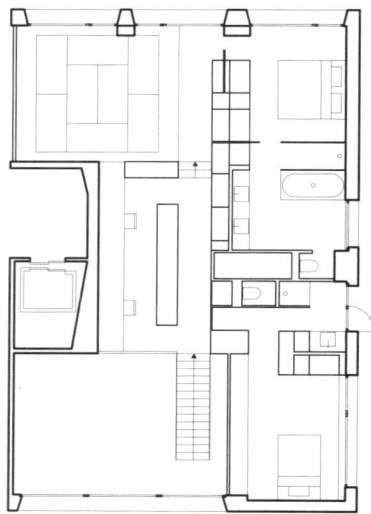

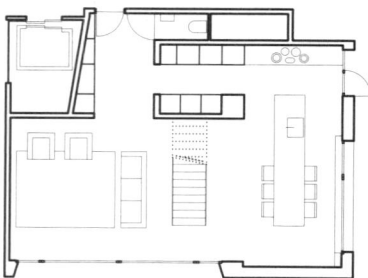

Penthouse

2010/2013   Hasselt
             Private

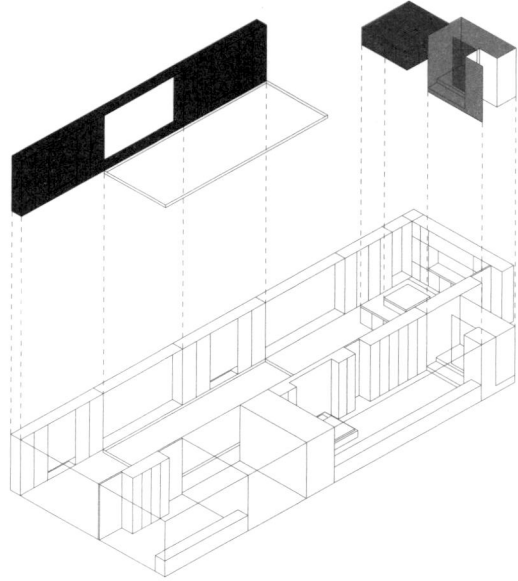

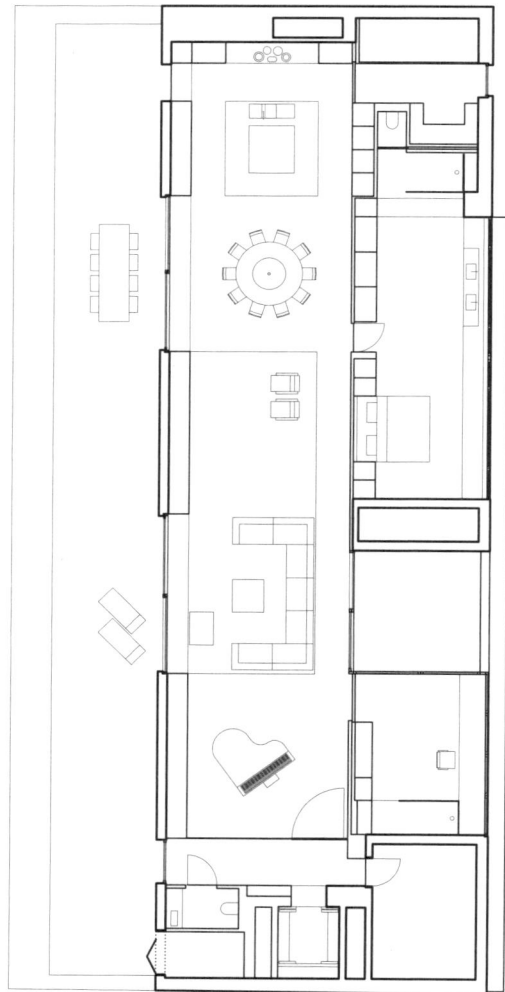

→
C

PHOTOGRAPHY
PP.358-359

Penthouse in Residence Melopee

2013/...   Antwerp
            Private

Luxurious Apartment Concept in Residence Melopee   **81**

2014   Antwerp
            Private

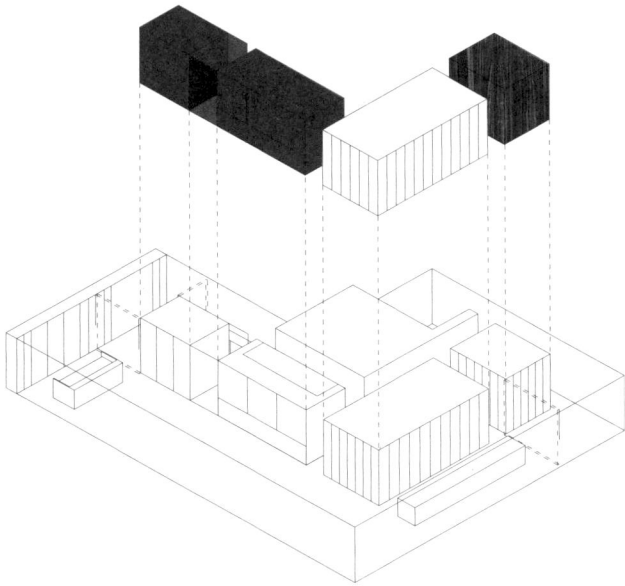

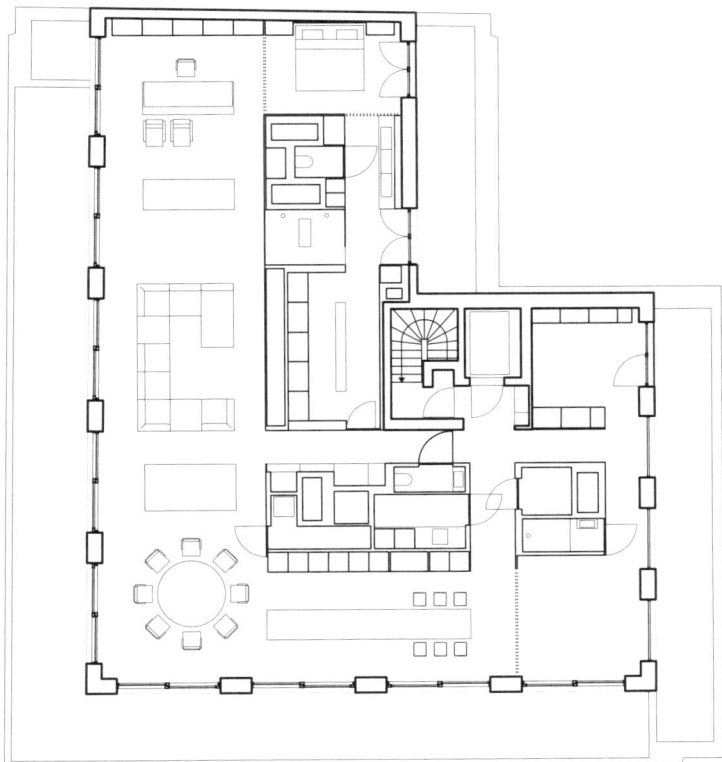

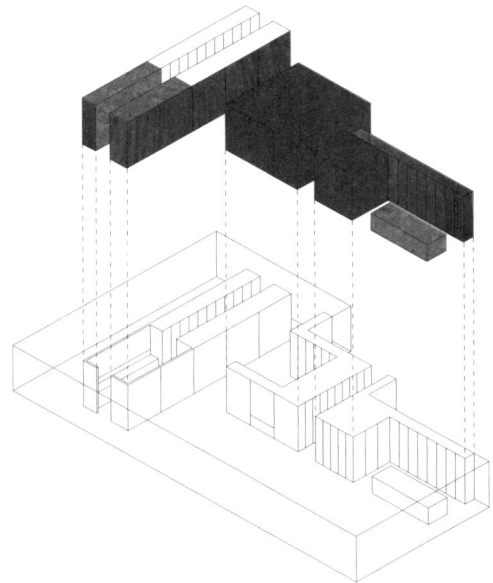

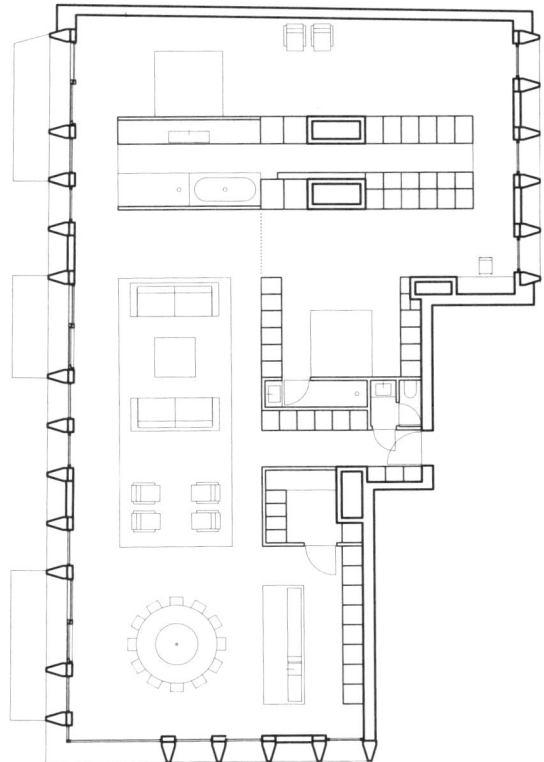

Periodontia + Studio

2010/2014   Merchtem
              Private

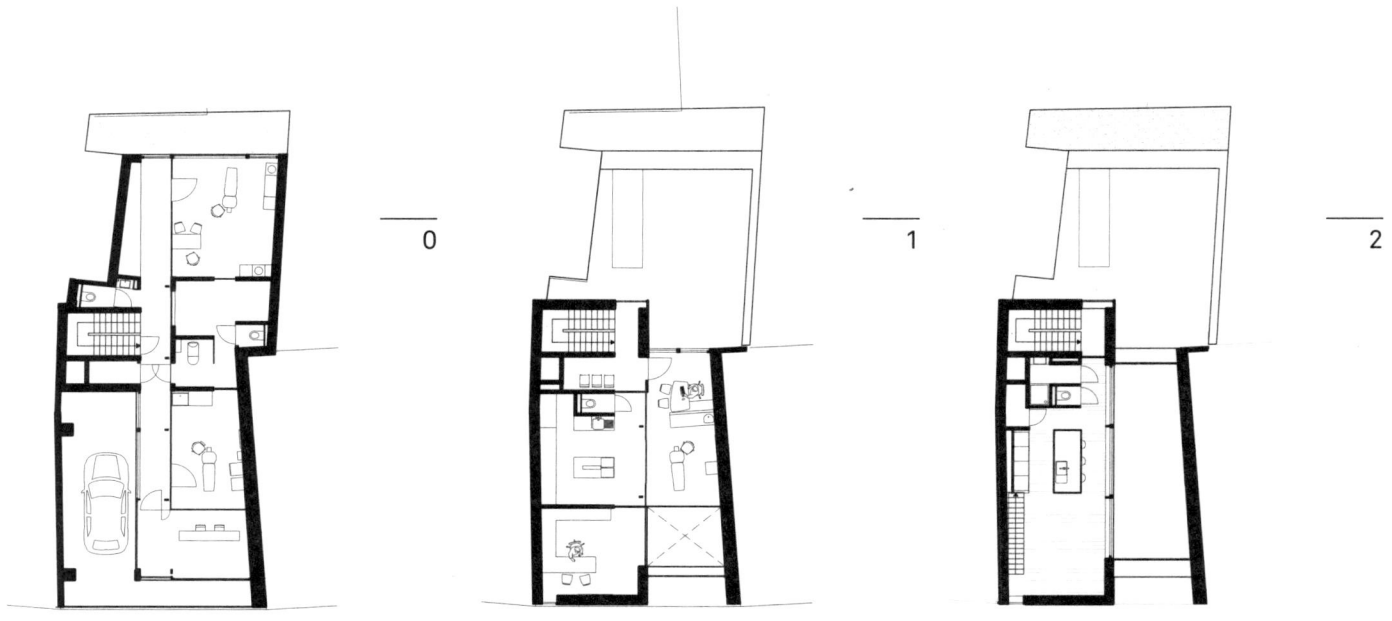

0   1   2

PHOTOGRAPHY
P.372-373

Green House

2009/2013   Mechelen
              Private

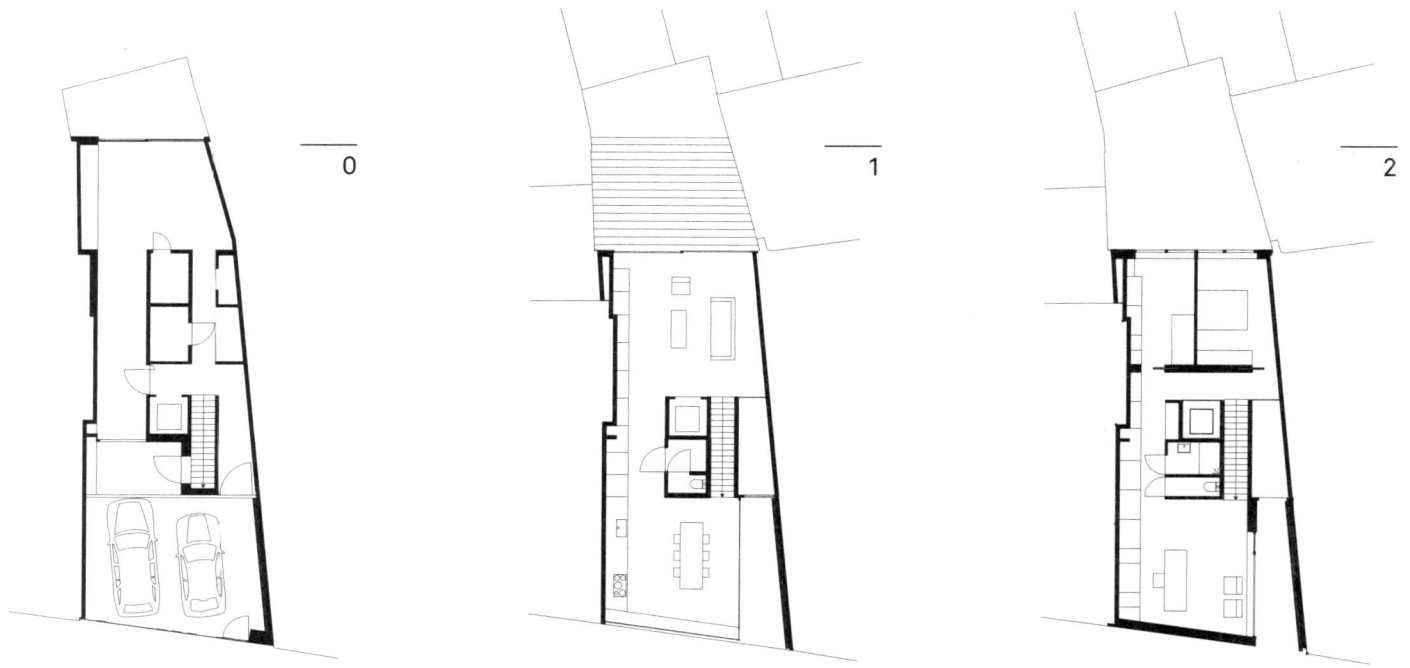

0   1   2

PHOTOGRAPHY
PP.368-371

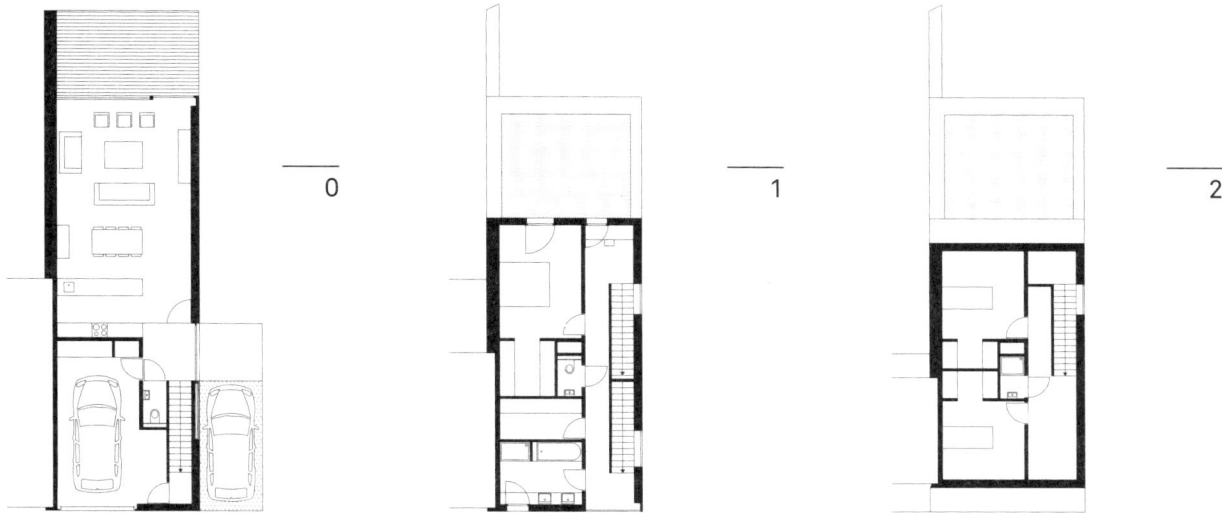

0

1

2

PRIVATE HOUSING   **FACADE HOUSE**

→ C PHOTOGRAPHY
           PP.364-367

housing

'Organizing housing as a sort of laboratory of atmospheres and functions that flirt with one another is an experiment.'

Artist Residence

2010/2013   Kapelle-op-den-Bos
            Private

Detached Pentagonal House

2014/...   Beigem
            Private

B
IMPRESSIONS
P.221

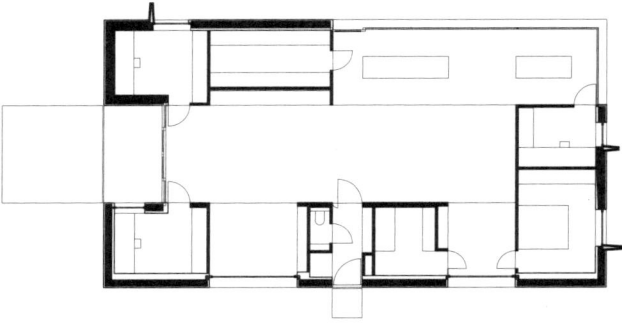

0

C
PHOTOGRAPHY
PP.376-381

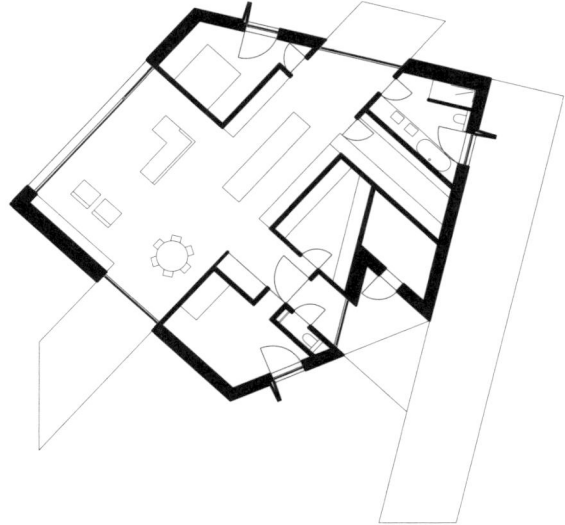

0

C
PHOTOGRAPHY
PP.374-375

Turnkey Concept

2014/...

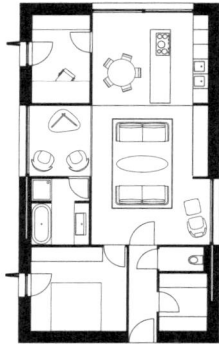

0

B
IMPRESSIONS
P.222

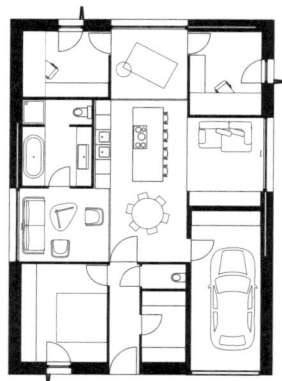

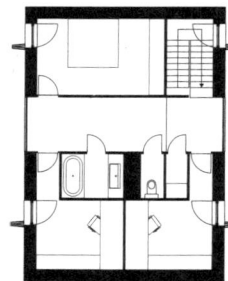

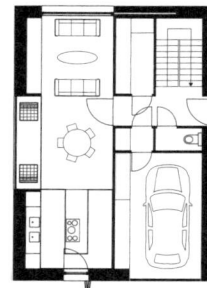

Detached House

2010/2014   Brasschaat
                Private

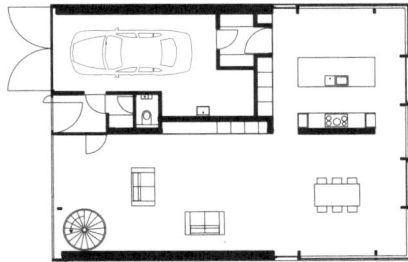   0

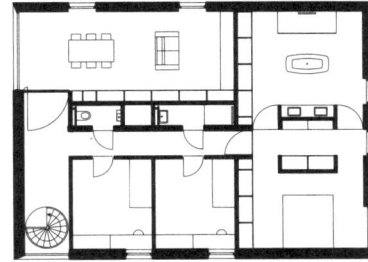   1

→ C PHOTOGRAPHY PP.386-387

Detached House

2013/...   Humbeek
            Private

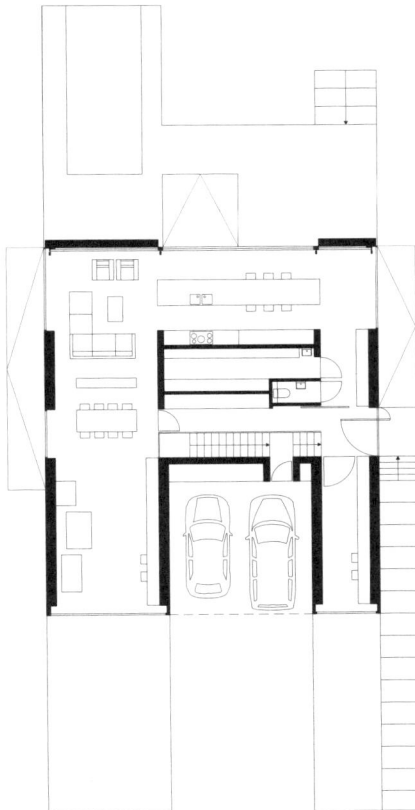   0

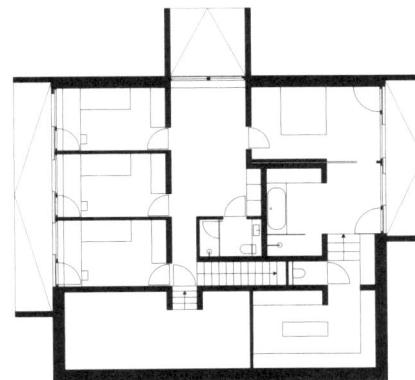   1

→ B IMPRESSIONS PP.224-225

Detached House with Swimming Pool

2006/2010   Bertem
              Private

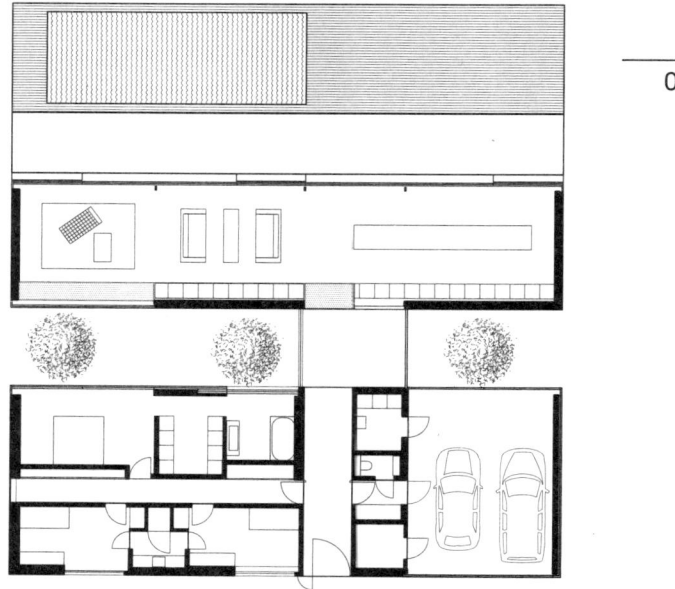

C PHOTOGRAPHY
   PP. 382-385

0

Loft House Concept

2010   Kampenhout
              Private

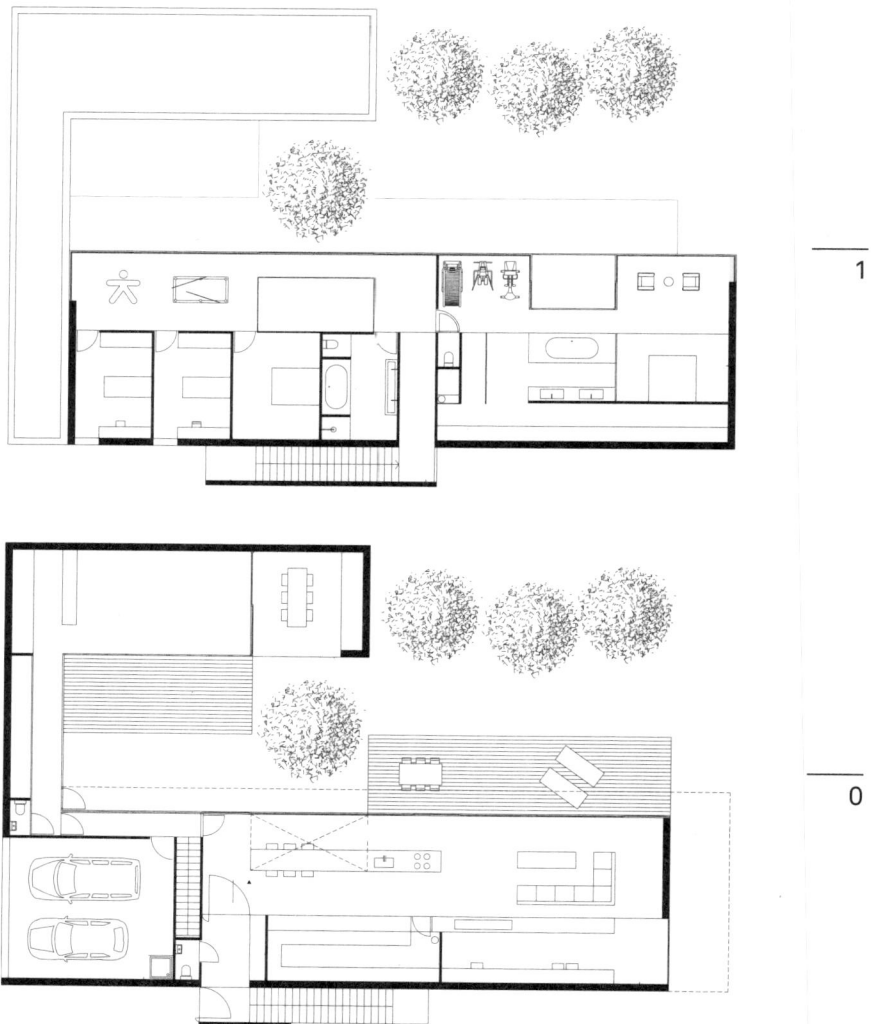

B IMPRESSIONS
   P. 220

1

0

Detached House with Swimming Pool

2005/   Temse
          Private

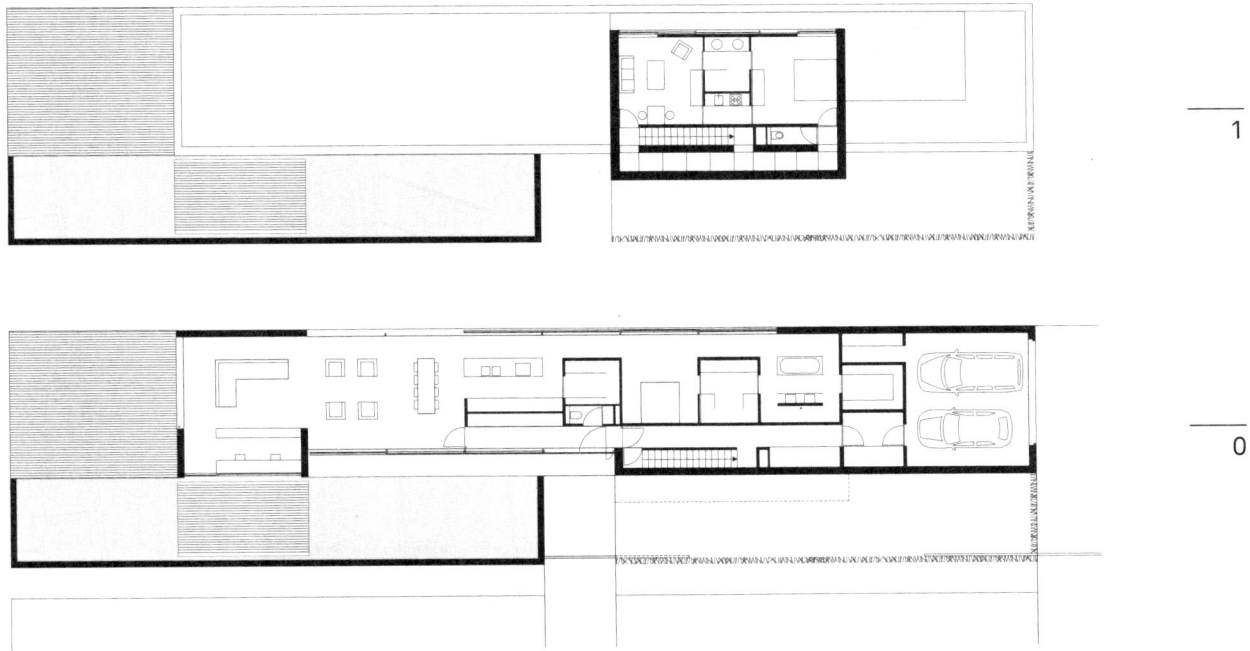

→ C   PHOTOGRAPHY PP. 400–401

1

0

Lounge Villa

2005   Keerbergen
       Private

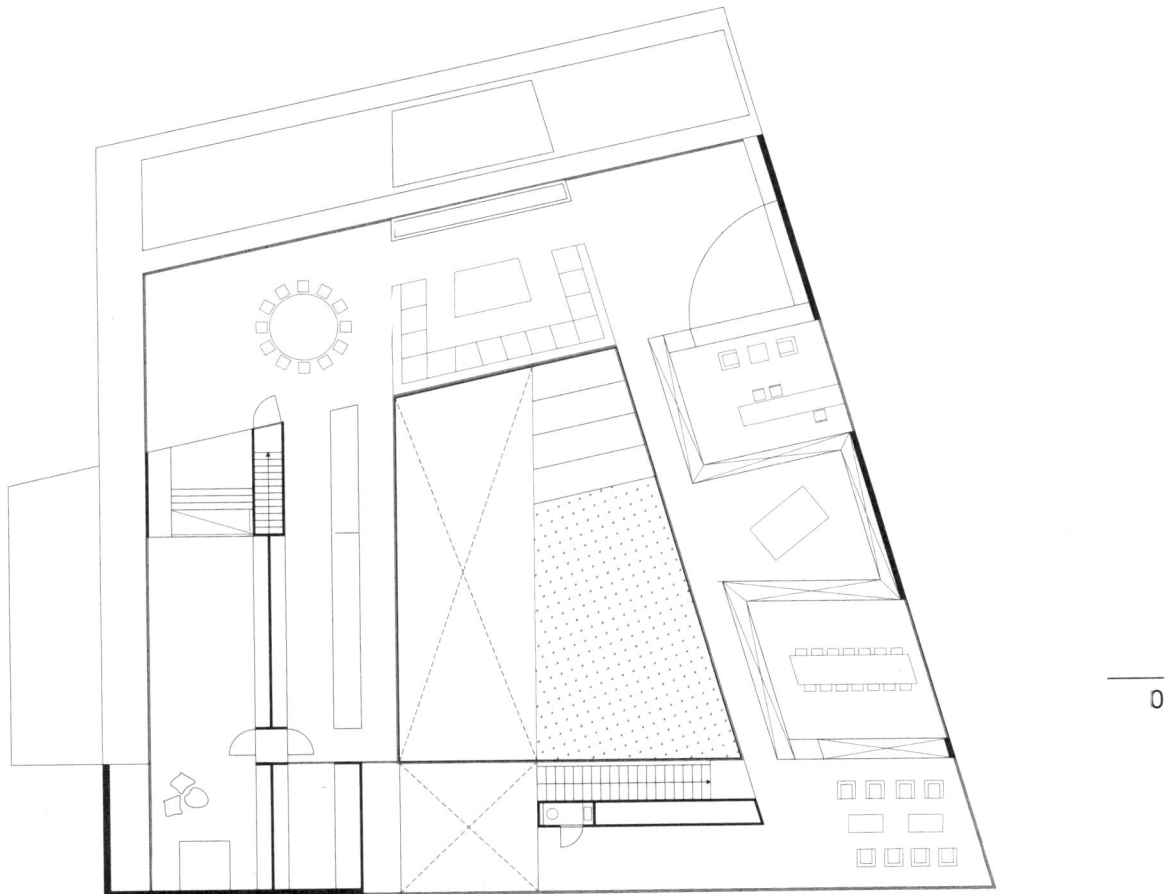

→ B   IMPRESSIONS P. 223

0

PRIVATE HOUSING   **DETACHED HOUSES**

Loft House Luc Binst

2003/2004   Humbeek
             Private

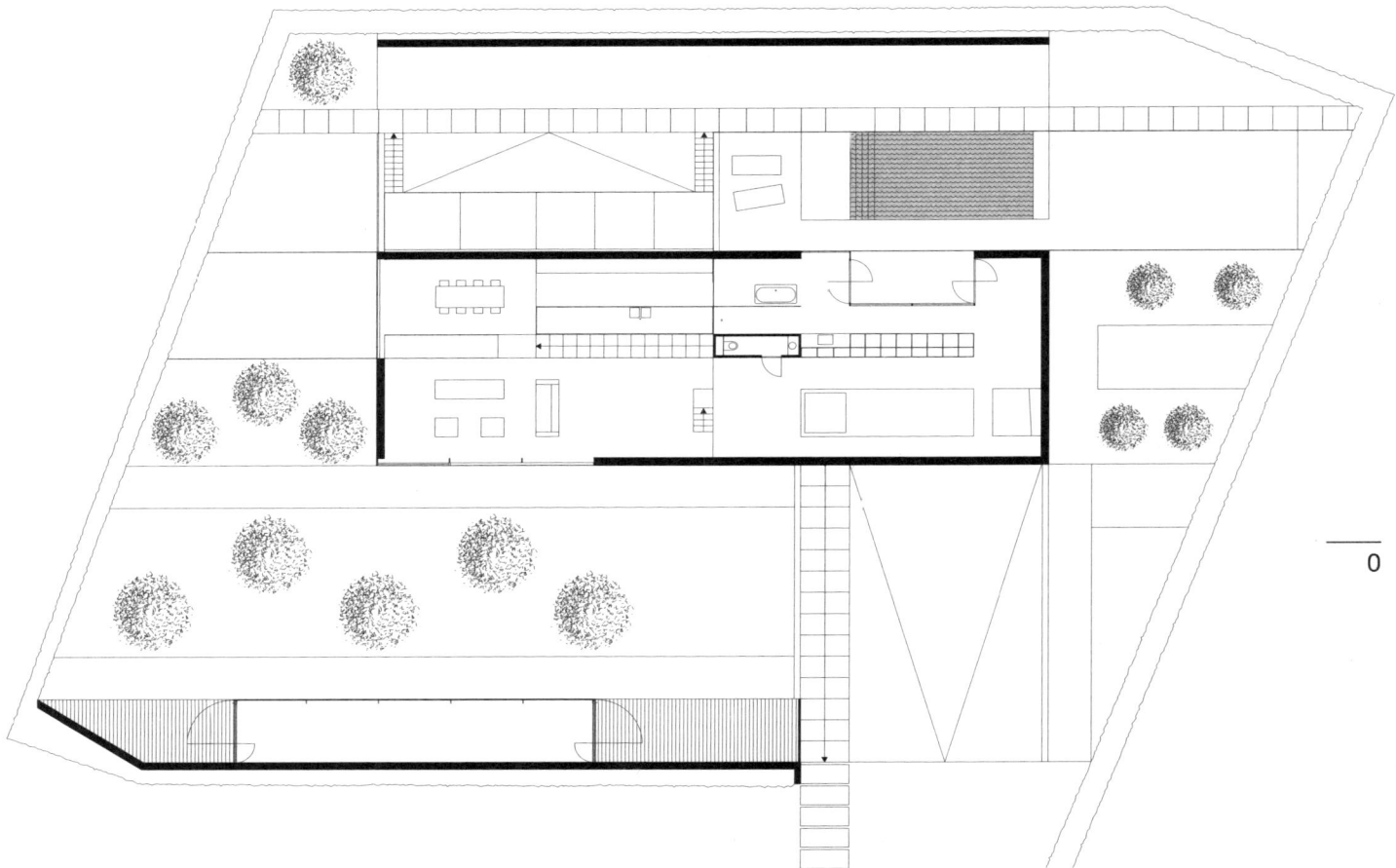

0

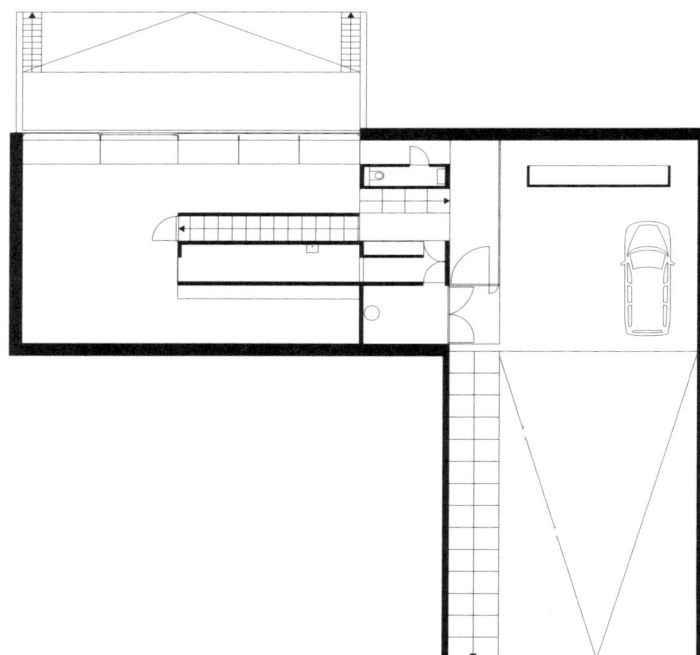

-1

→ C
PHOTOGRAPHY
PP.388-399

Extension Detached House with Garden Pavilion

2013/...   Temse
            Private

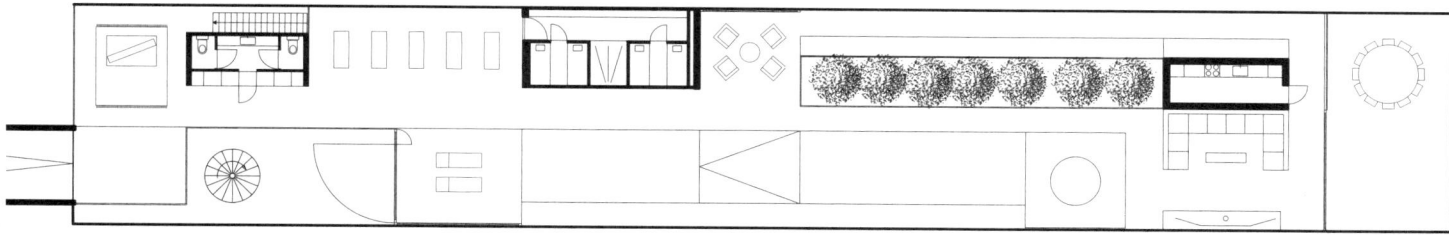

Conversion A.Ghyssaert Monument into New House

2014/...   St.-Kruis, Bruges
            Private

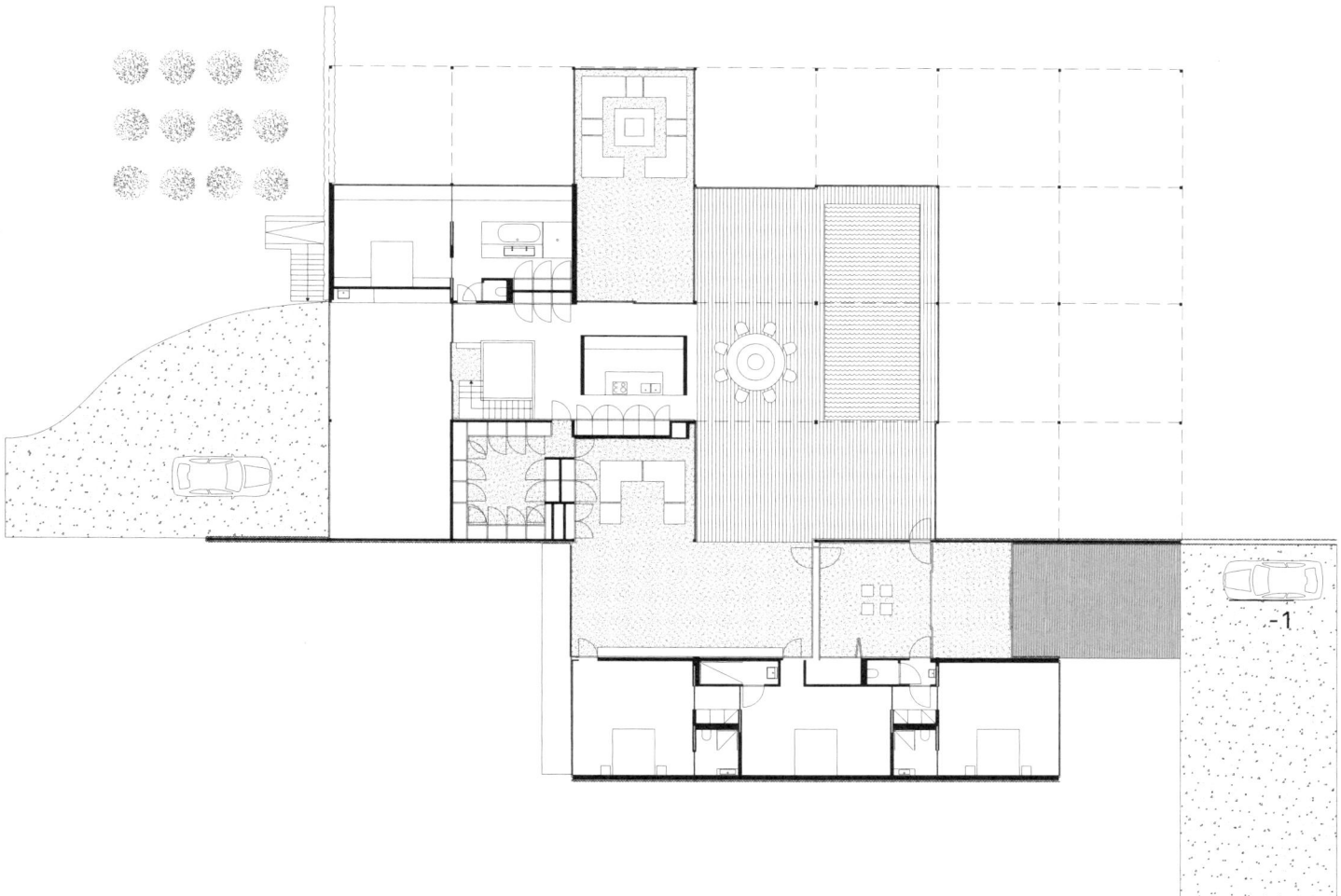

section
▼

facade
▼

Periodontia + Studio

2010/2014   Merchtem
Private

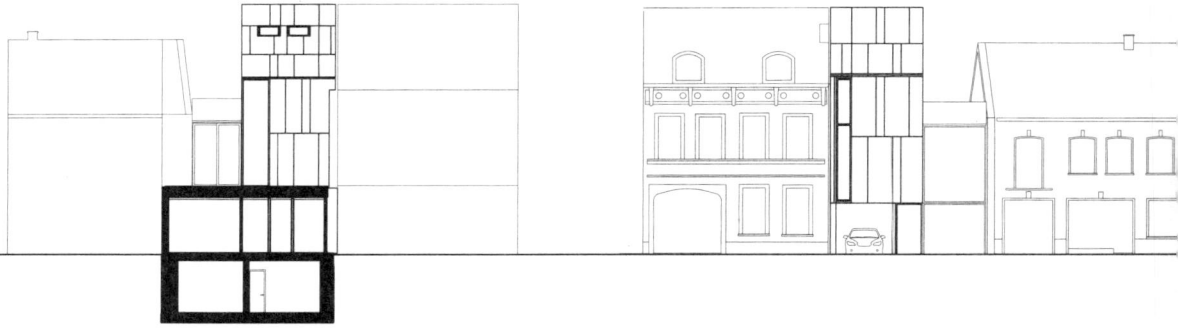

facade
▼

3-Façade House in Moss Green Hpl-Plates

2007/2010   Humbeek
Private

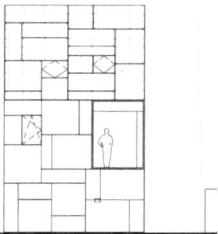

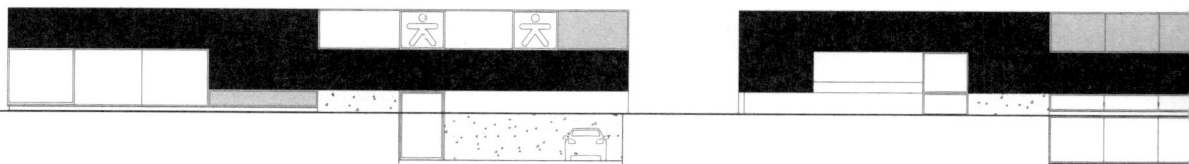

facade
▼

facade
▼

Artist Residence

2010/2013   Kapelle-op-den-Bos
Private

facade
▼

facade
▼

Detached Pentagonal House

2014/...   Beigem
Private

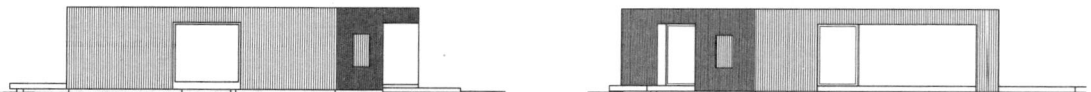

facade
▼

facade
▼

Loft House Luc Binst

2002/...   Humbeek
Private

facade

section

Green House

2009/2013   Mechelen

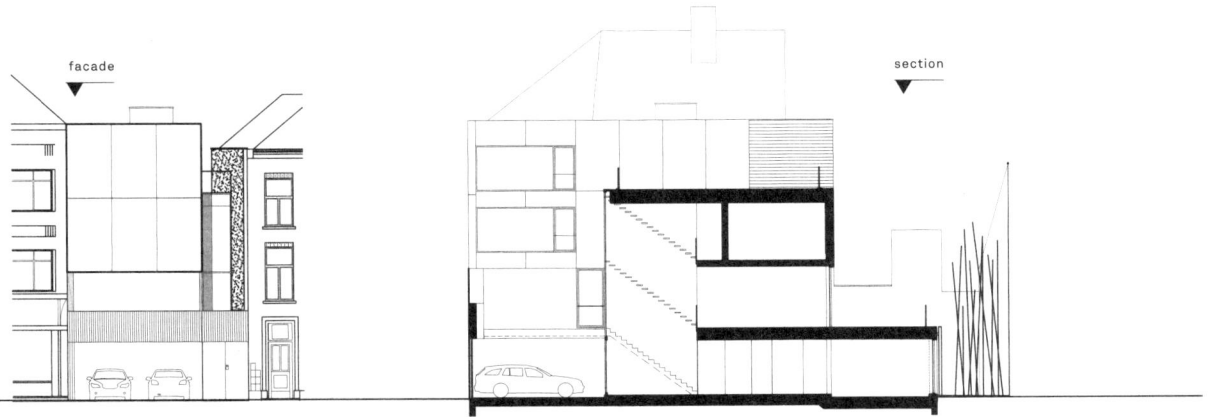

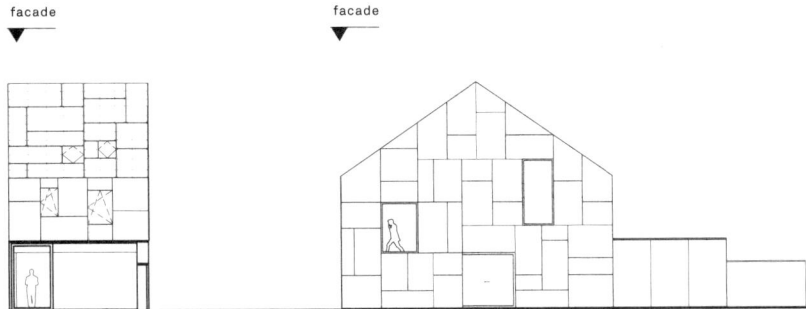

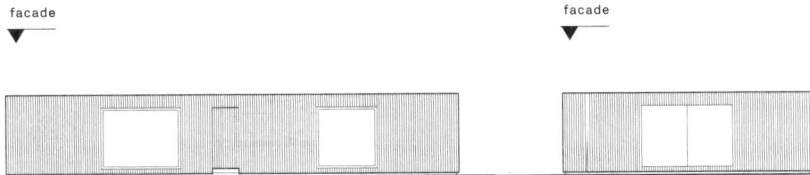

facade

facade

facade

facade

facade

facade

facade

facade

facade

Detached House with Swimming Pool

2005/   Temse
          Private

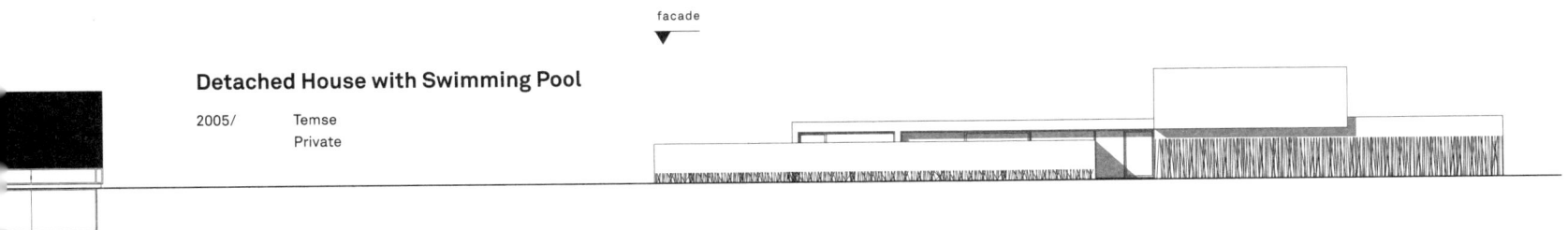

facade
▼

Lounge Villa

2005   Keerbergen
        Private

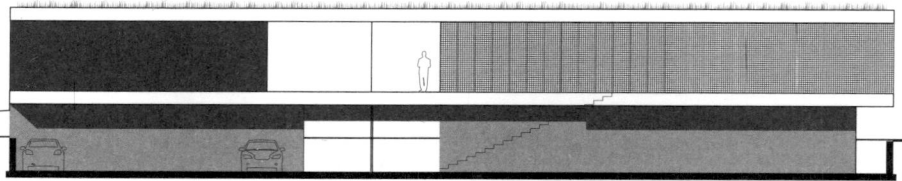

DETACHED HOUSES
▼

facade
▼

Loft House Concept

2010   Kampenhout
        Private

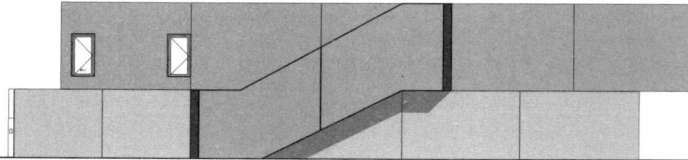

facade   facade
▼   ▼

Detached House

2010/2014   Brasschaat
             Private

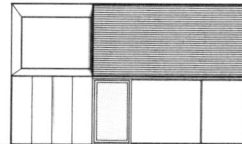 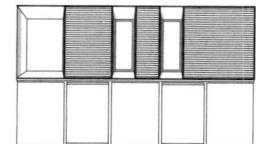

facade
▼

Detached House

2013/...   Humbeek
            Private

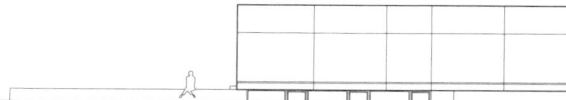

PAVILIONS
▼

facade
▼

Extension Detached House with Garden Pavilion

2013/...   Temse
            Private

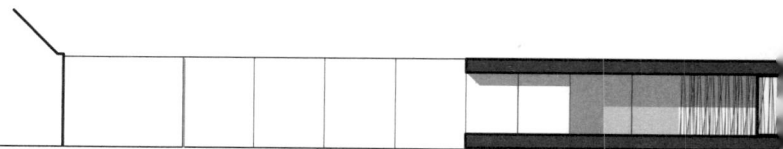

facade
▼

Conversion Monument
A.Ghyssaert into New House

2014/...   Sint-Kruis, Brugge
            Private

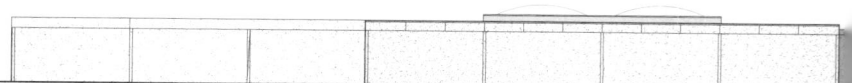

facade

facade

facade

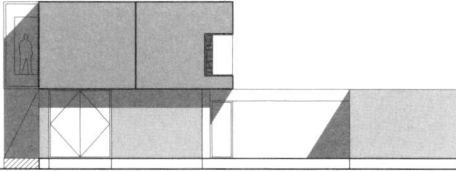

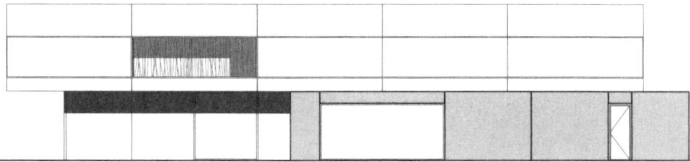

facade

facade

facade

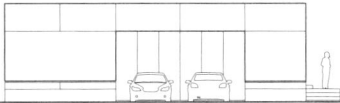

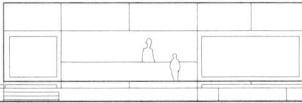

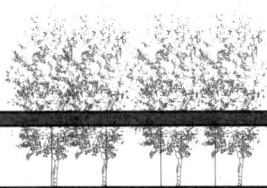

facade

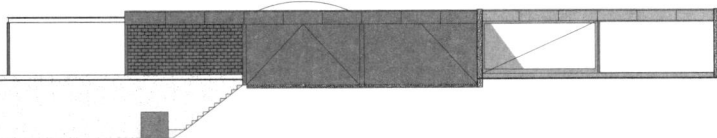

Residence Rondplein + Residence Oude Muziekschool

2004/2014   Mol
            Groep 3

3

1

C PHOTOGRAPHY PP.410-411

Residence Drakenhof

2011/2015   Deurne
            M&M Ilegems

VOLUME C
▼

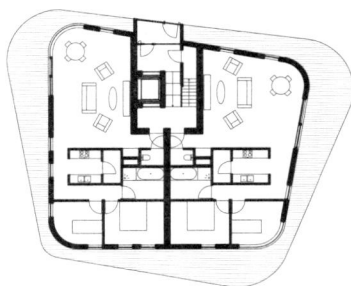

0

VOLUME B
▼

Green South Block 1 + 2

2012/...   Hoboken

B IMPRESSIONS P.241

0

1/
3/
5

A   DRAWINGS   GROUPED HOUSING   **NEW BUILD**

Apartments in the Park

2015/...   Sint-Genesius-Rode
            Immpact Development

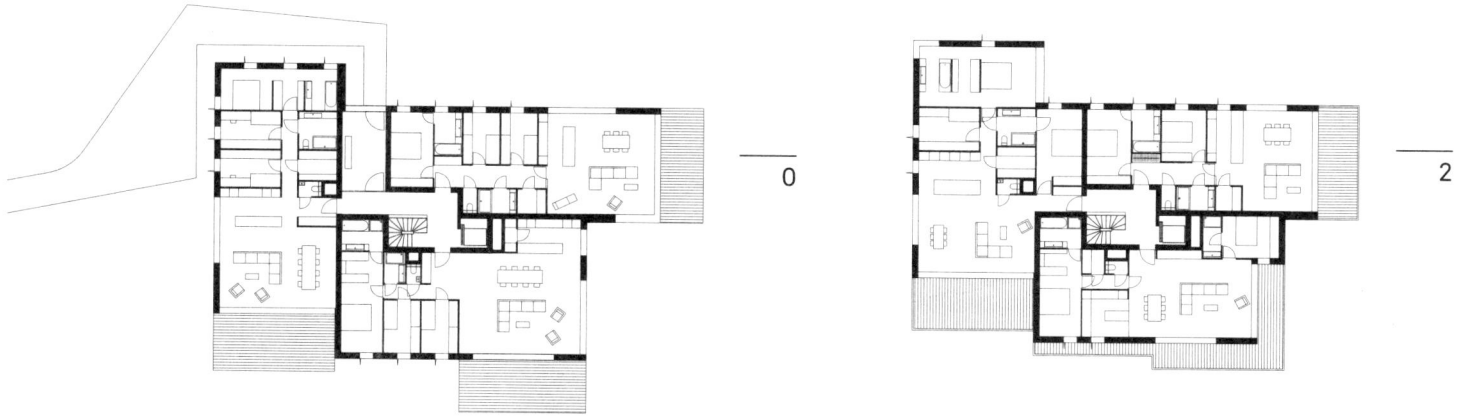

→ B IMPRESSIONS P.246

0

2

Residence Drakenhof

2011/2015   Deurne
            M&M Ilegems

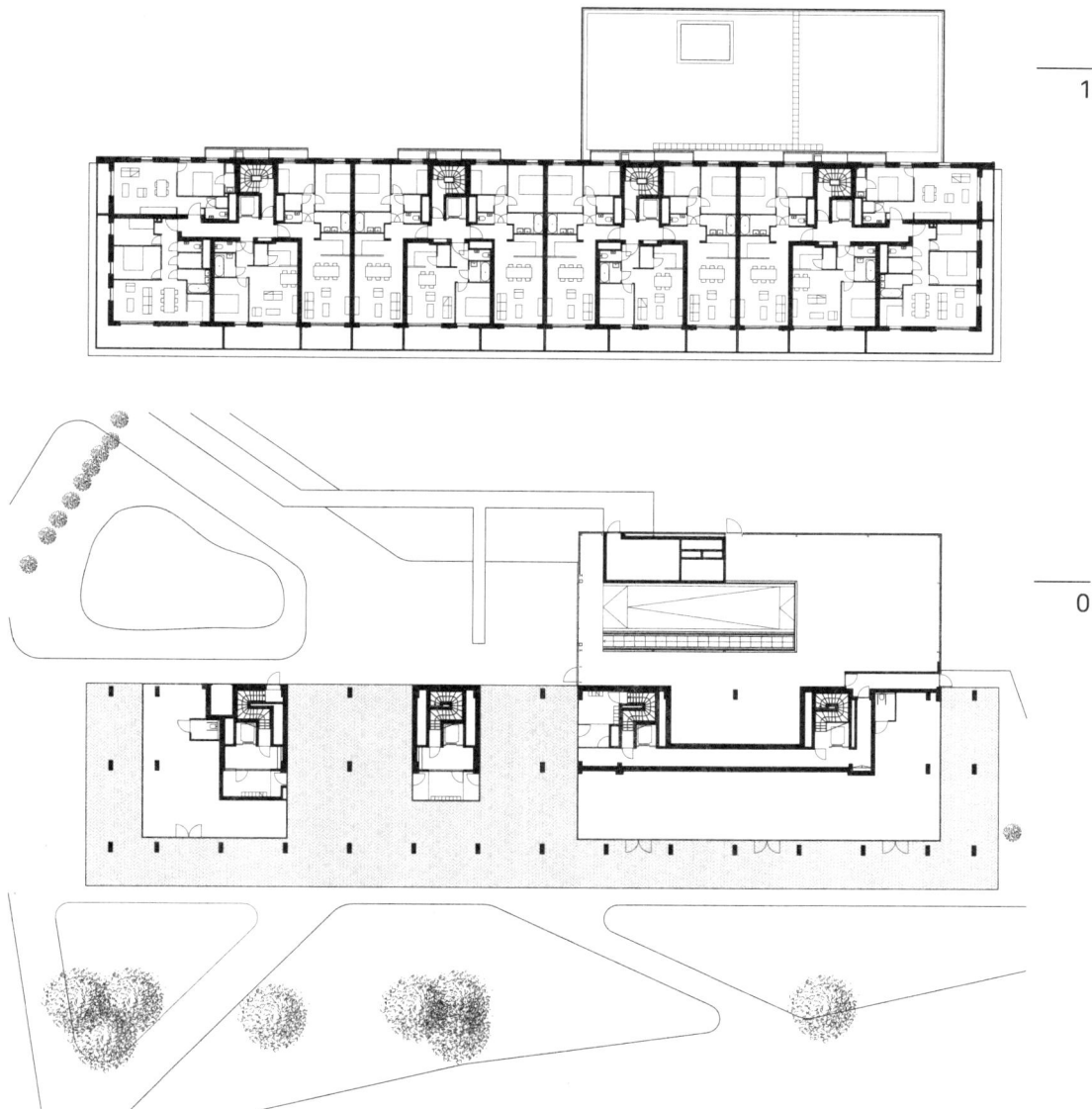

1

0

→ C PHOTOGRAPHY PP.414-415

GROUPED HOUSING   **NEW BUILD**

New Bruges – Plot 2

2011/...   Bruges
             Group Gl
             In Collaboration with Edward Sorgeloose Architecture

3

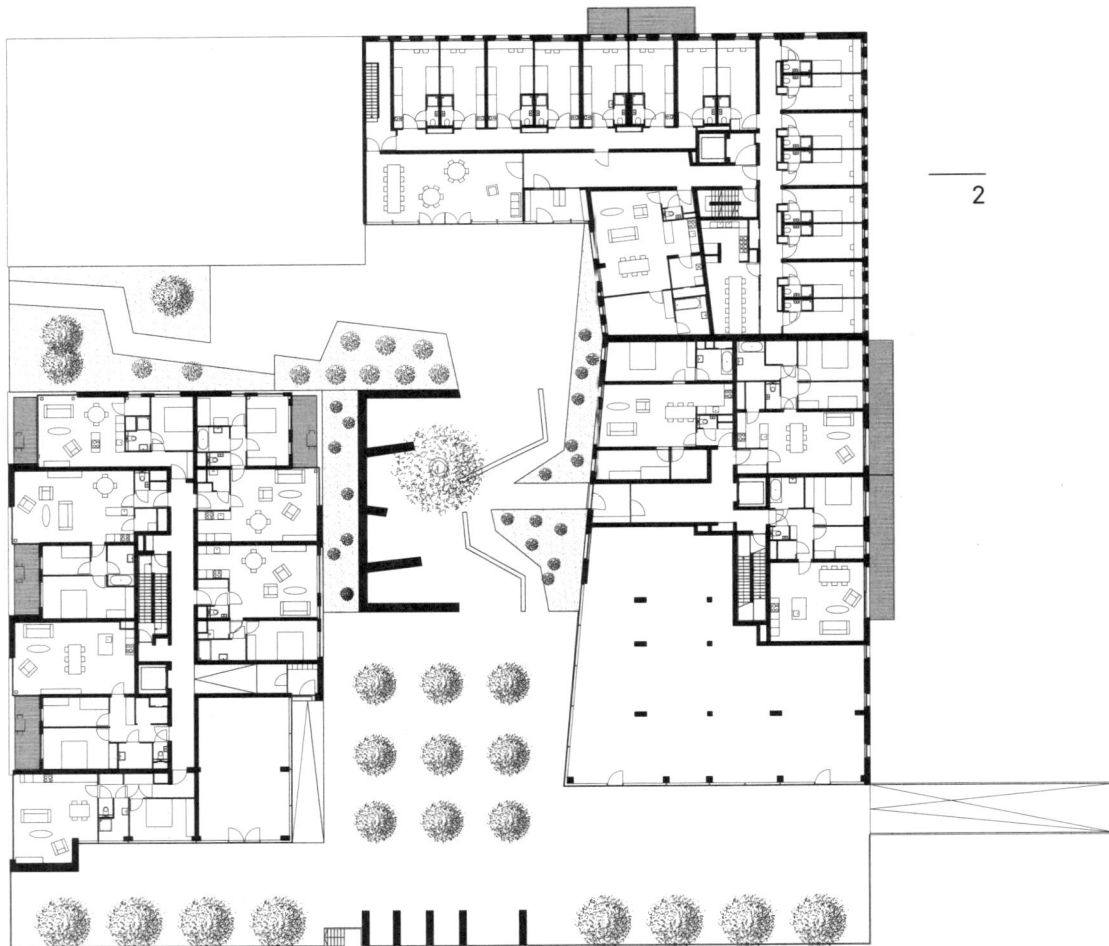

2

10

2

→
B IMPRESSIONS
PP.258–259

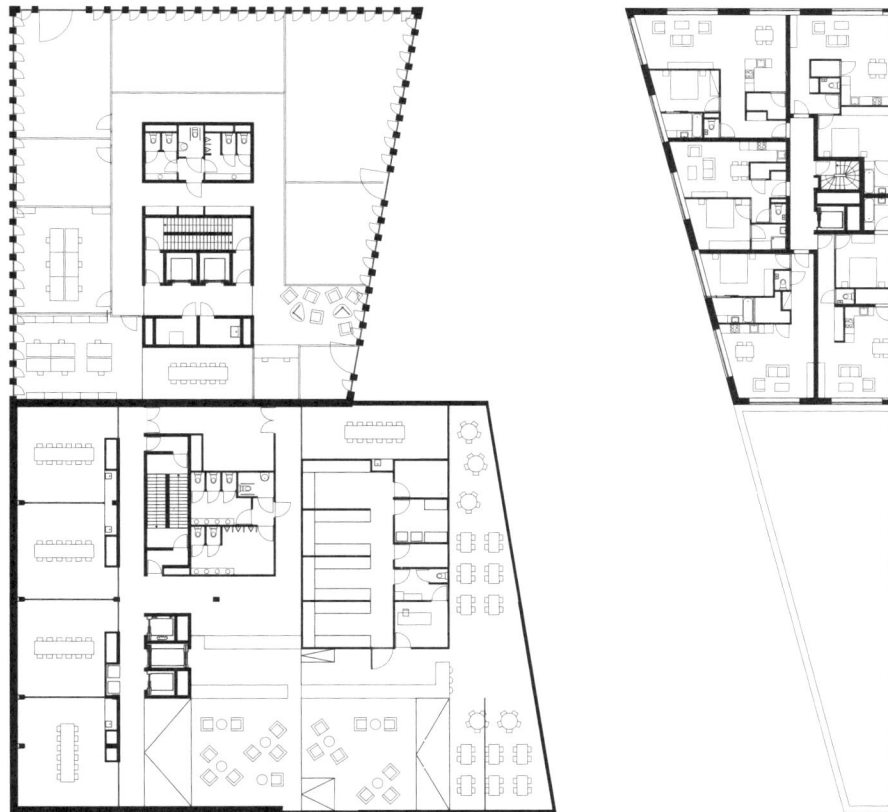

GROUPED HOUSING   **NEW BUILD**

Patio Houses in Wood

2012   Burcht
          Brocap / Urban Estates

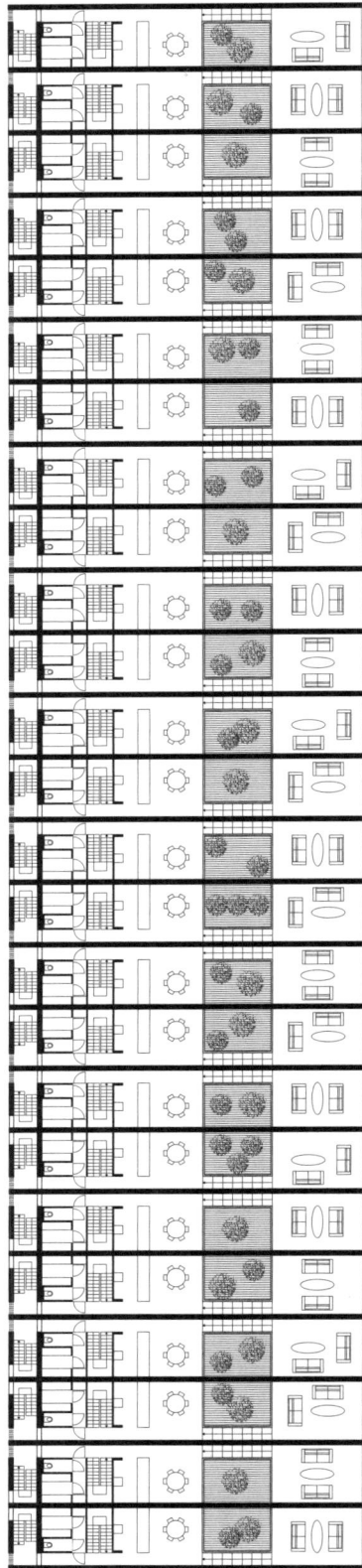

0

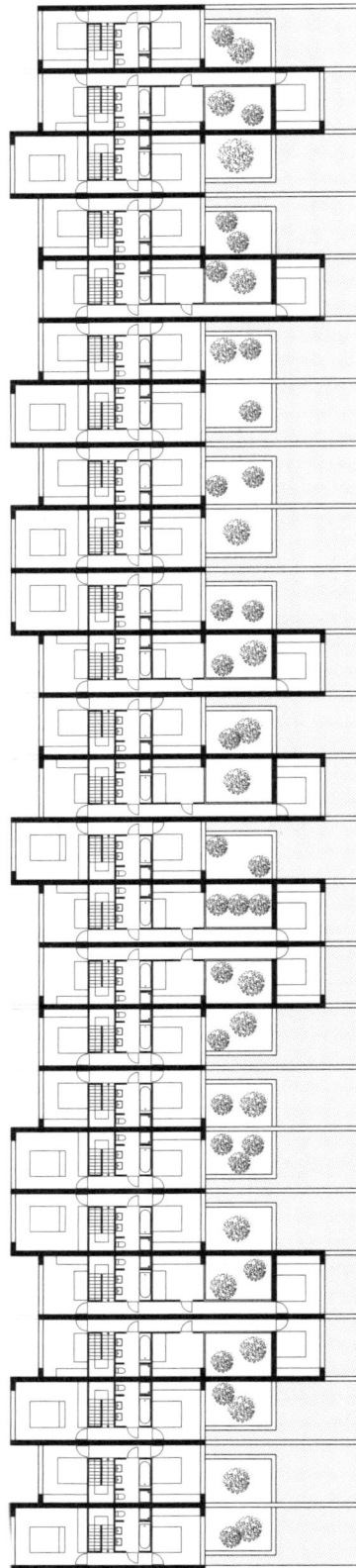

1

3

0

B   IMPRESSIONS
     P.217   PP.252-253

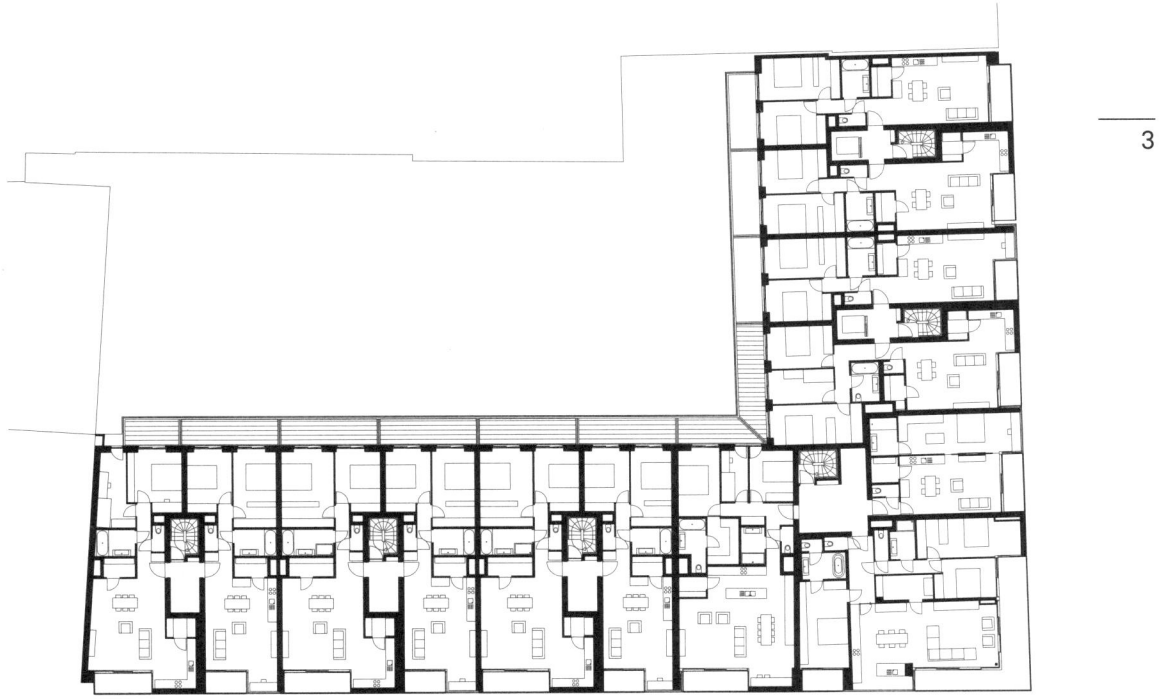

GROUPED HOUSING   **NEW BUILD**

Block 26 IJburg, Port Island

2005/2008   Amsterdam, The Netherlands
Blauwhoed

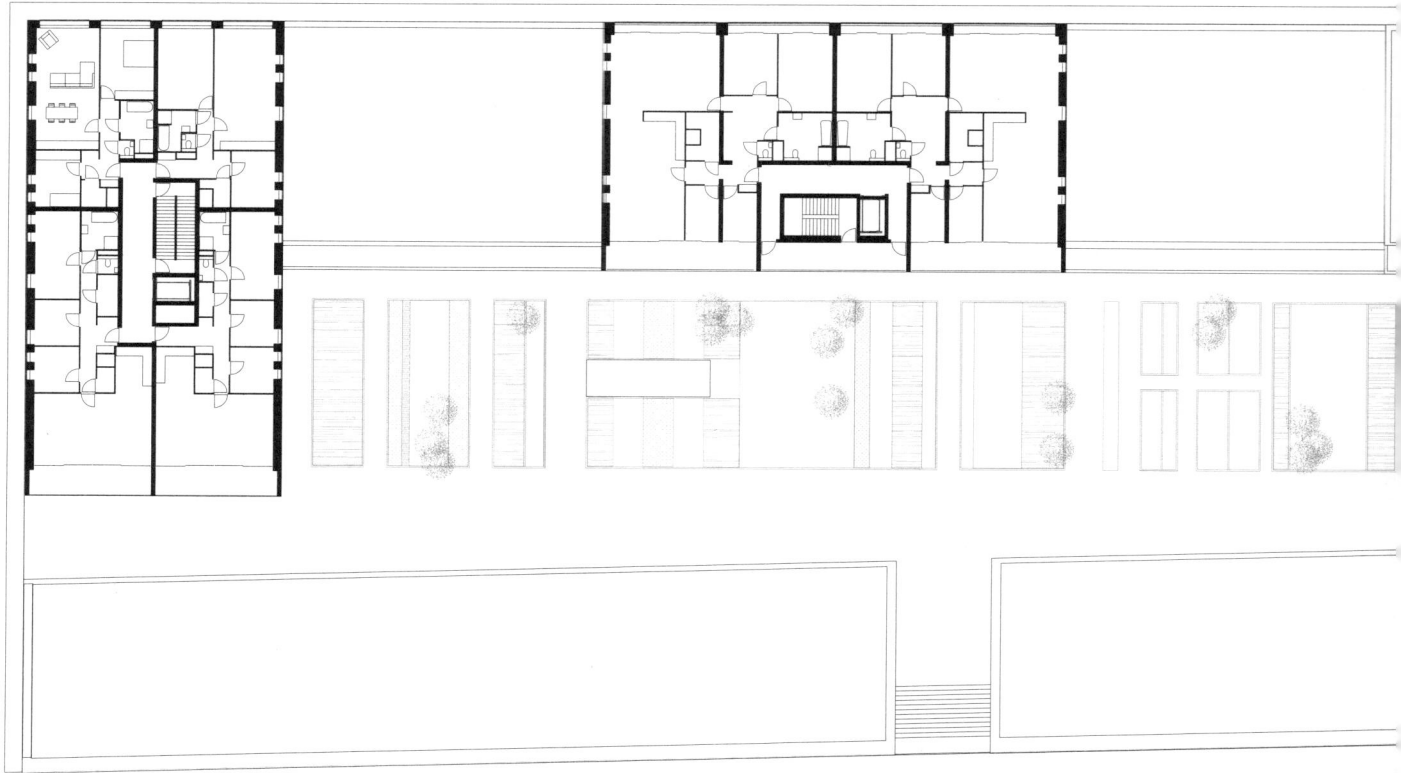

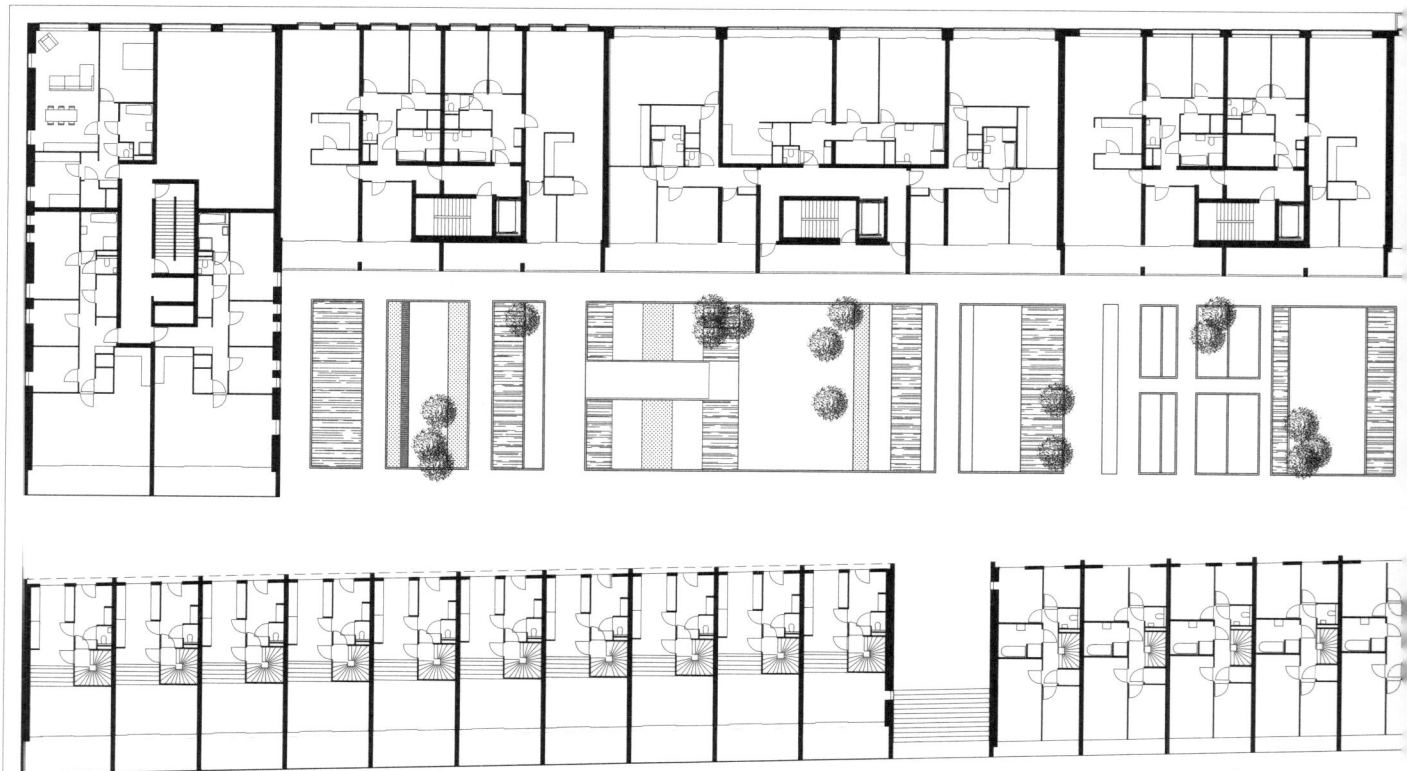

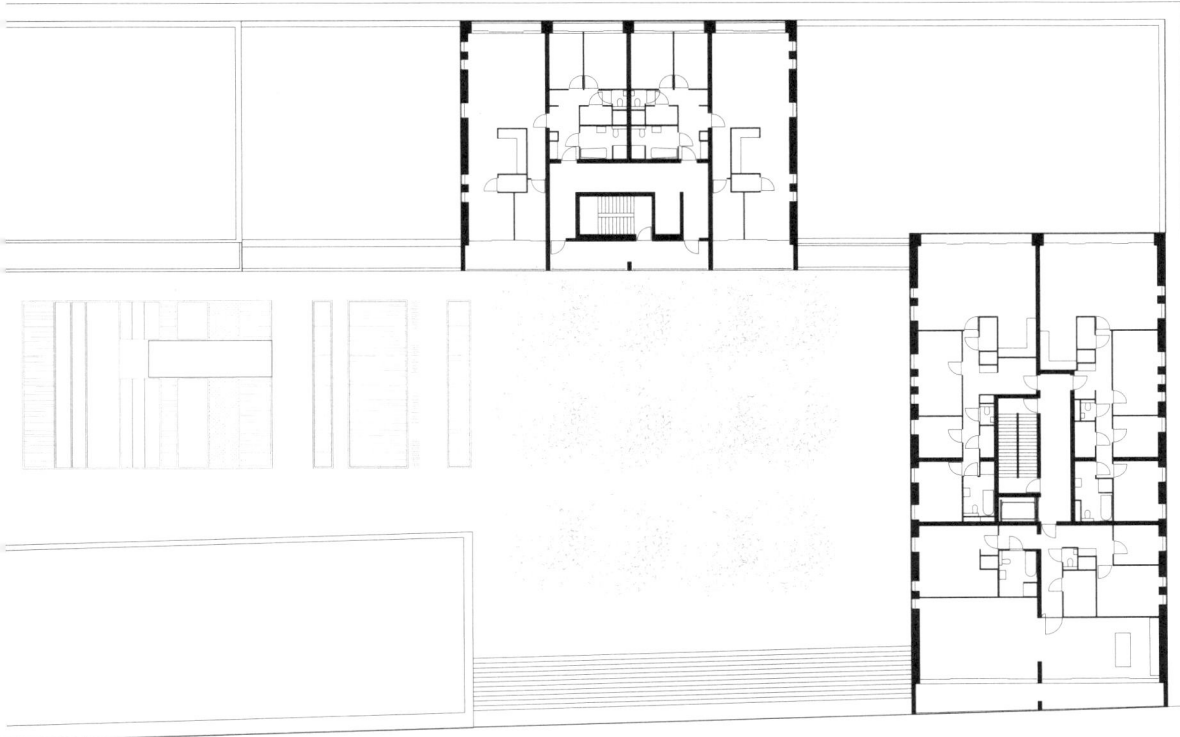

7

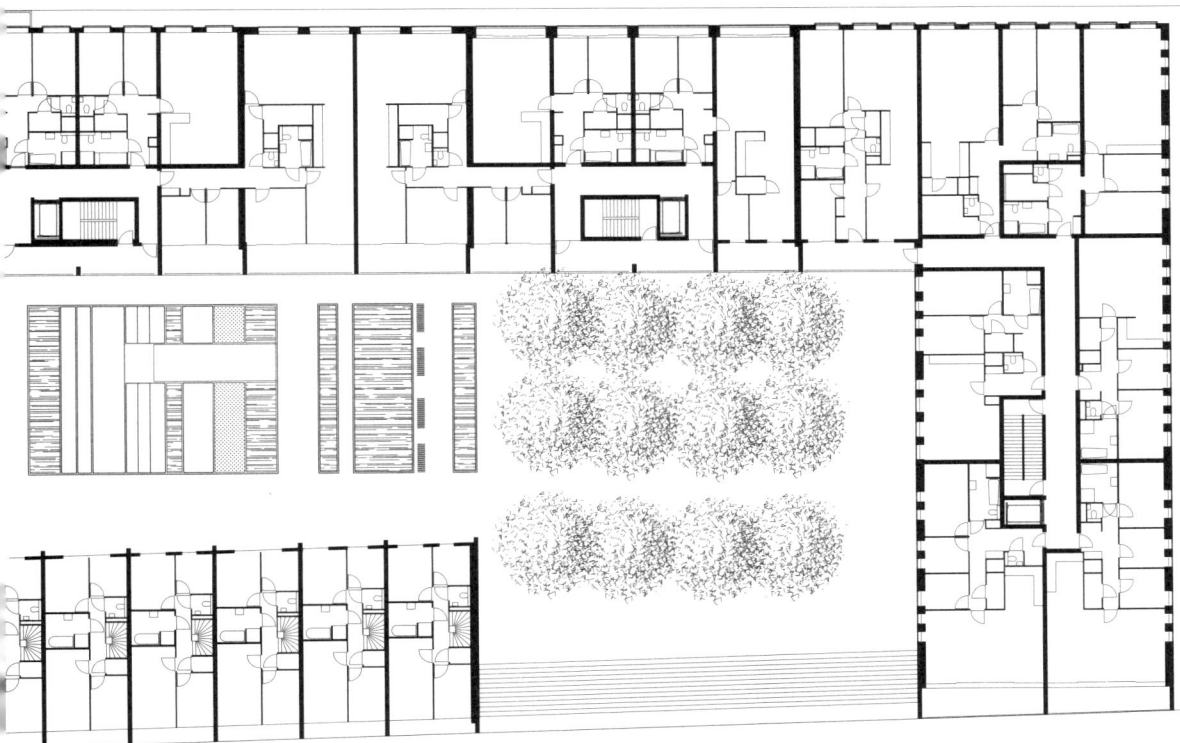

0/2

→ B IMPRESSIONS PP.230-233

GROUPED HOUSING   **NEW BUILD**

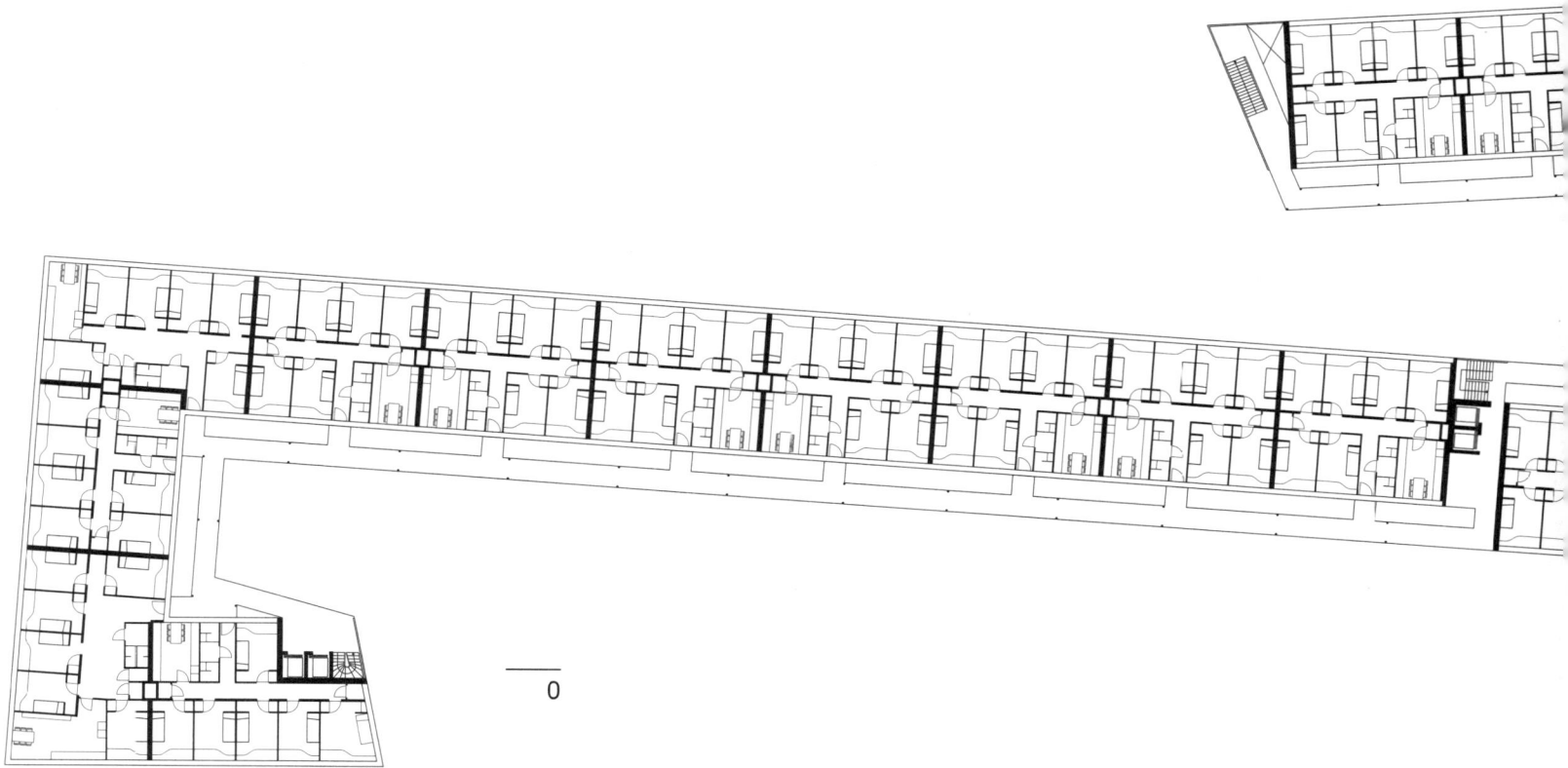

0

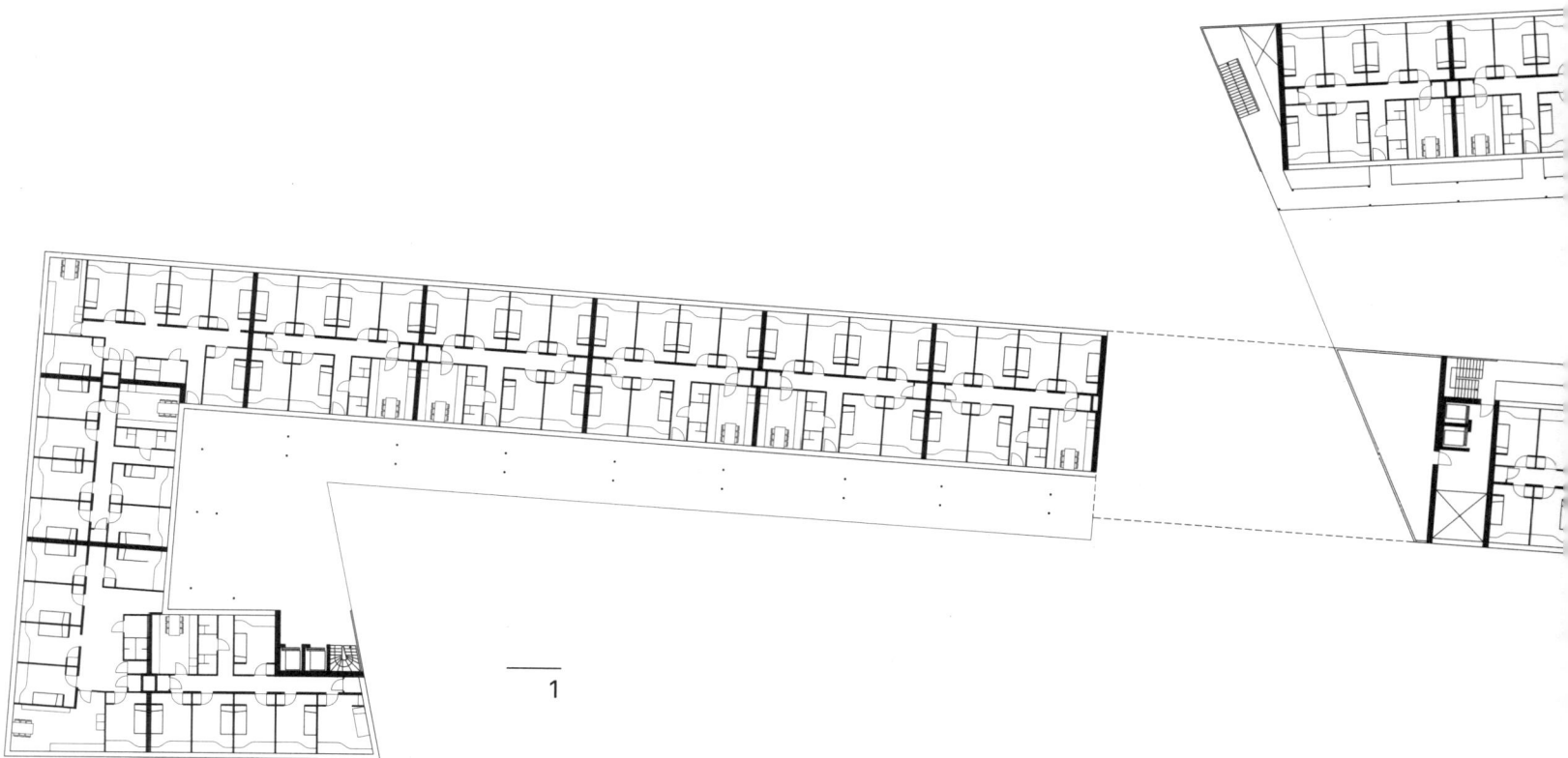

1

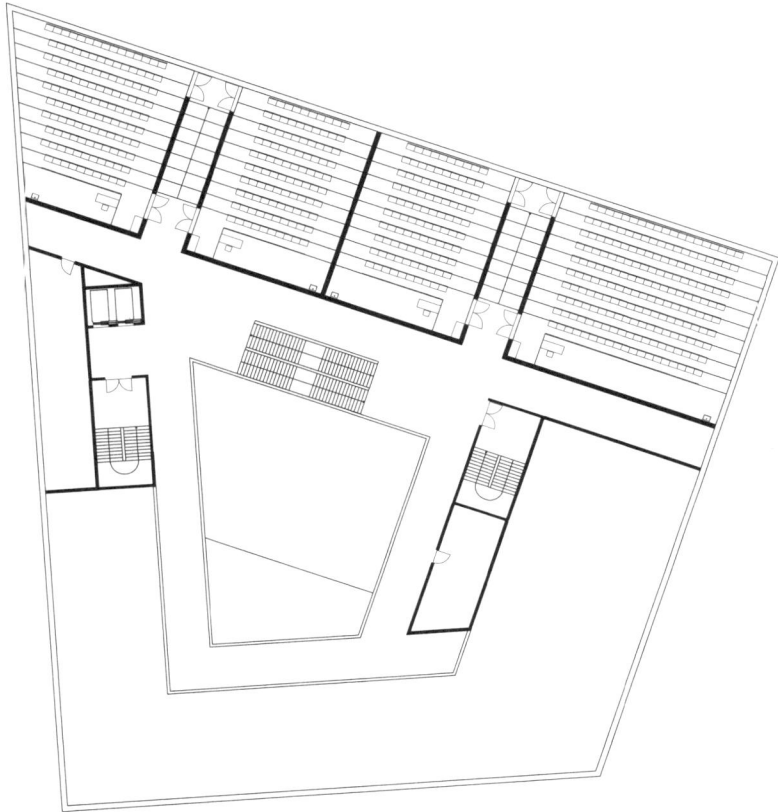

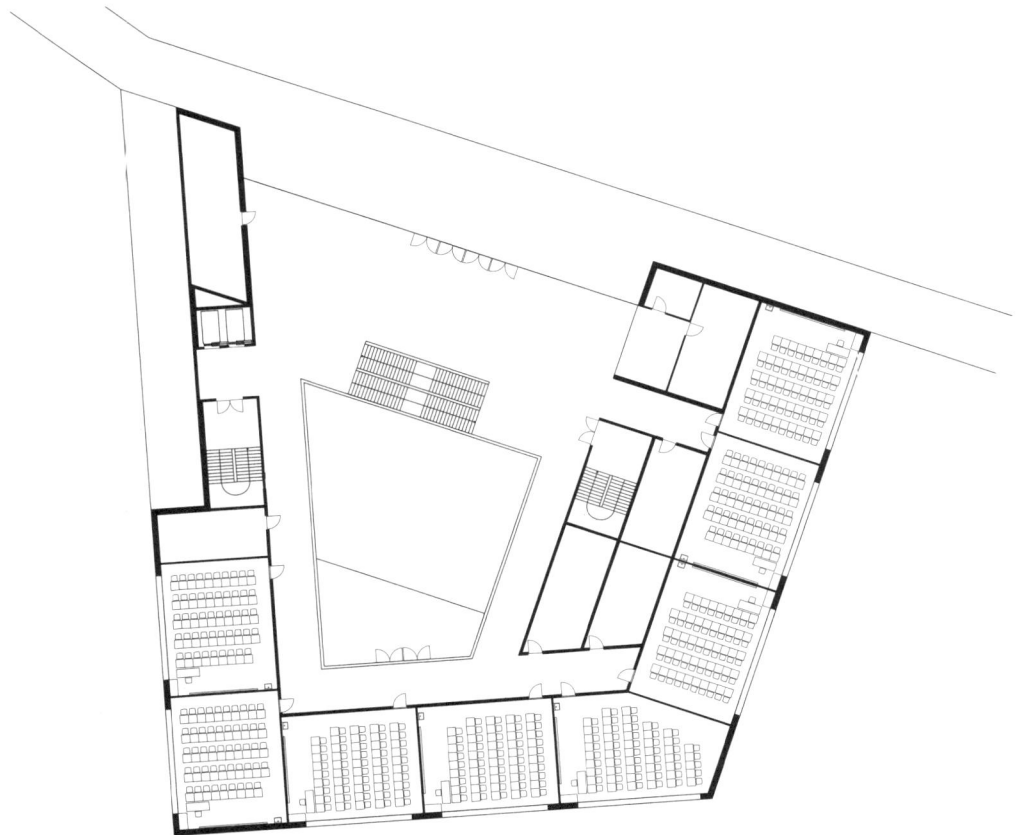

→ B IMPRESSIONS PP.264-265

Student Housing Vesaliusstraat

2013   Leuven
            Katholieke Universiteit Leuven

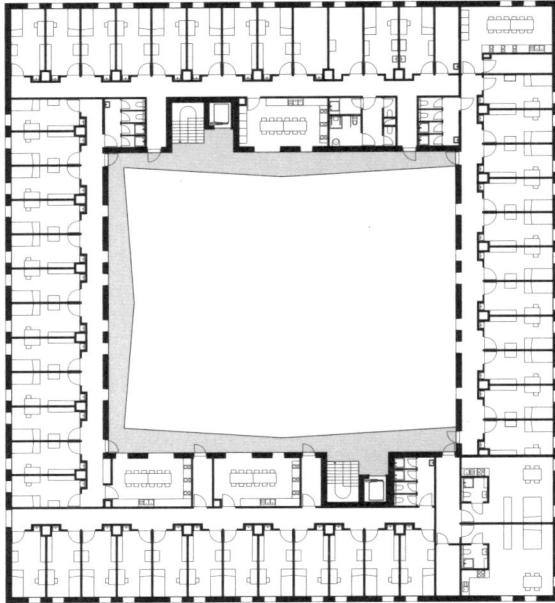

1

3
/4
/5

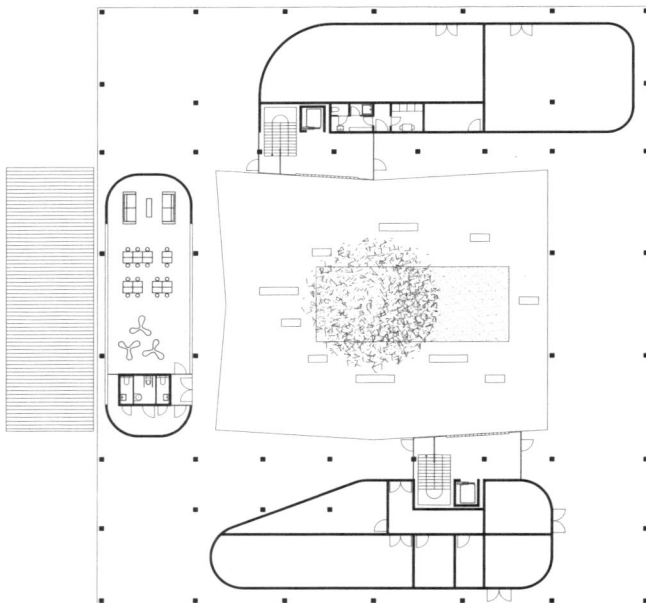

0

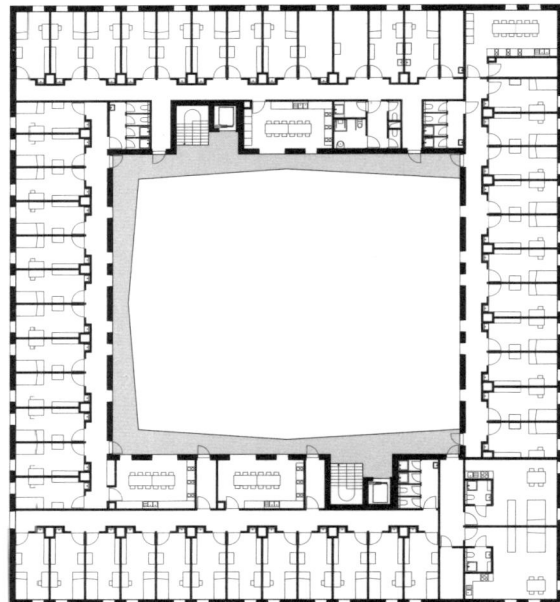

2

2013/...   Leuven
Dyls / Eurostation

T

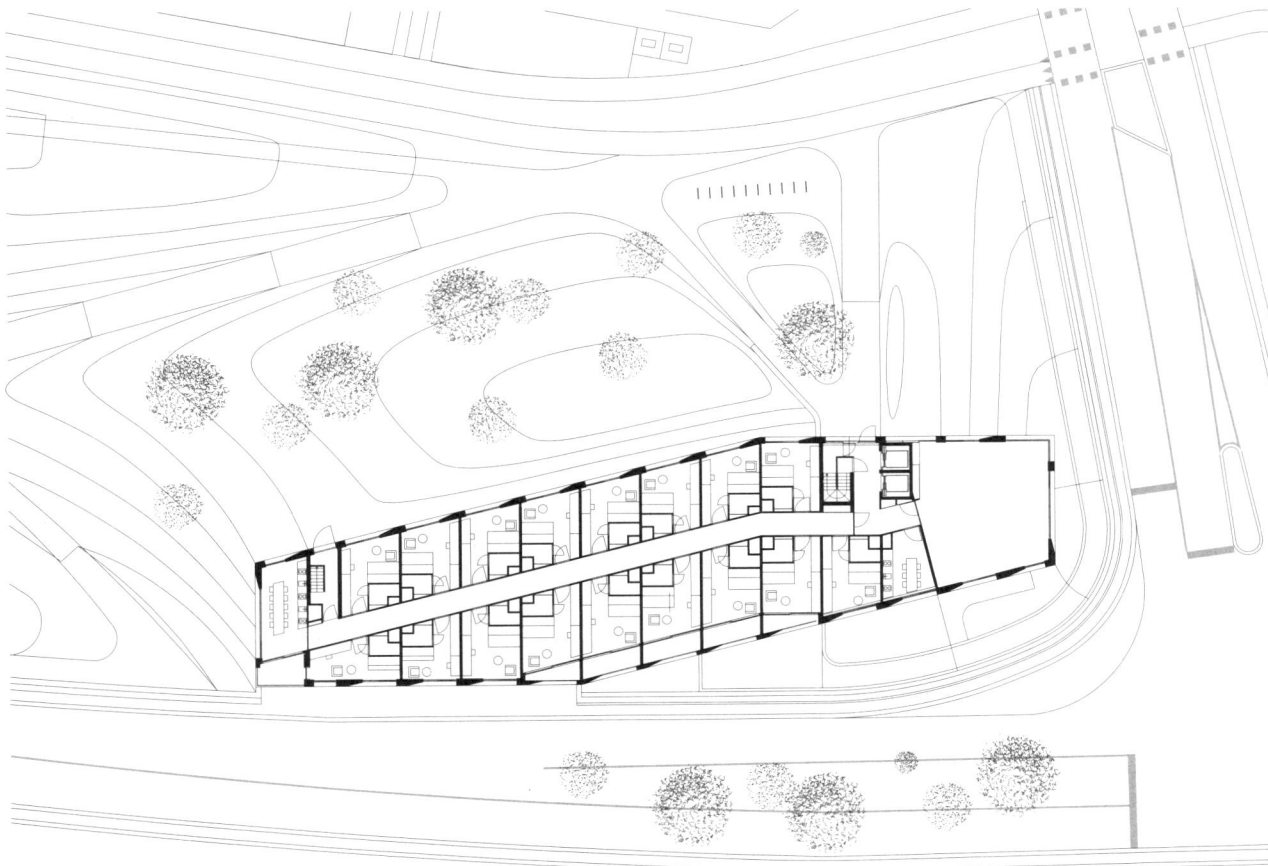

→ B IMPRESSIONS PP.266-267

0

GROUPED HOUSING   STUDENT

De Lange Velden – Social Housing

2006/2013   Wondelgem
Cv Volkshaard

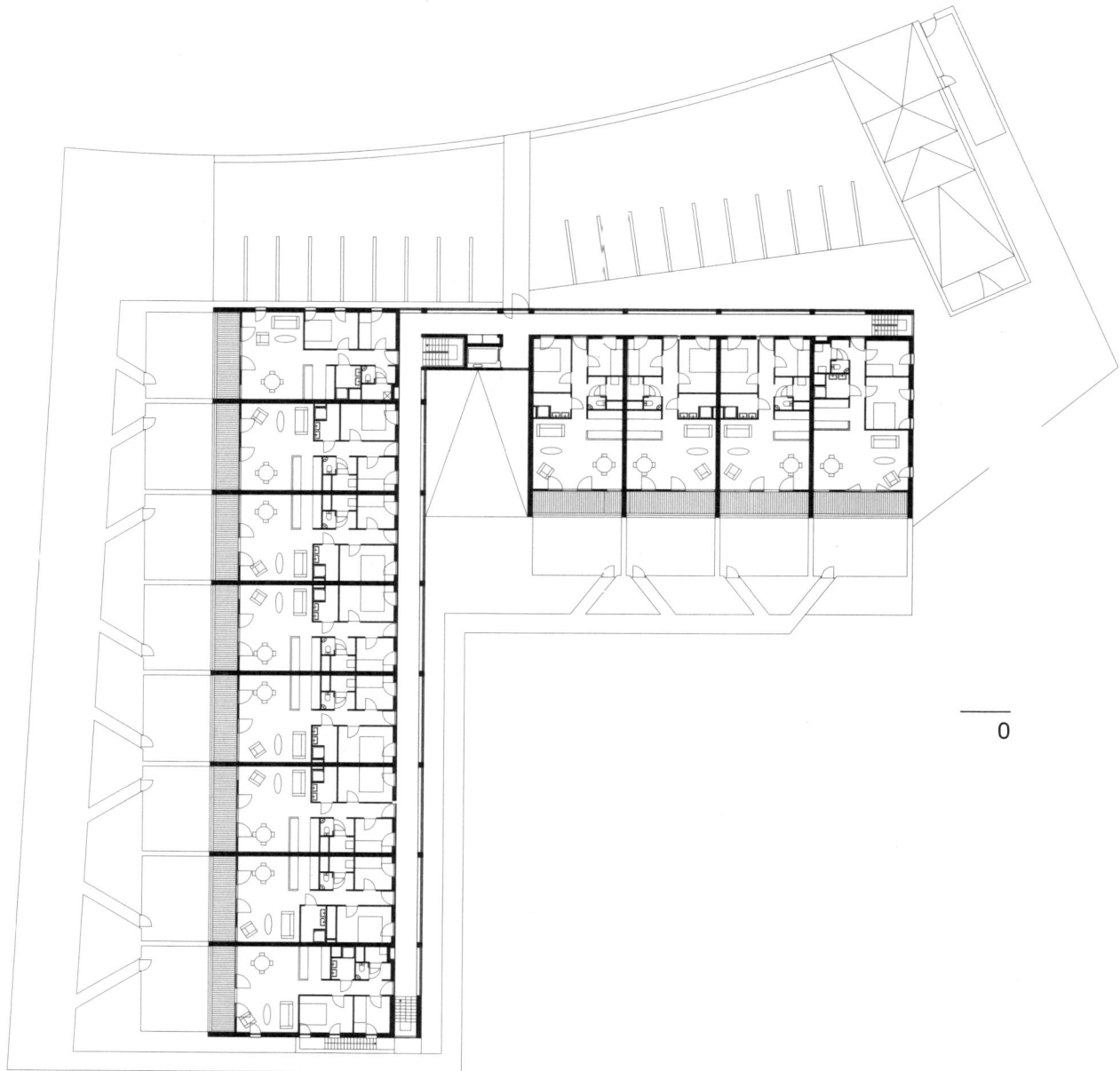

0

2007   Antwerp
            CV Huisvesting Antwerp

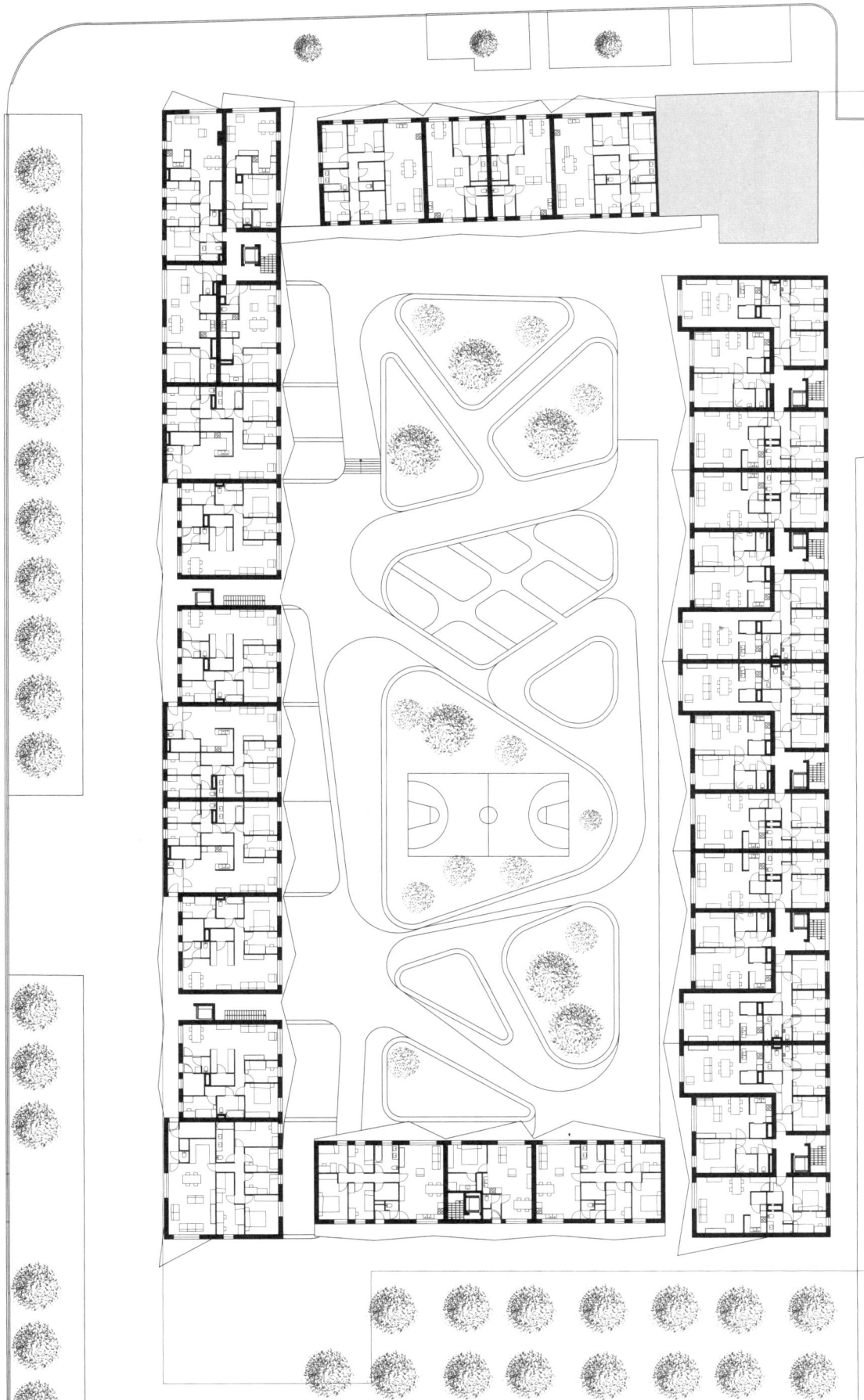

1

Residence De Vierschaer

2006/2013   Antwerp
             Immpact Development

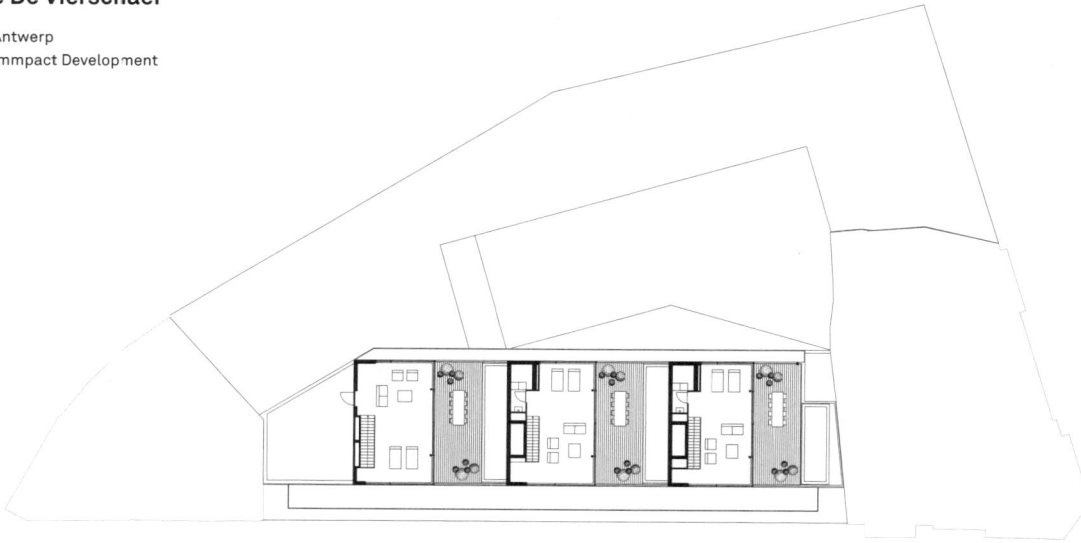

6

2

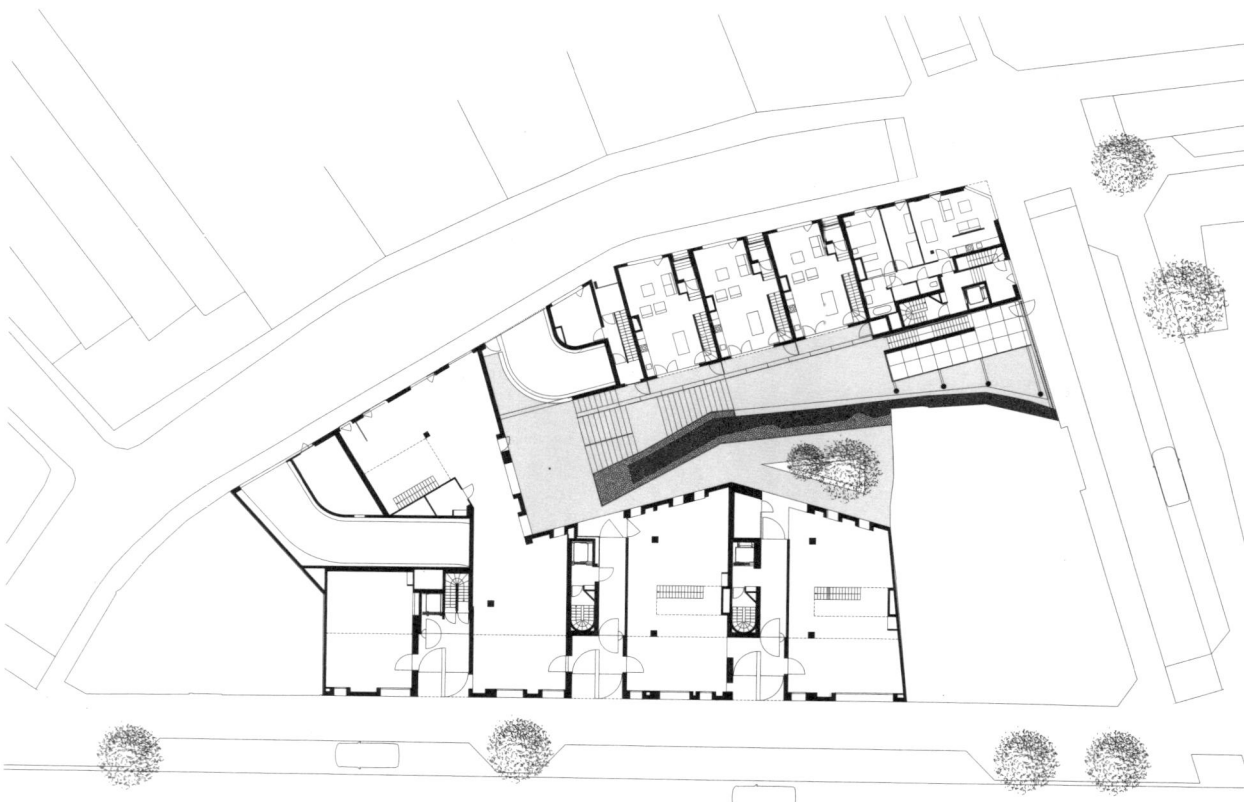

0

PHOTOGRAPHY
PP.402-403

A   DRAWINGS   GROUPED HOUSING   **EXTENSION**

2009/... Ghent
Matexi
In Collaboration with 360 Architecten and Buro II

3

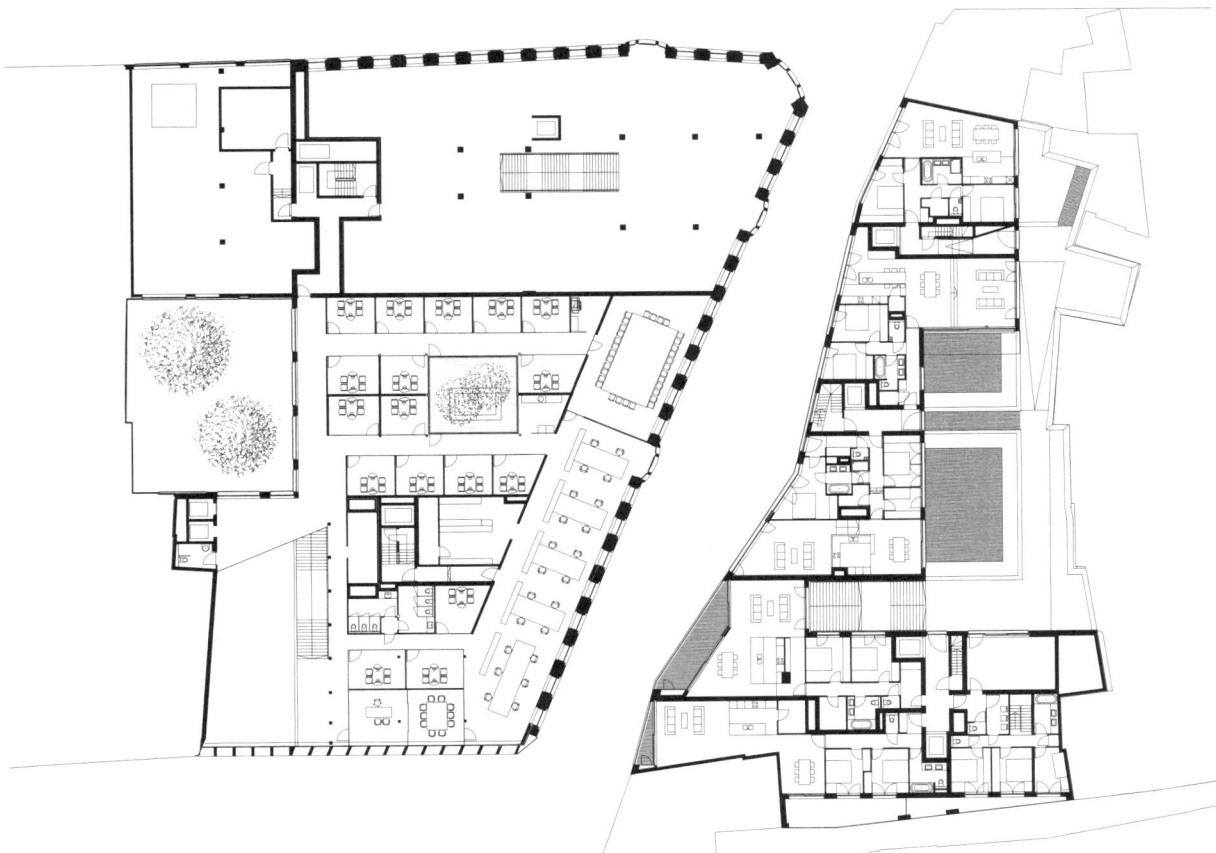

1

→ B IMPRESSIONS
       PP.236-237

→ C PHOTOGRAPHY
       PP.416-417

GROUPED HOUSING   **EXTENSION**

Residence I Love Wam

2010/2013   Antwerp
L.I.F.E
In Collaboration with CO Twee (Interior)

Cadix C2

2011/...   Antwerp
Urban Capital Group
In Collaboration with EVR Architecten and Inarco

5

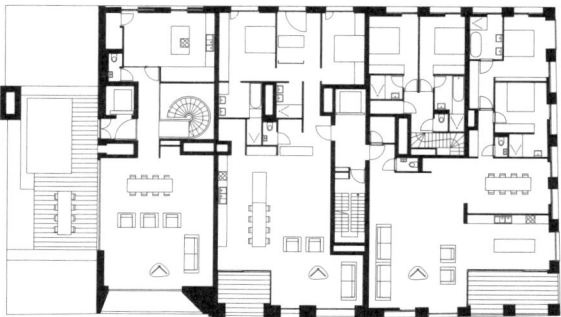

4

3

1

2

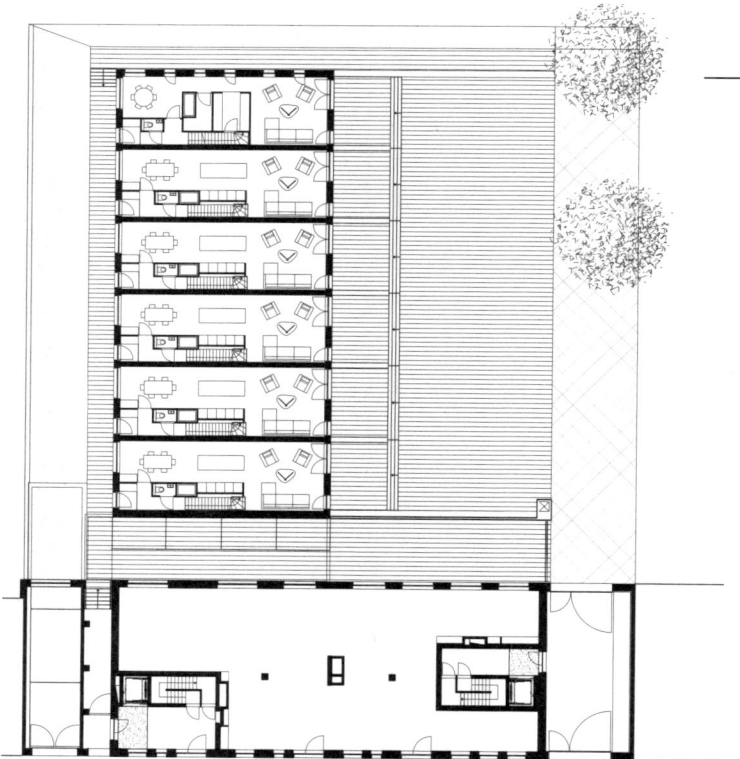

0

A   DRAWINGS

GROUPED HOUSING

EXTENSION

→ C
PHOTOGRAPHY
PP.404-407

→ B
IMPRESSIONS
PP.236-240

2011/...   Lanaken
             Perspektief

1

Residence Eiland

2014/...   Antwerp
             Bouw en Promotie Amsterdamstraat

7

6

3

2

→ B IMPRESSIONS
PP.244-245   PP.254-255

Conversion Offices to Apartments

2010   Antwerp
           Anonymous

TYPOLOGIE F/G/H

▼

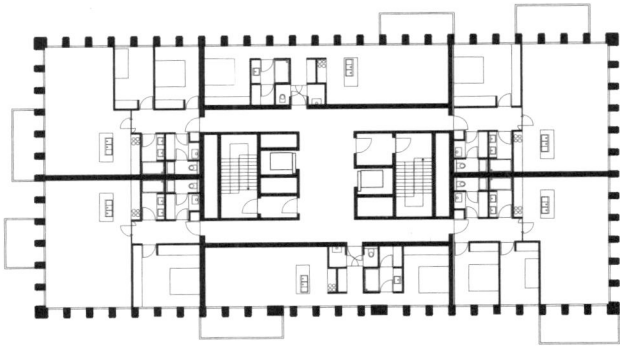

0

TYPOLOGIE D

▼

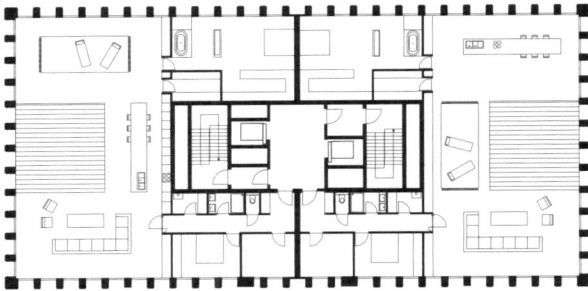

TYPOLOGIE A/B/C

▼

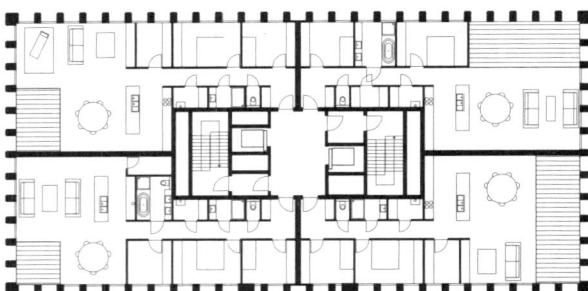

Conversion Offices to Passive Apartments

2013/...   Etterbeek
           Ag Real Estate

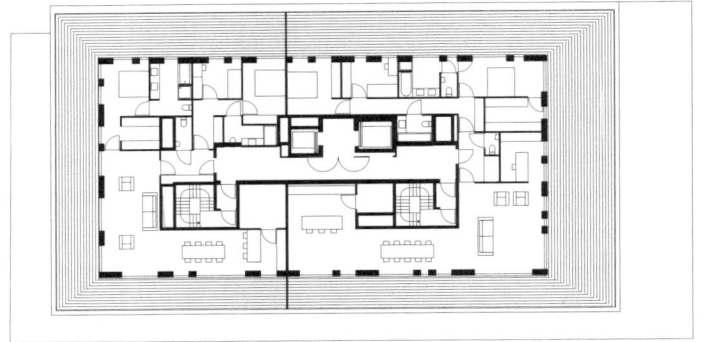

8

7

4

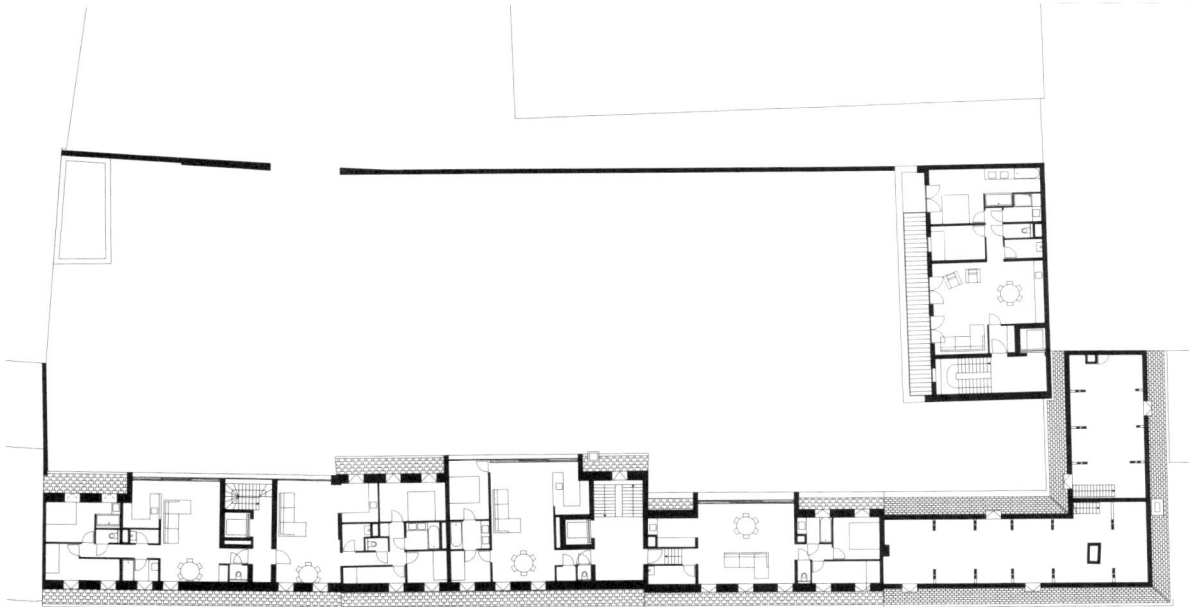

2

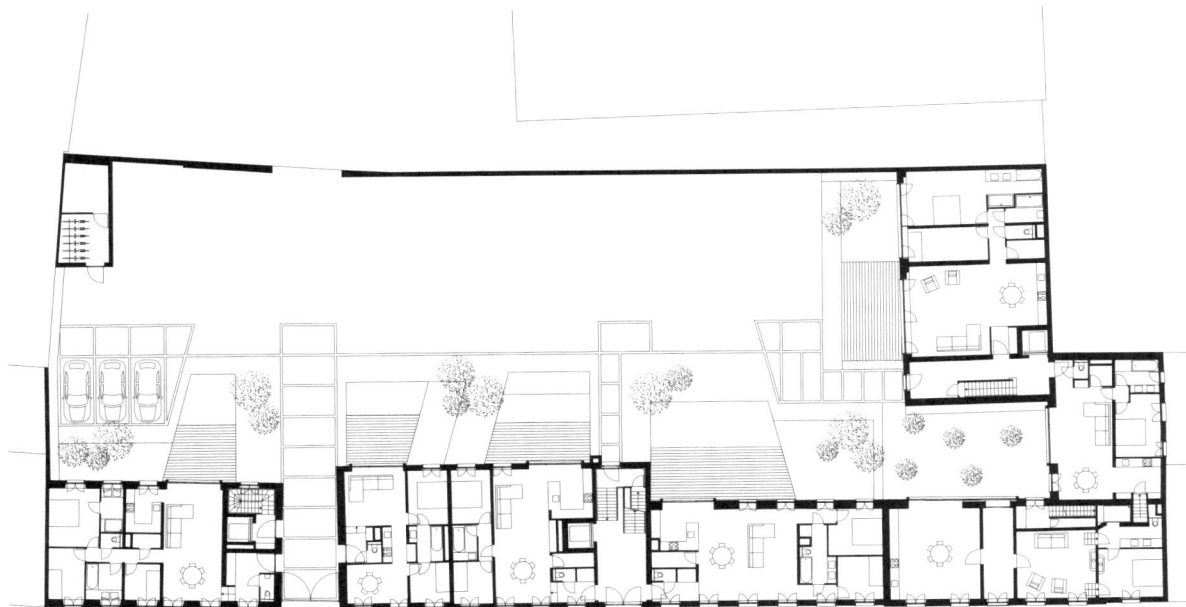

0

GROUPED HOUSING   **RENOVATION**

6

1

0,5

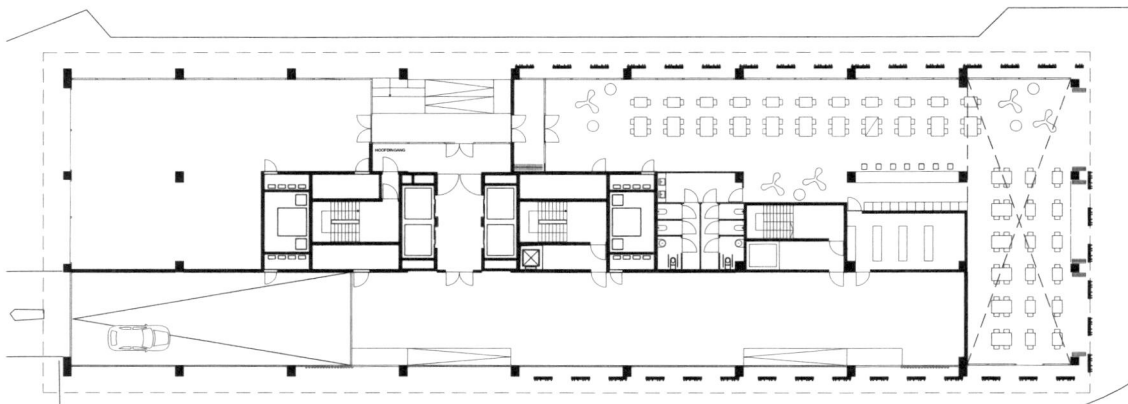

0

B
IMPRESSIONS
PP.248-249

architecture as empowerment

———

'Architecture empowers
and supports the individual's
self-assurance.'

Care Centre

2010/2015   Hoboken
THV Cores Development - Hooyberghs

0

3

2014/...   Schoten
            Rodendijk

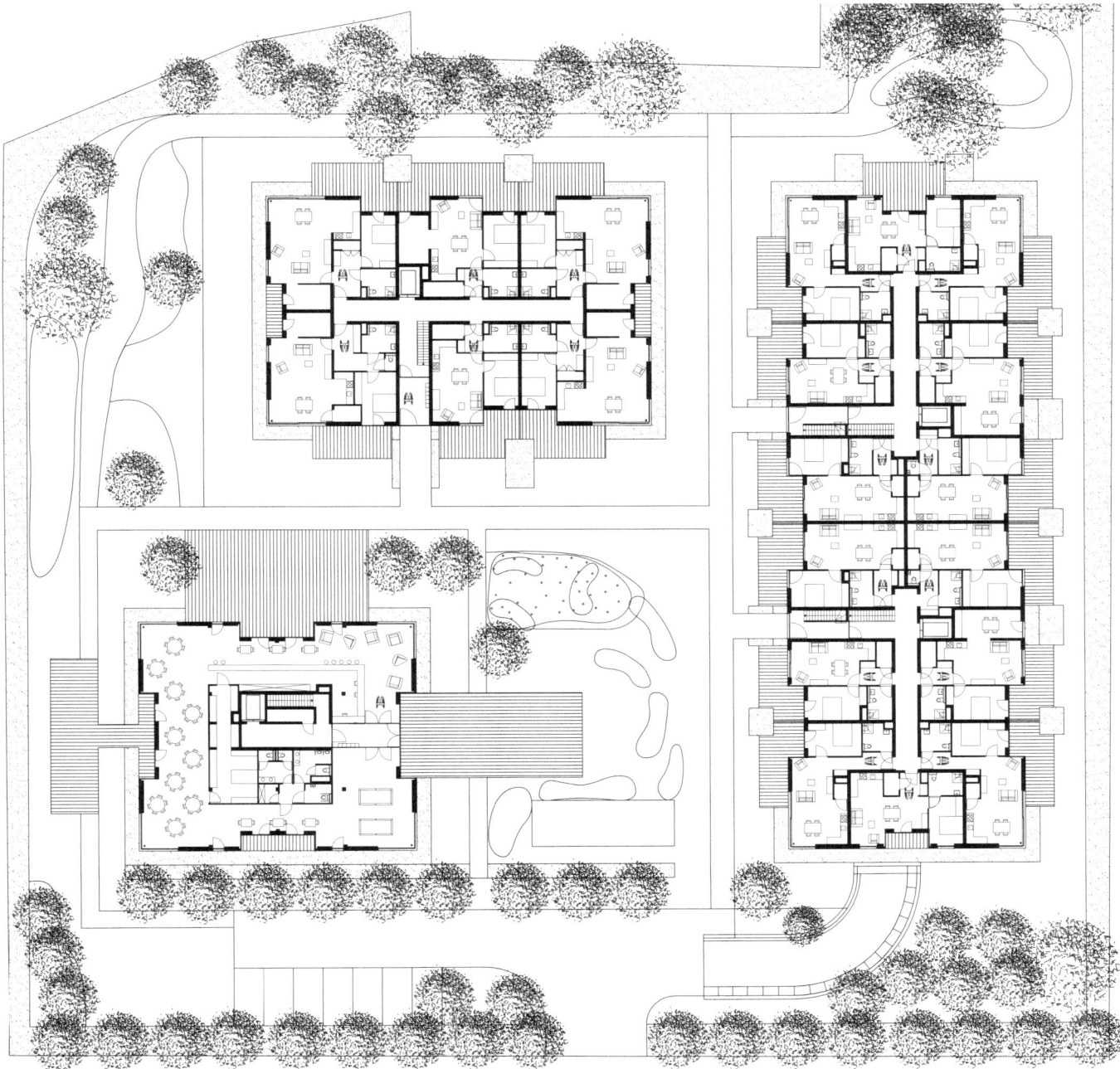

0

VOLUME 1
▼

0

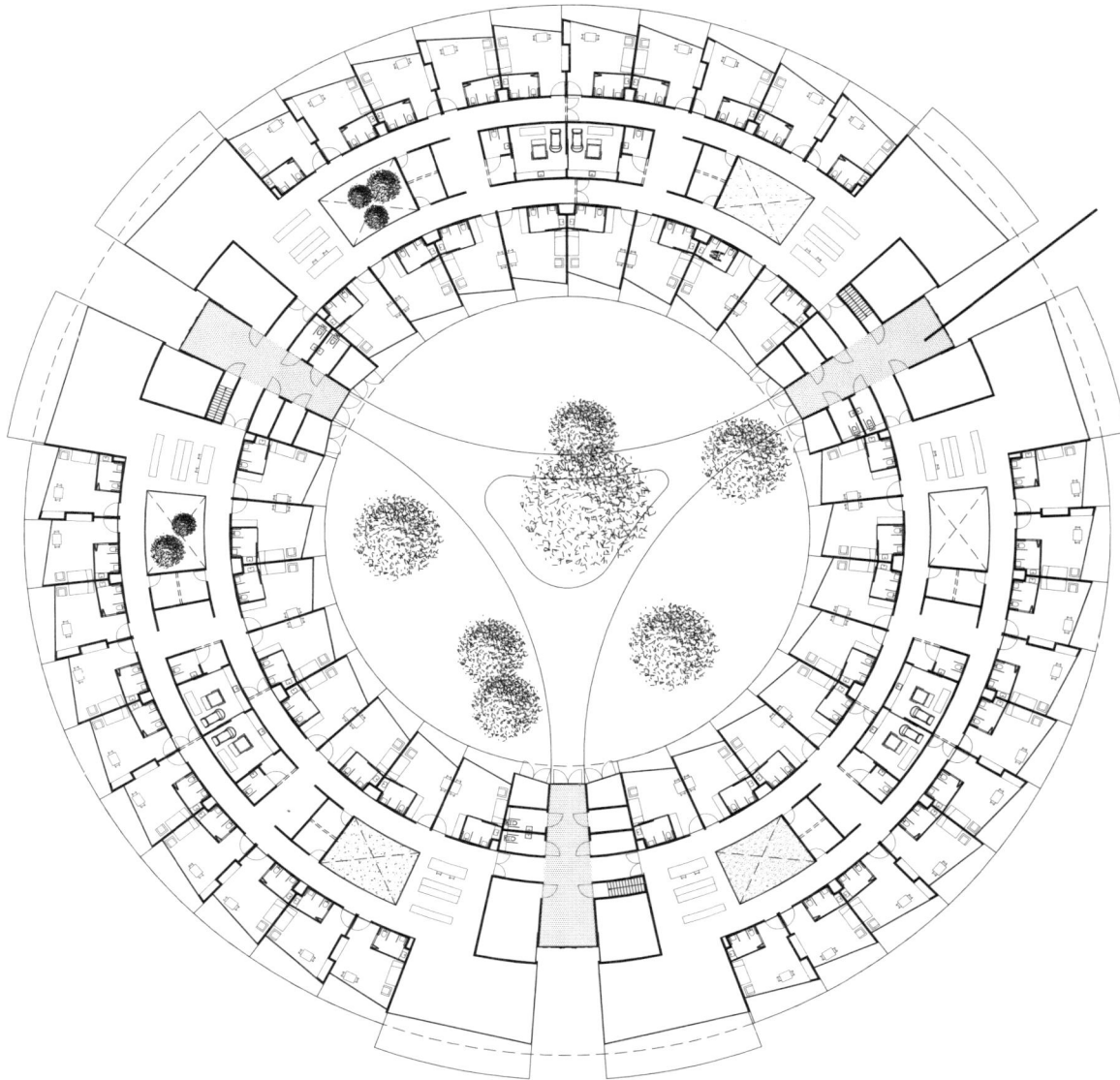

CROSS SECTION
▼

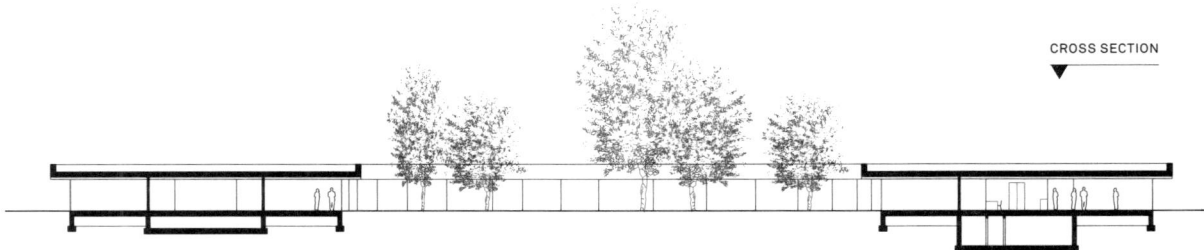

VOLUME 2
▼

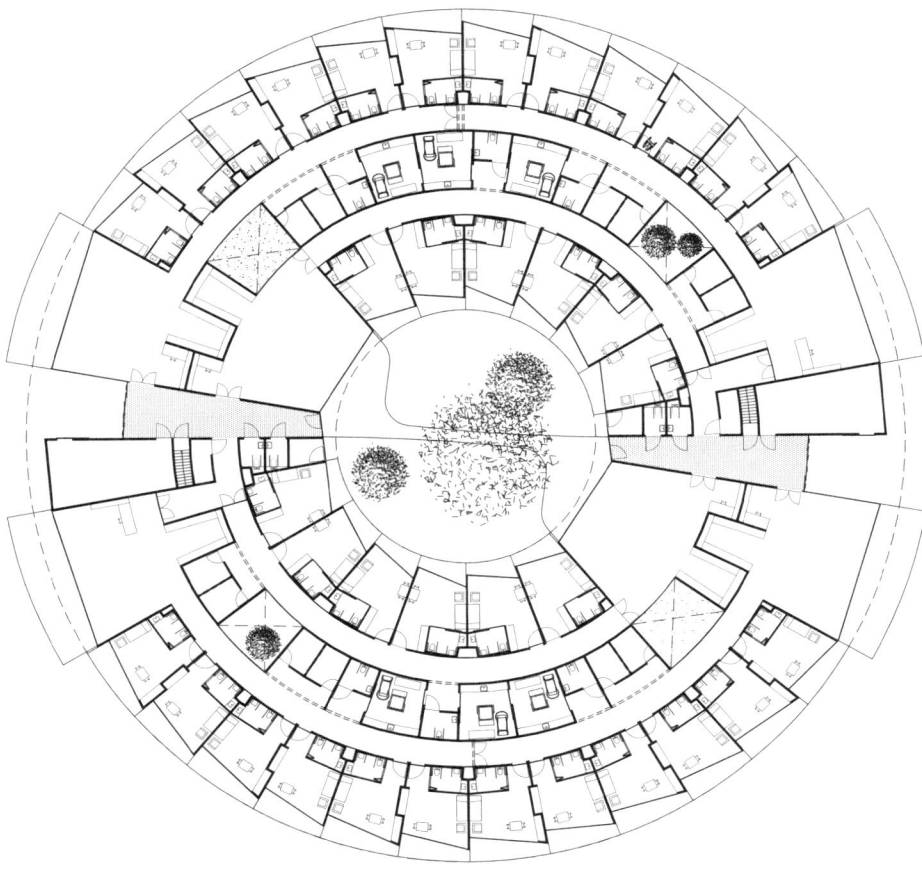

0

CROSS SECTION
▼

MS Clinic

2010/2014   Melsbroek
             Nationaal Multiple Sclerose Centrum
             In Collaboration with Aaproch

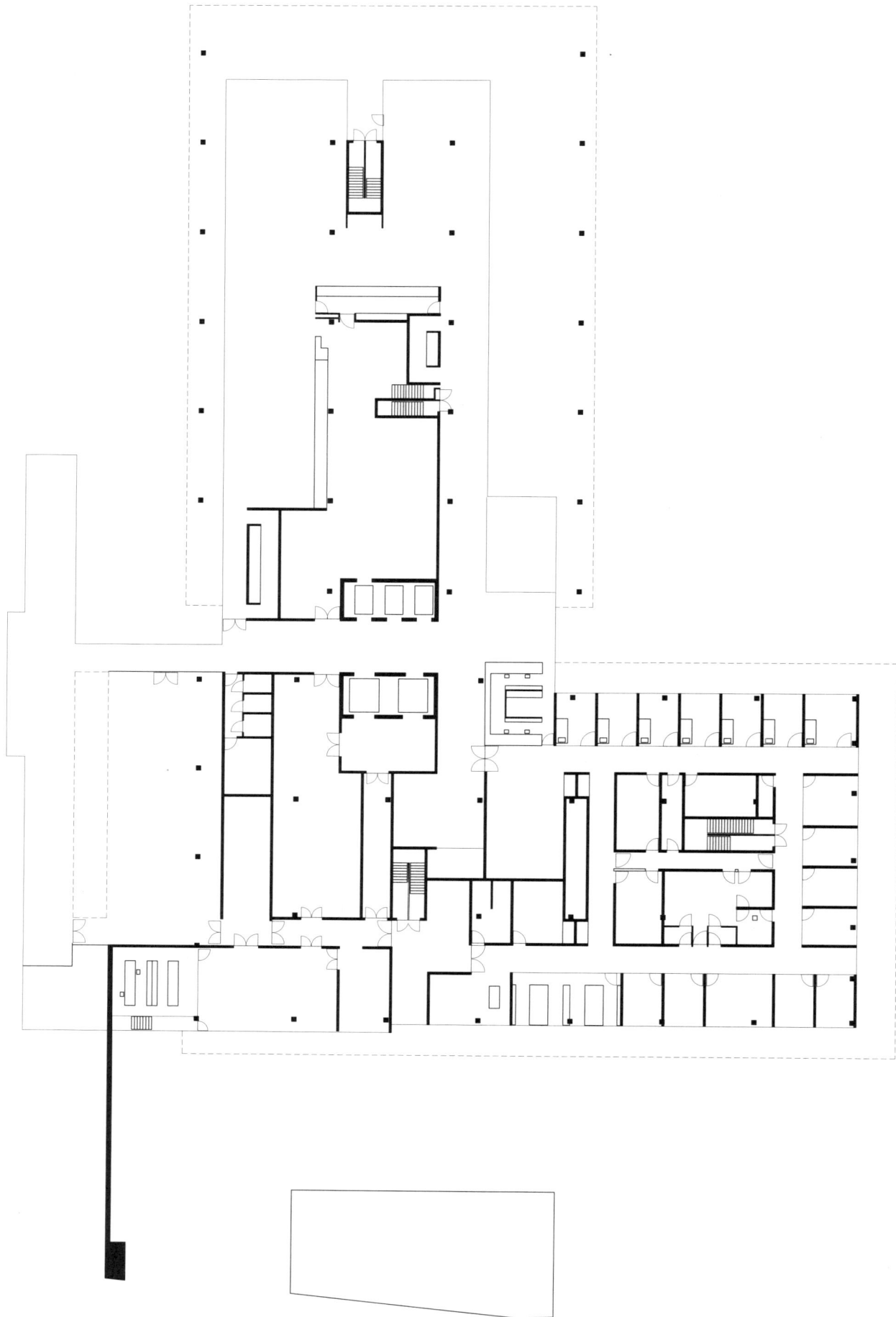

0

→ B IMPRESSIONS P. 271

Prison

2010   Antwerp
Regie Der Gebouwen
In Collaboration with M 10 Architecten

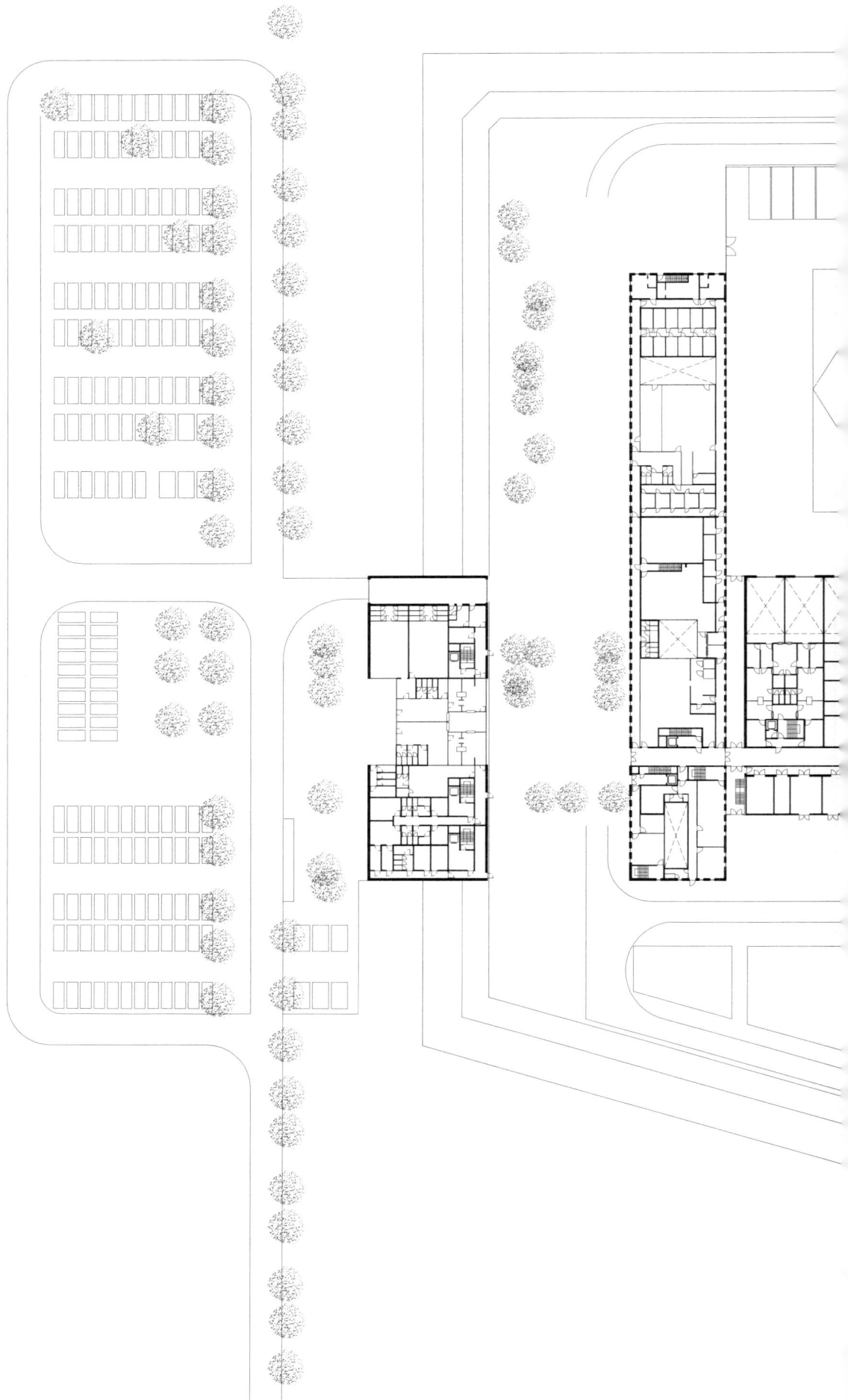

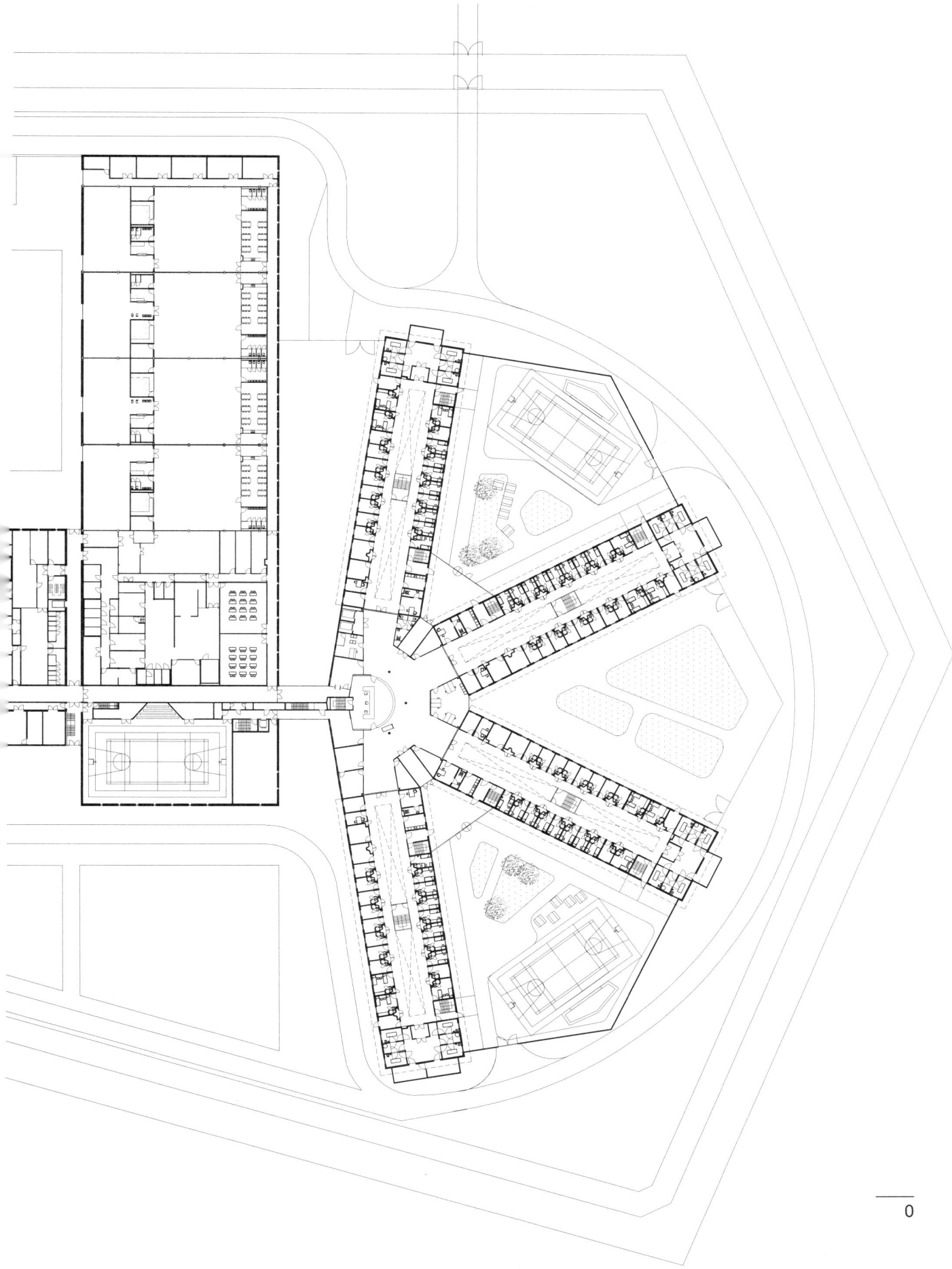

0

Offices Imalso

2012   Antwerp
PMV (Participatiemaatschappij Vlaanderen)

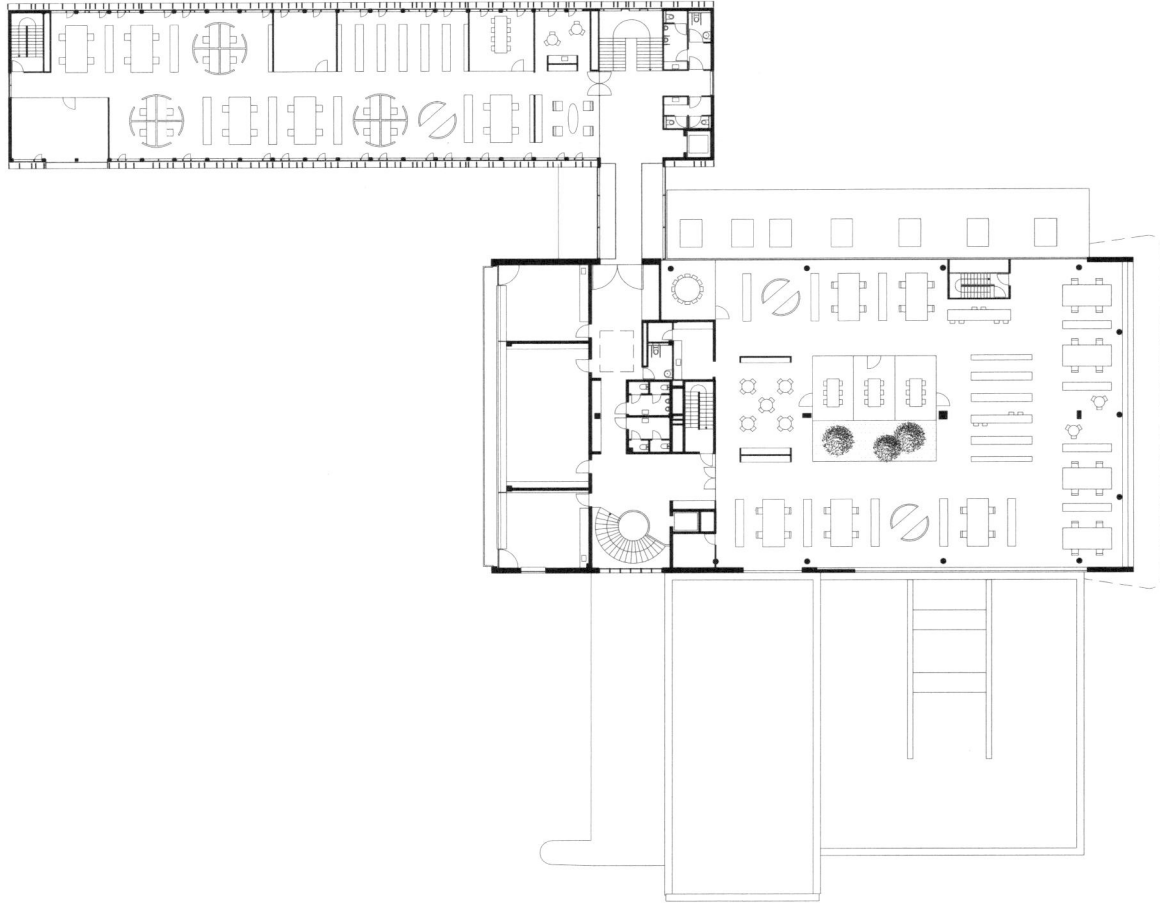

2

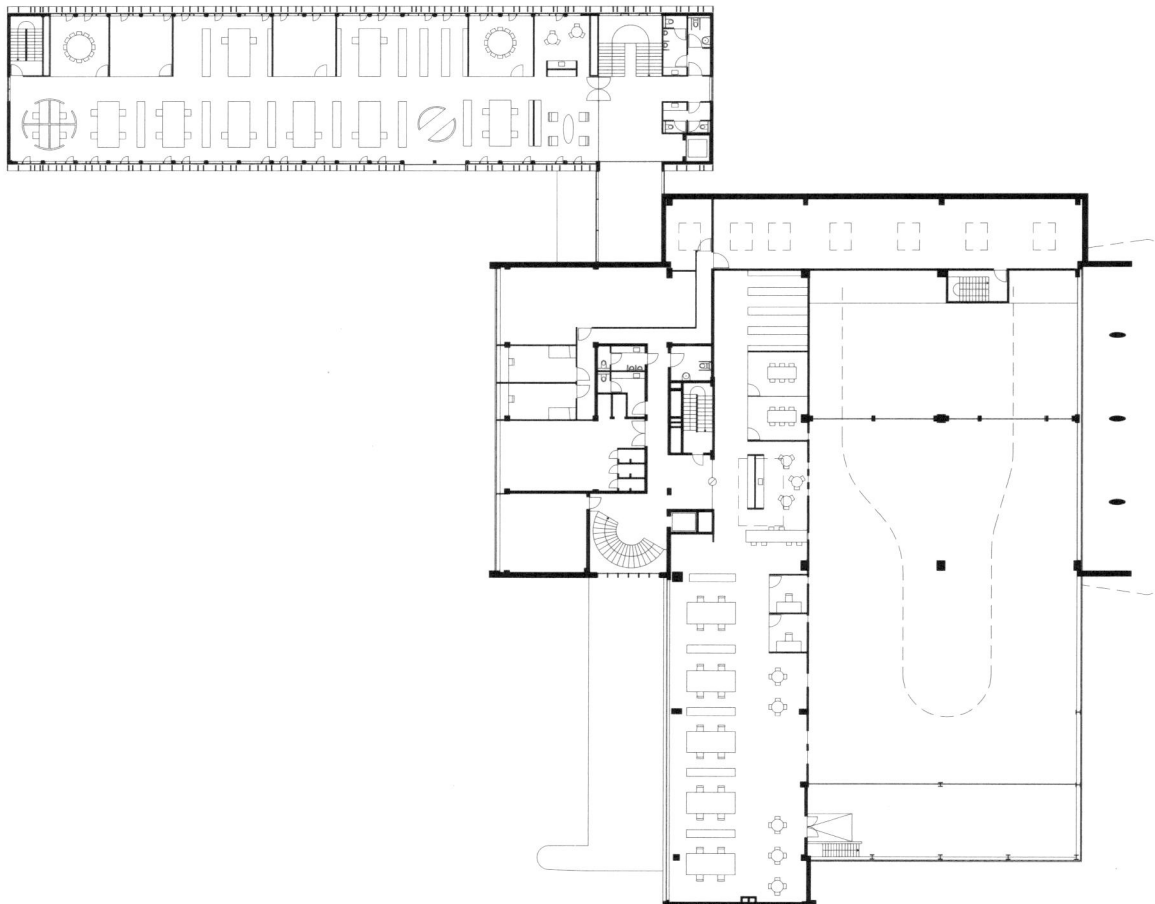

1

architecture = politics
————————

'Get a budget together,
have 30 visionary architects
brainstorm, redraw the
land and pass the results on
to all architecture institutes
and politicians.
Only then is something really
going to change.'

Police Station

2008/2009   Bruges
               City of Bruges

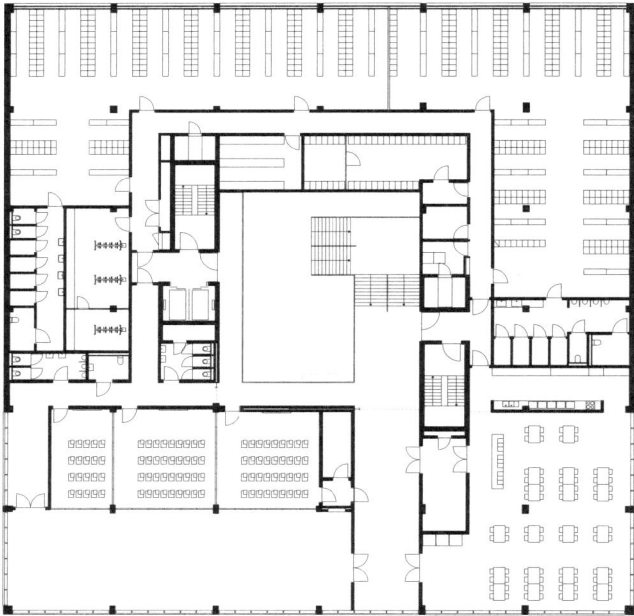

1

4

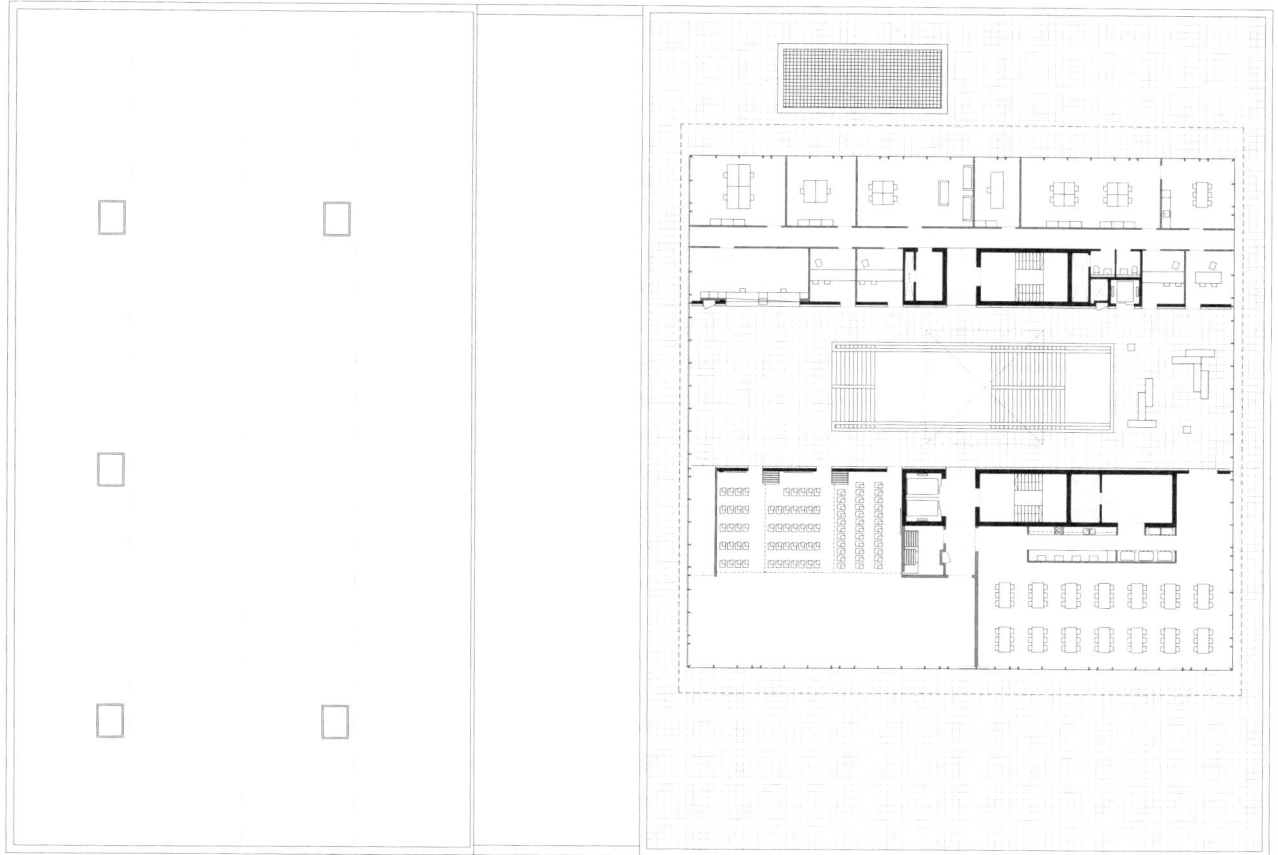

—
2

→ B
IMPRESSIONS
PP. 276-279

—
0

—
1

City Administration Centre

2014/... Ho Chi Minh City, Vietnam
Peoples Committee Of HCMC
In Collaboration with Jaspers – Eyers & Partners

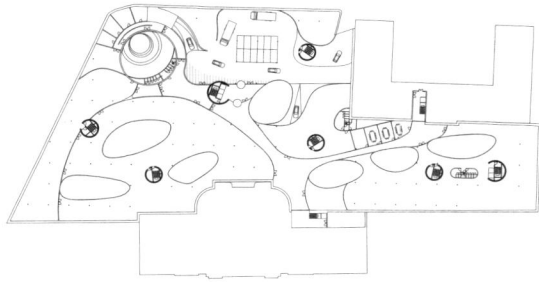

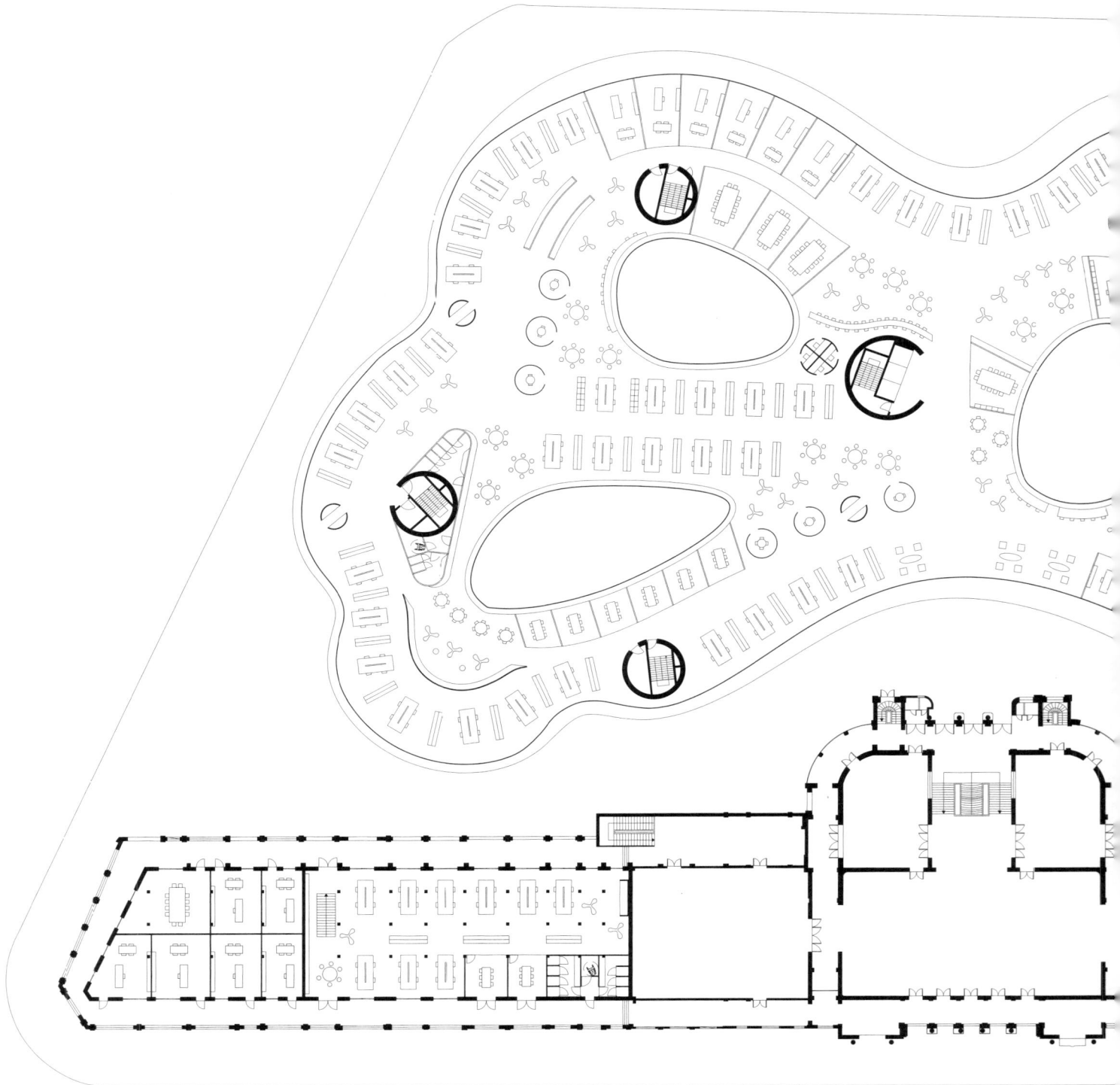

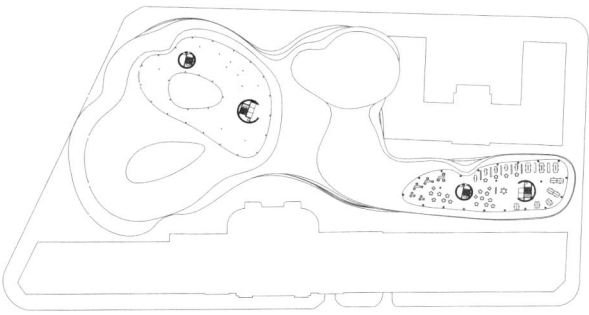

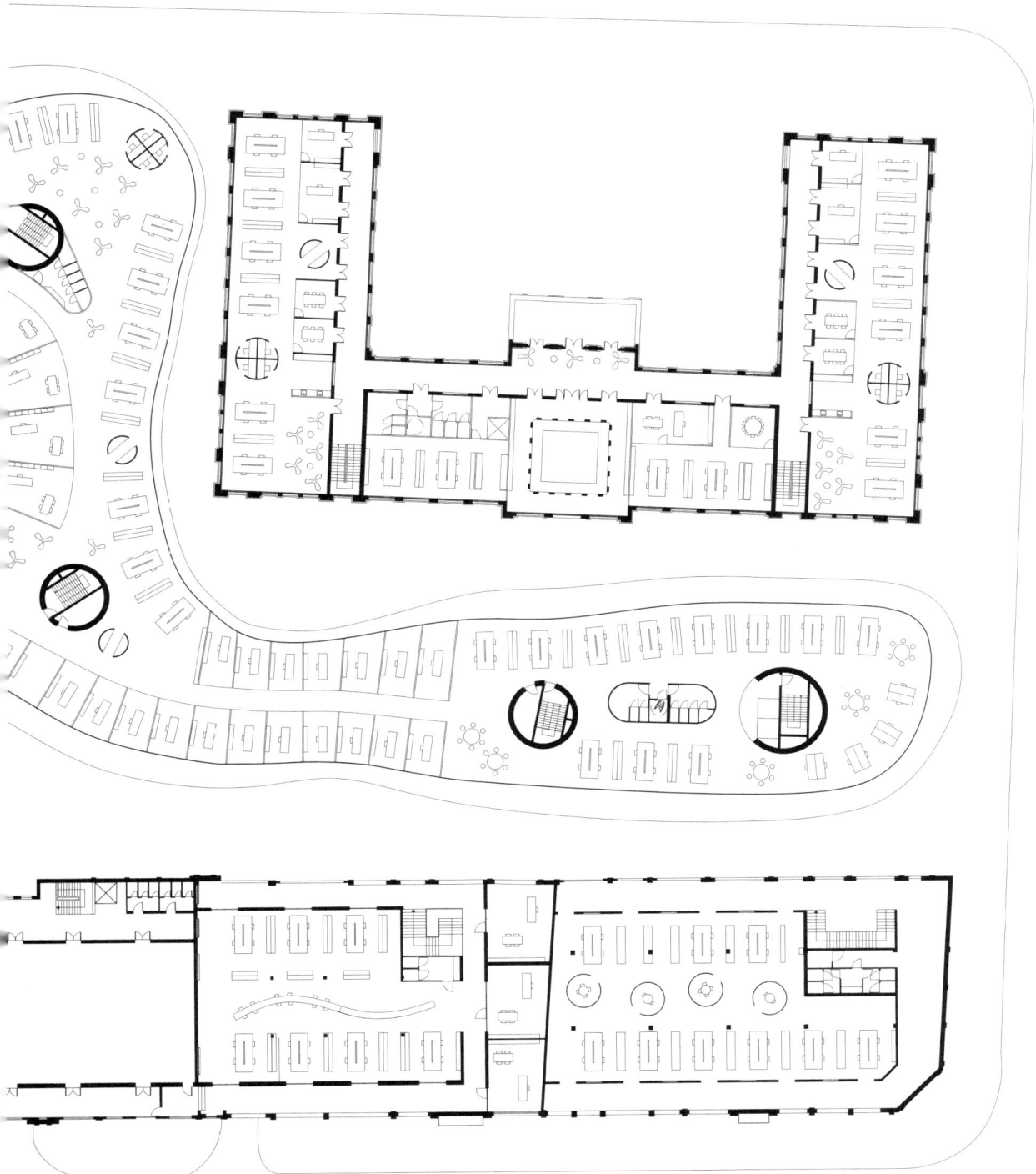

1

KBC Bank Martyrs Square

2006/2009   Leuven
             KBC Bank

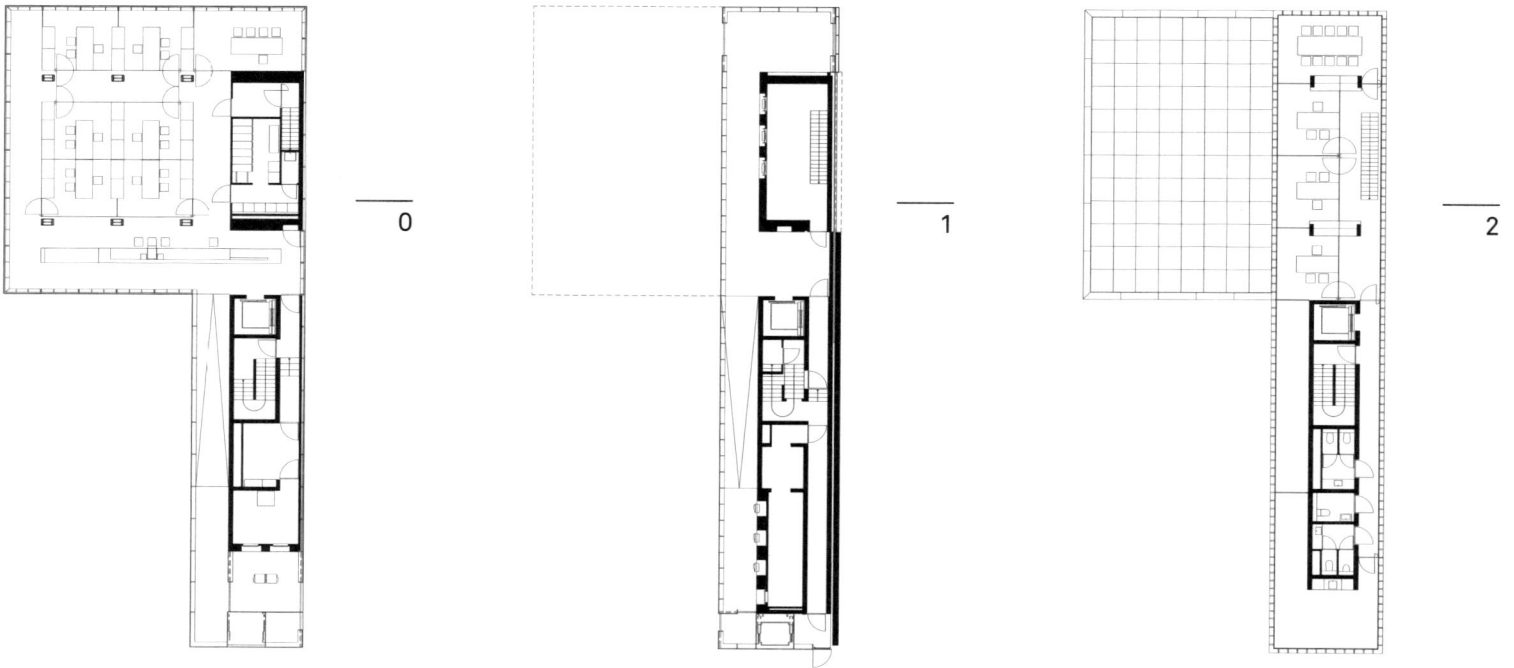

——— 0

——— 1

——— 2

C PHOTOGRAPHY PP.438-441

Offices + Meeting Room Centre

2014   Antwerp
        Basf Antwerpen

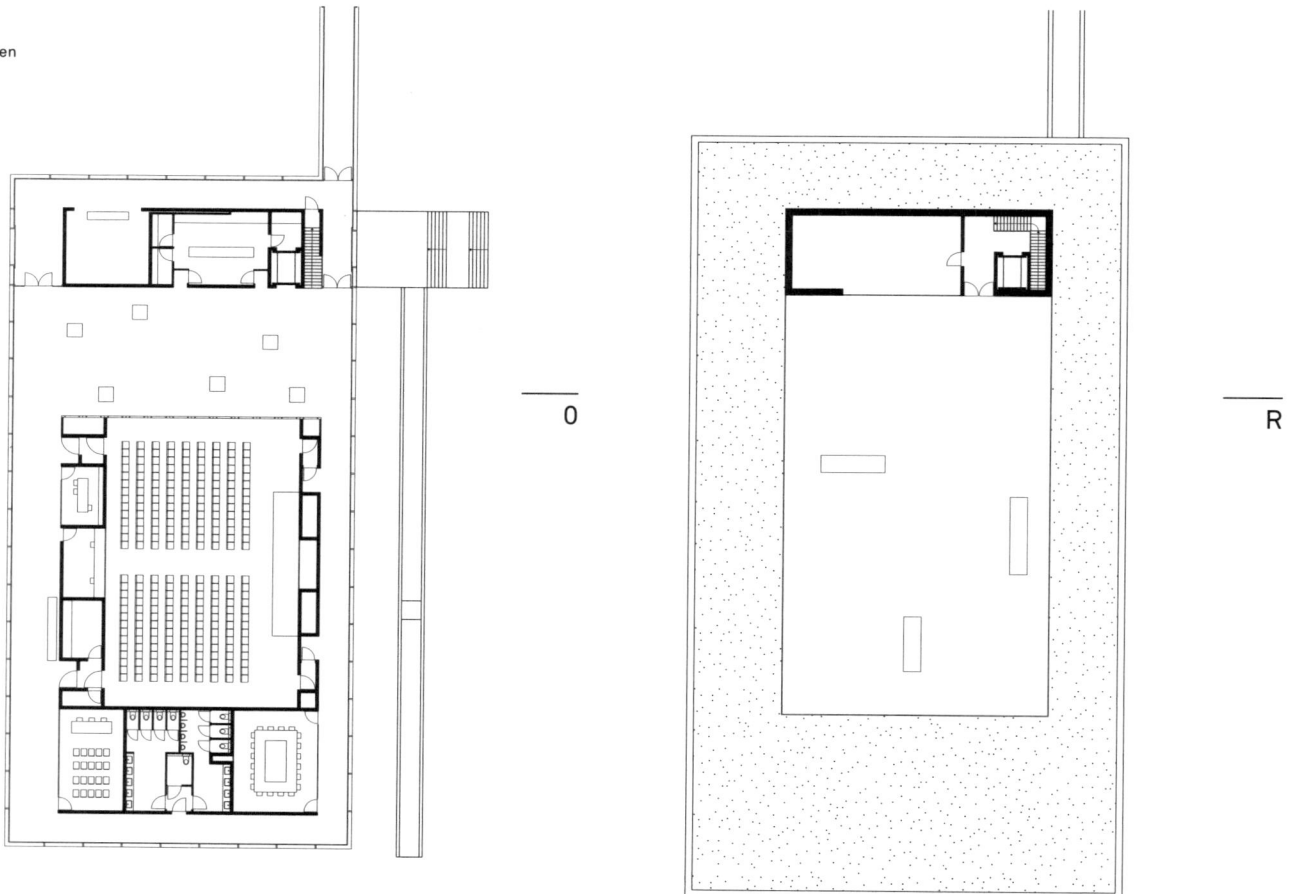

——— 0

——— R

B IMPRESSIONS PP.290-291

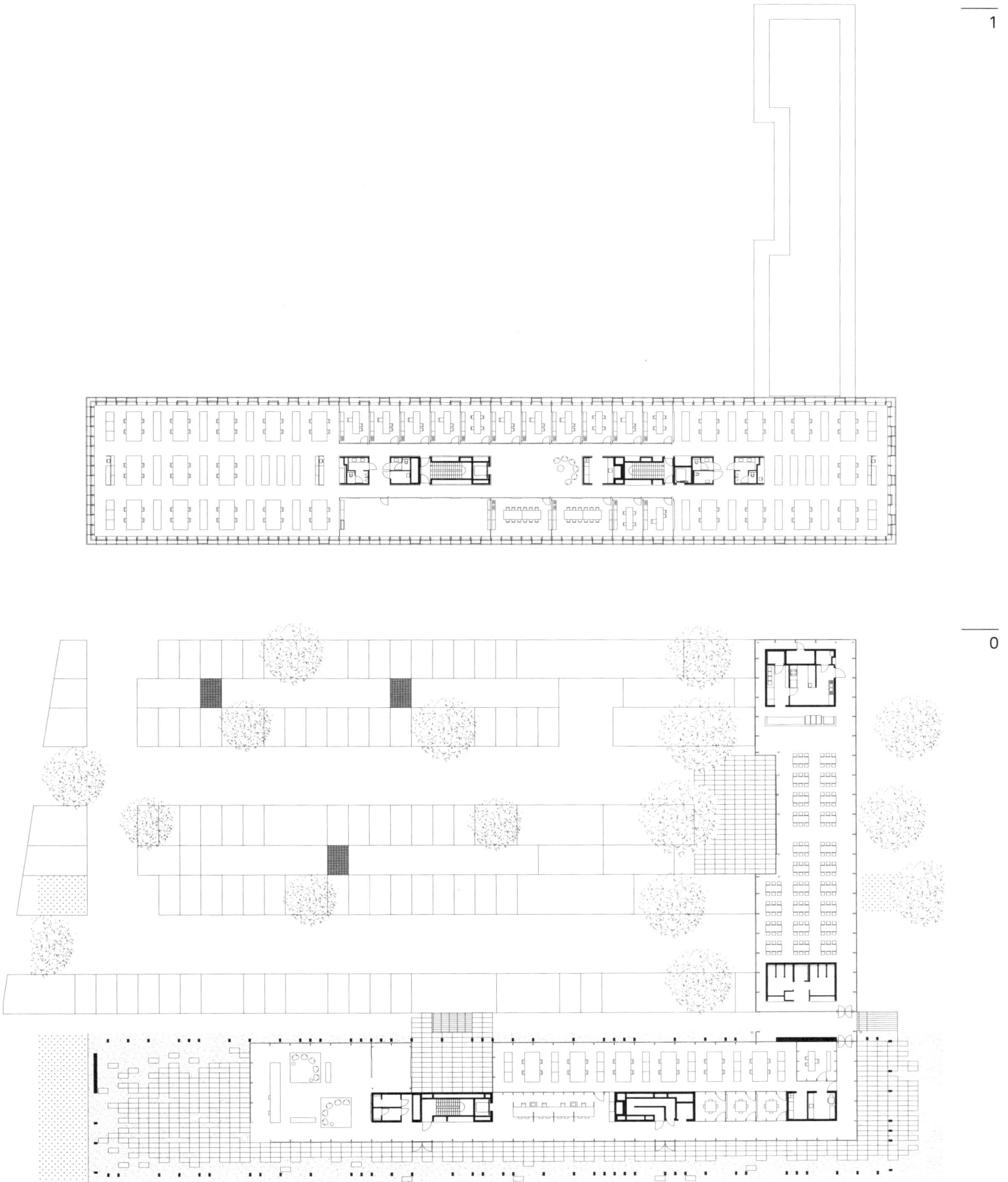

2005/2009   Torhout
           Infrax

1

0

Tour & Taxis Offices

2008   Brussels
           Extensa

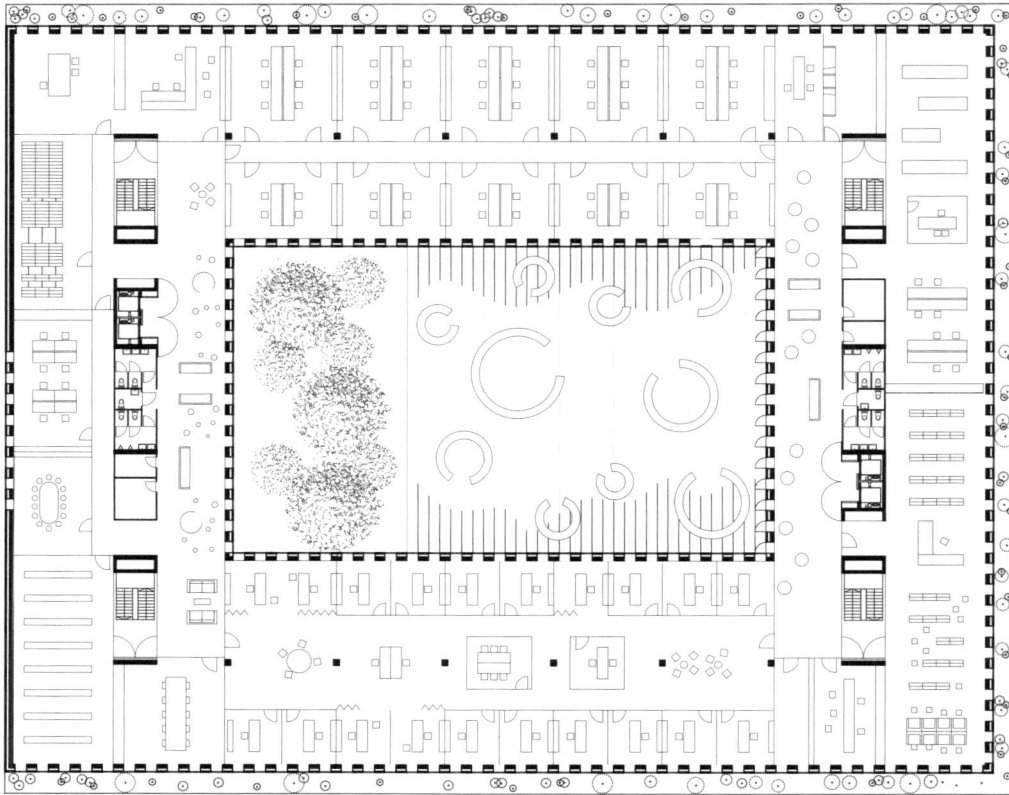

1

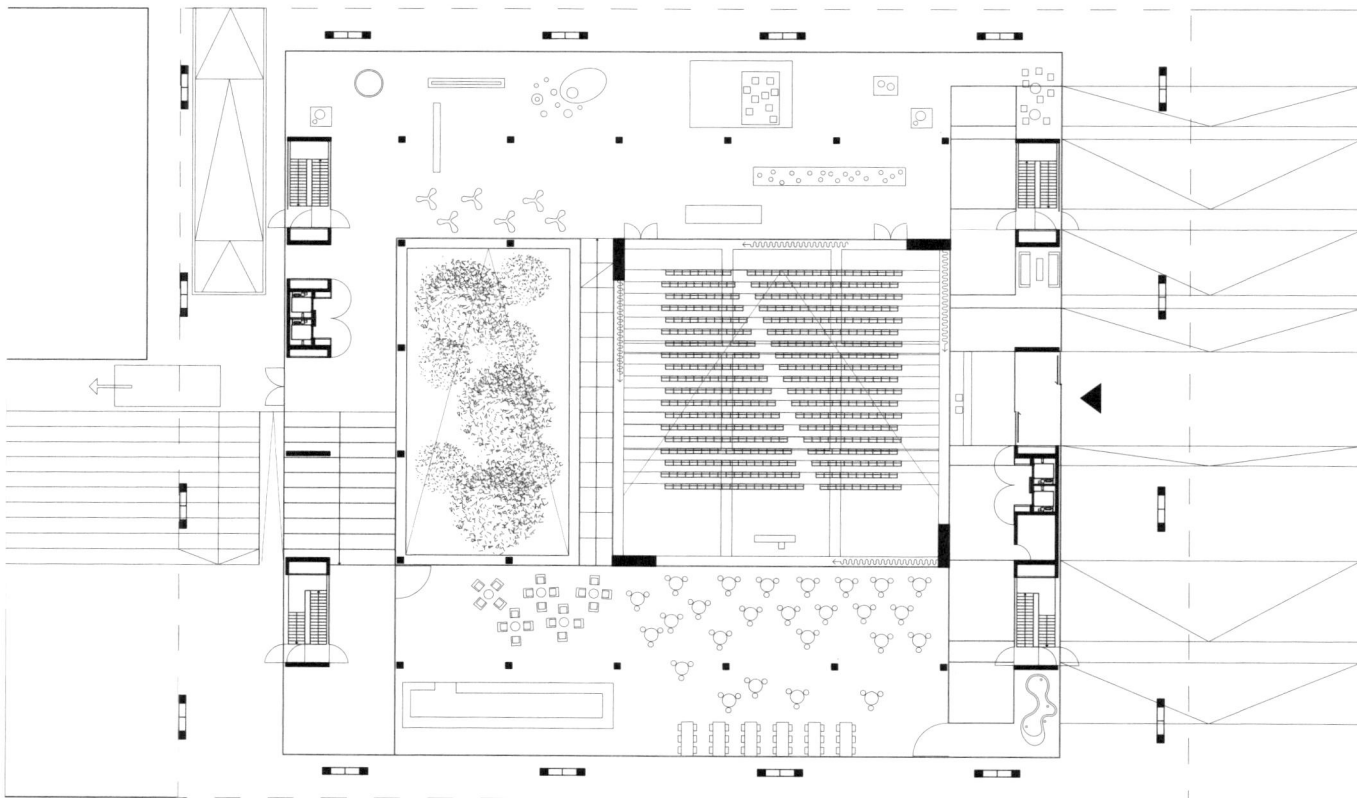

0

SECTION AA ▼

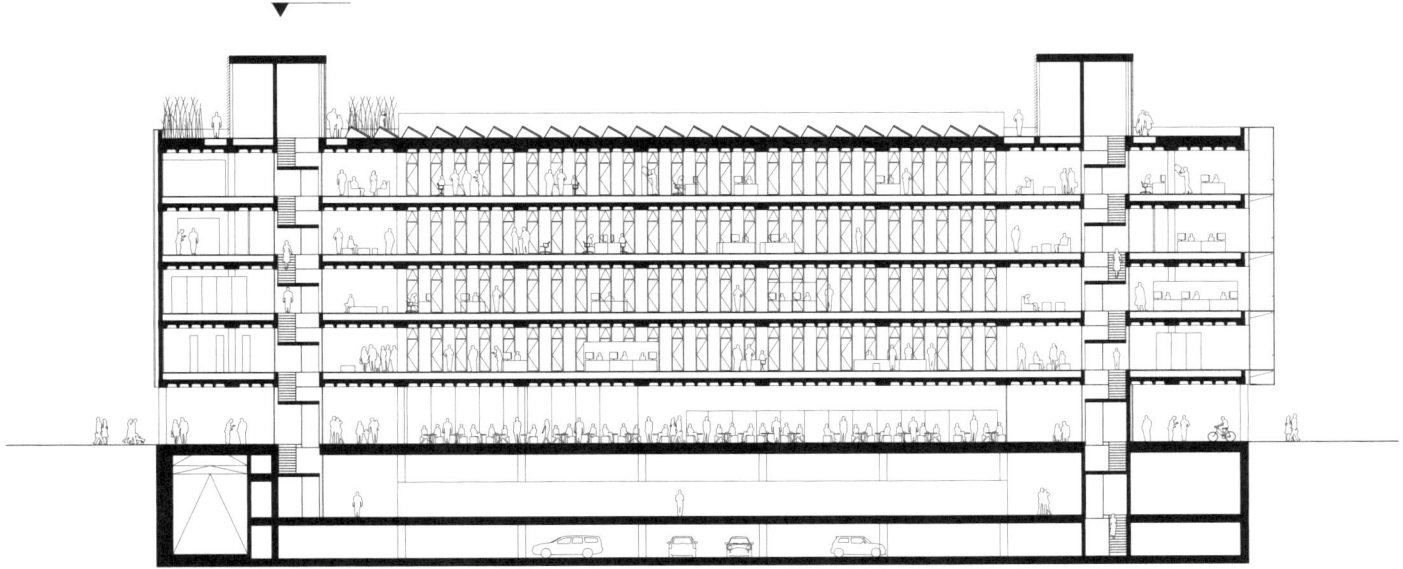

SECTION DD ▼

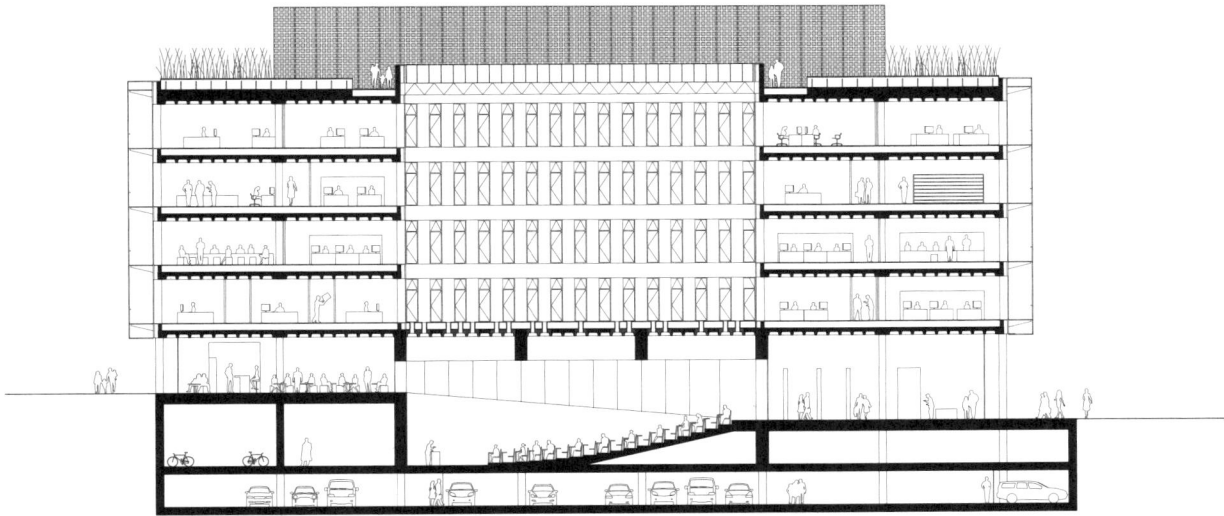

SECTION FF ▼

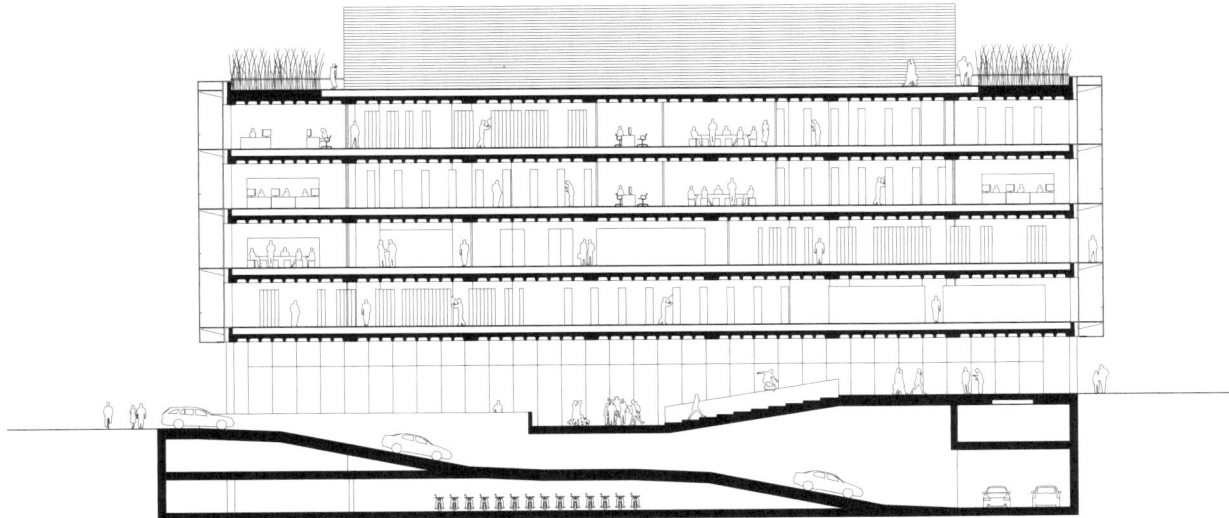

AGC Headquarters

2010   Louvain-la-Neuve
             AGC

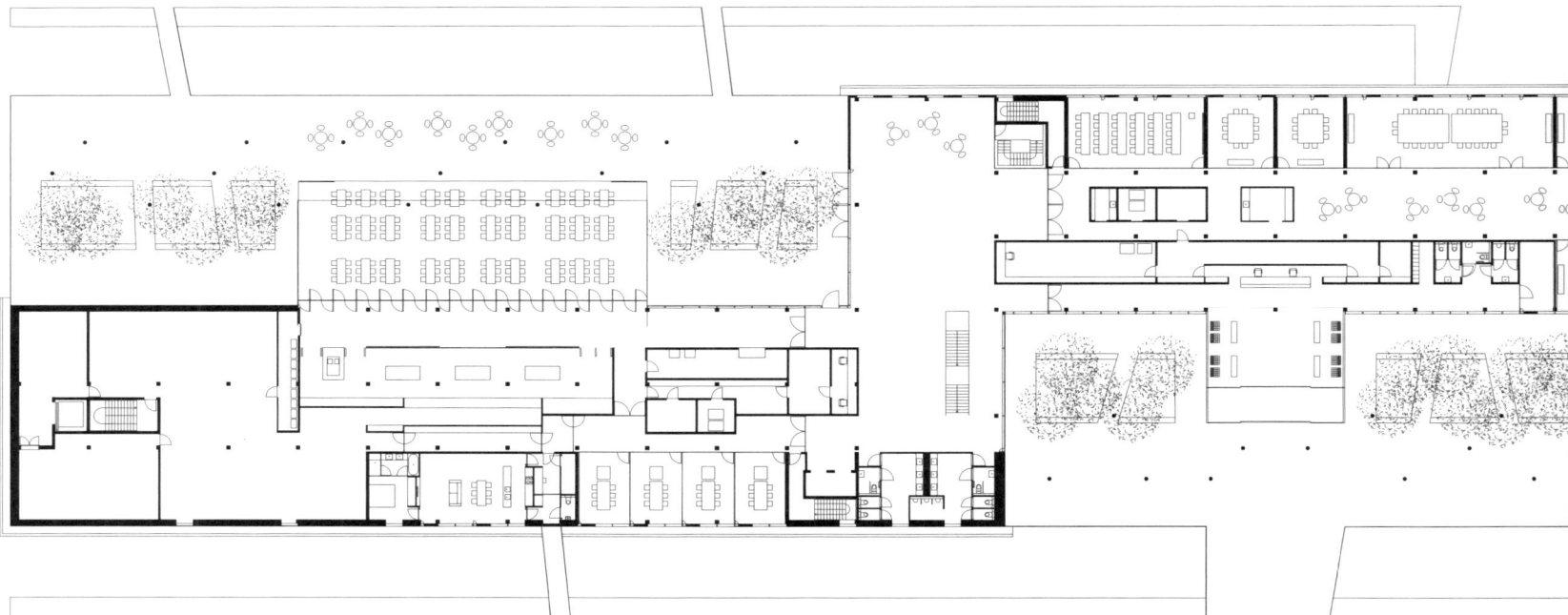

Headquarters Denys

2008/2011   Wondelgem
Denys

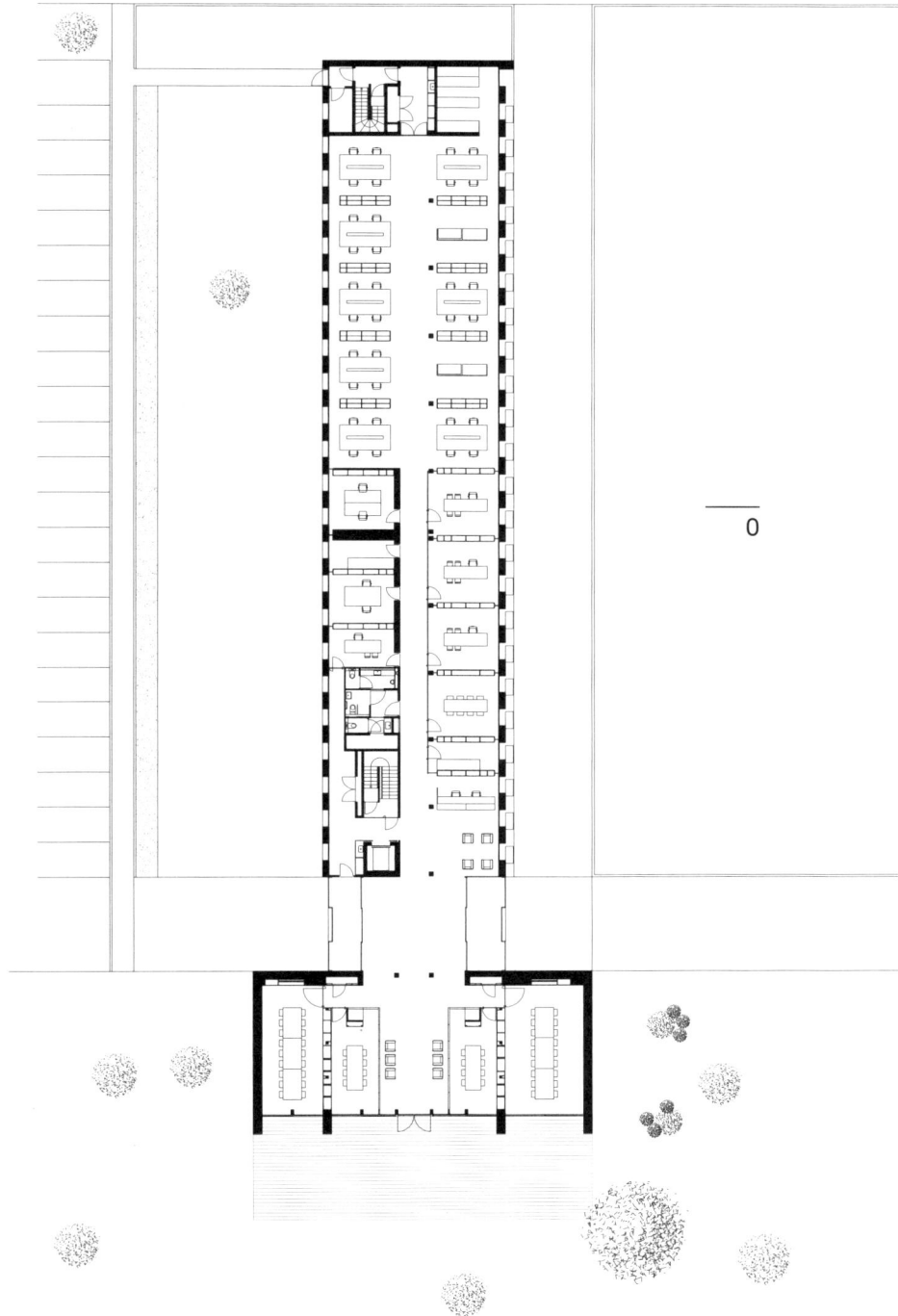

0

→ B   IMPRESSIONS   PP.284-285

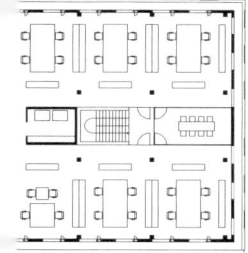

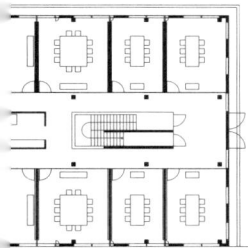

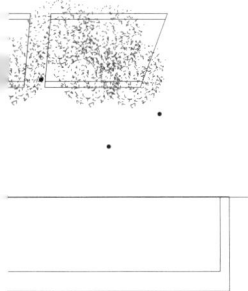

→ C   PHOTOGRAPHY   PP.452-455

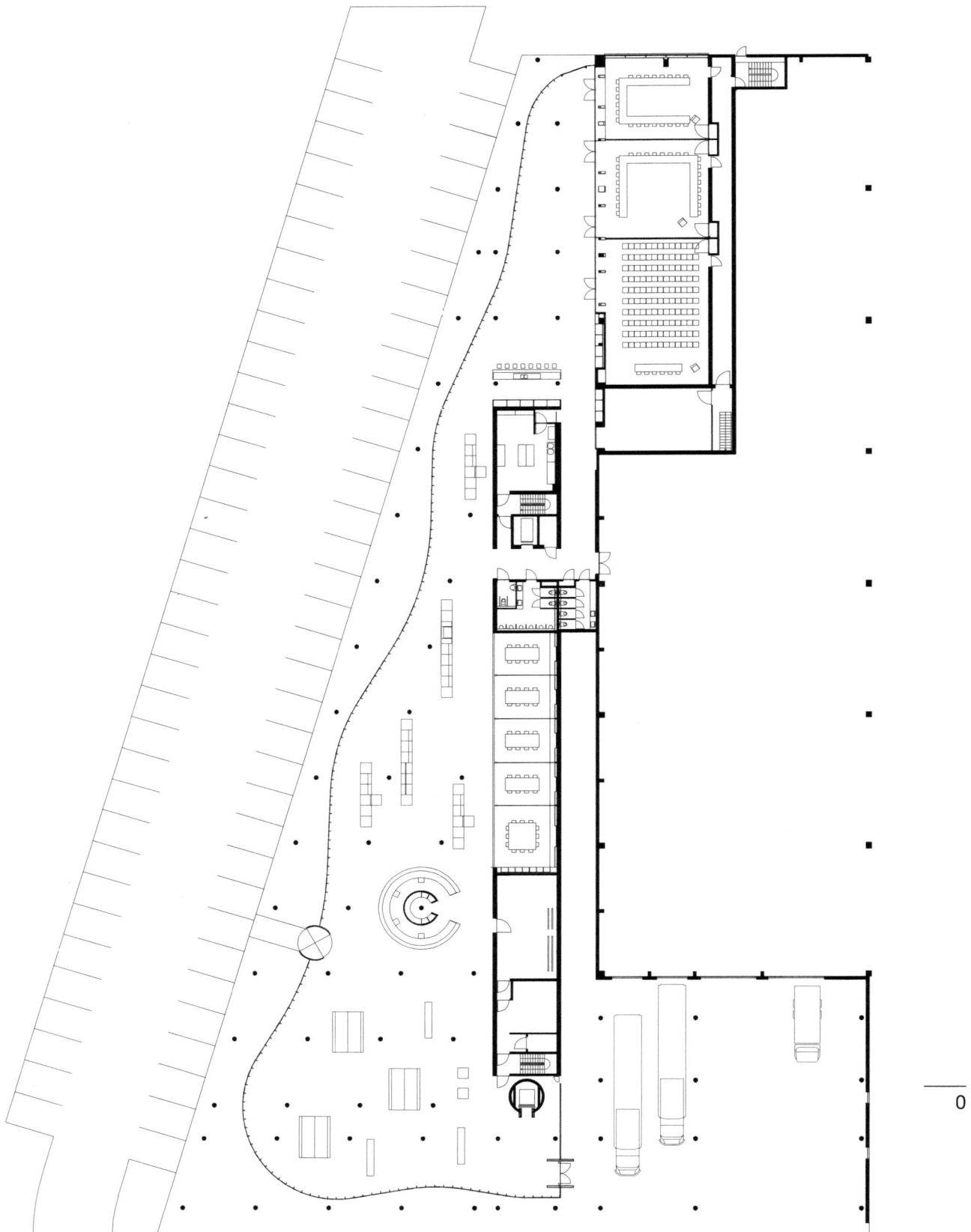

0

C PHOTOGRAPHY
PP.456–461

2011   Louvain-la-Neuve
           Fimpro

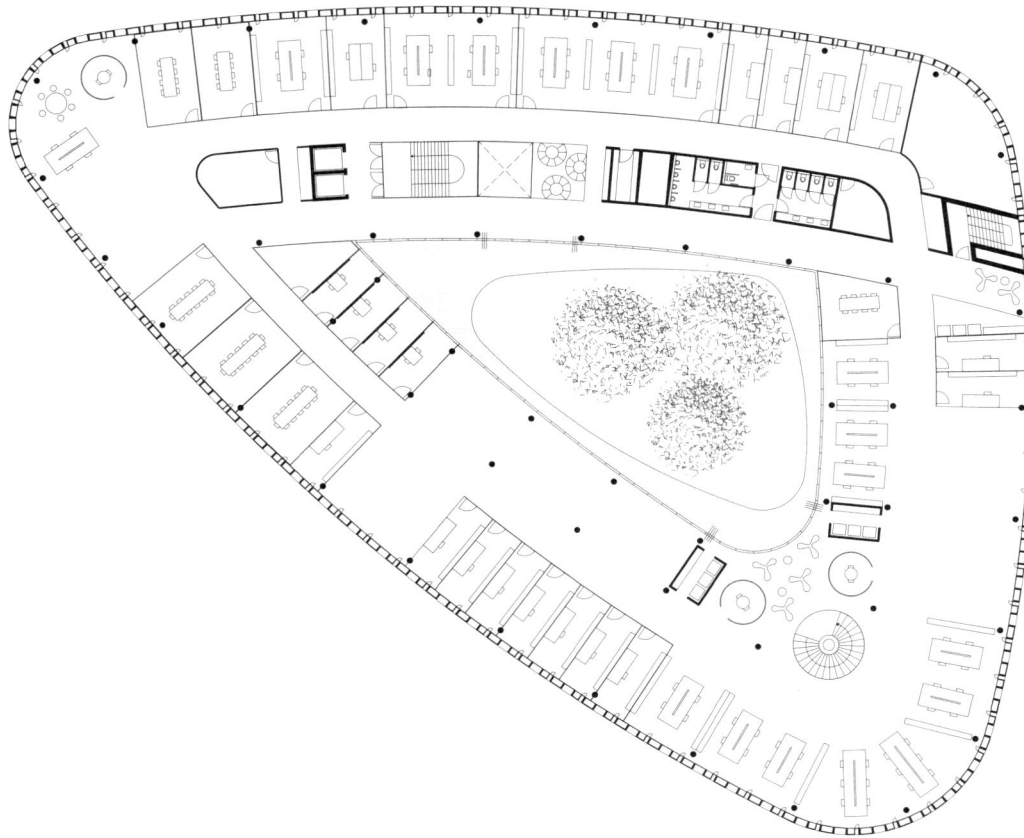

2

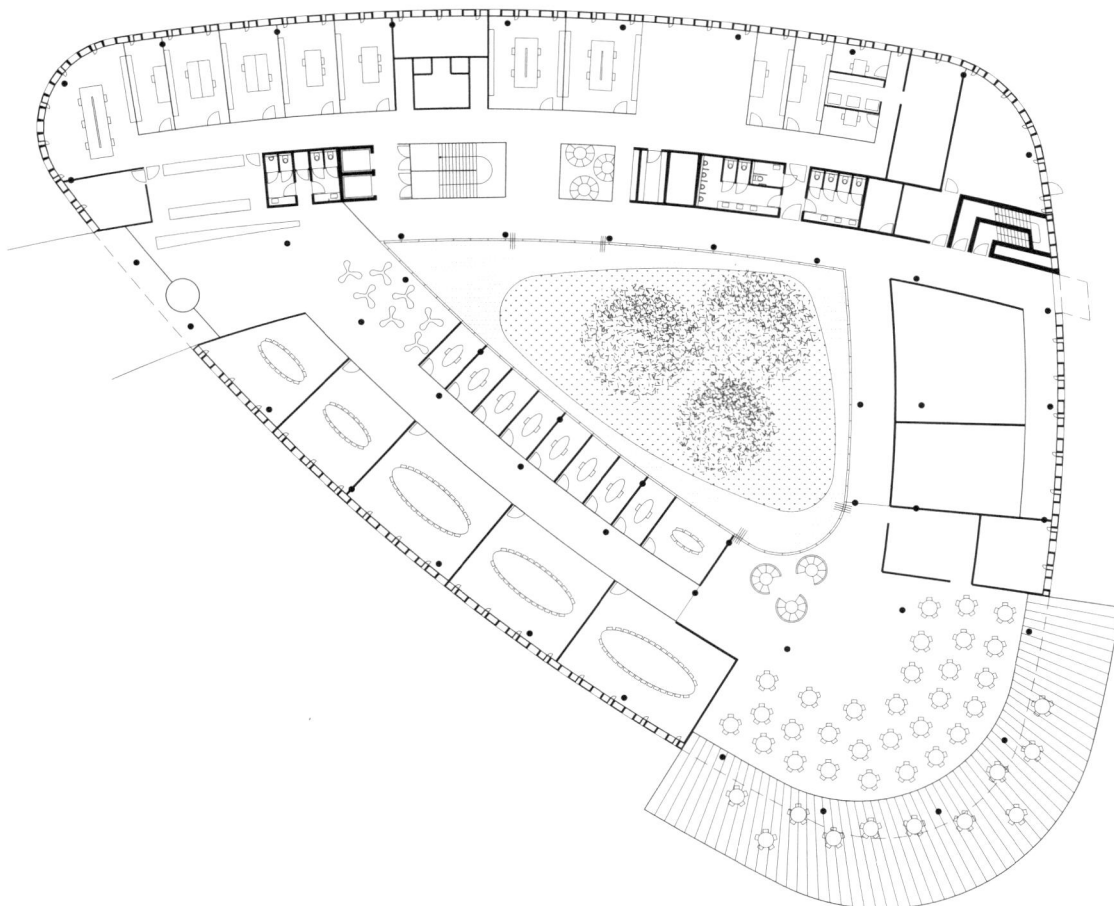

0

→ B IMPRESSIONS
       PP.286-287

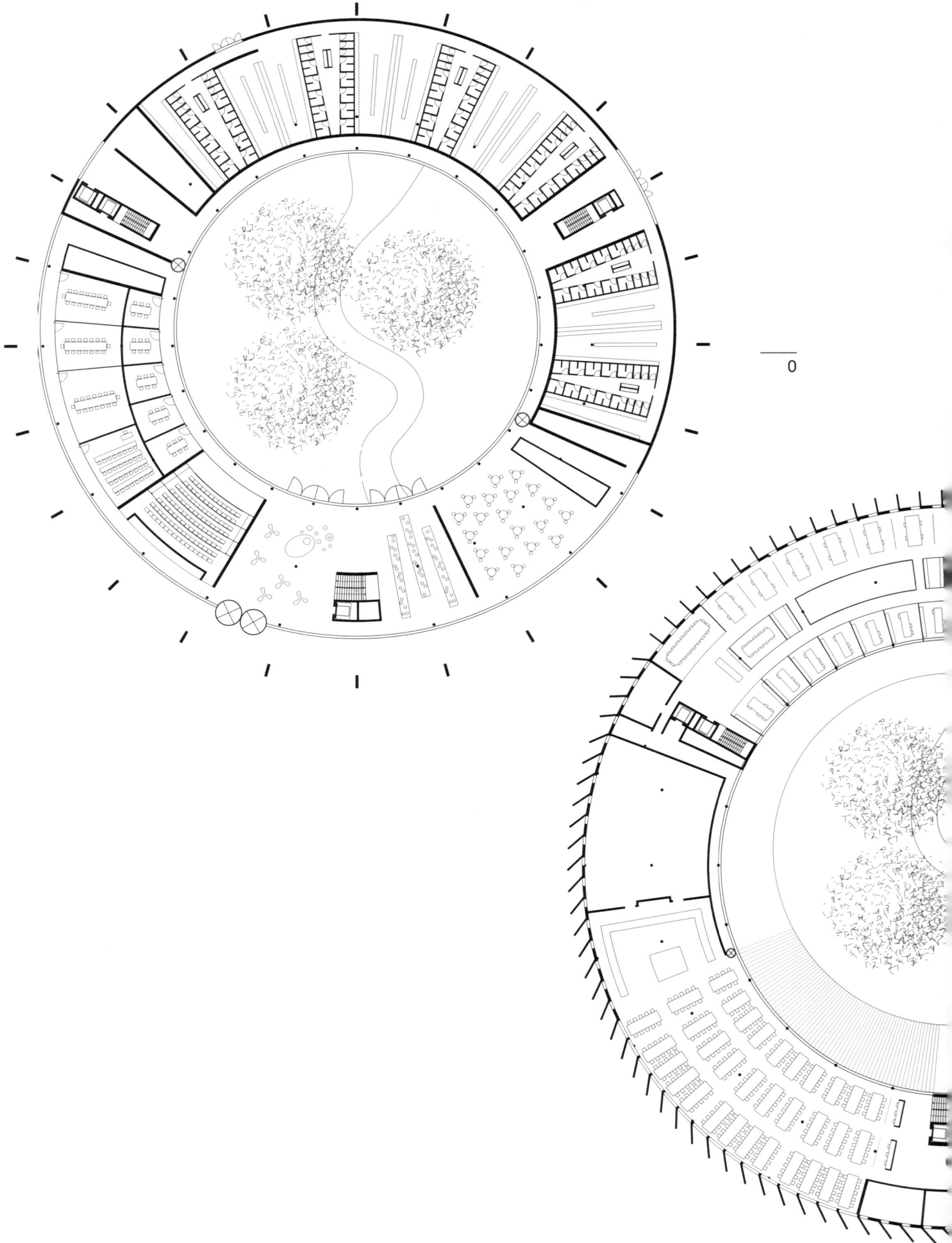

0

R

→ B
IMPRESSIONS
PP.286–287

1

Albintra

2010/2015   Ranst
            Albintra

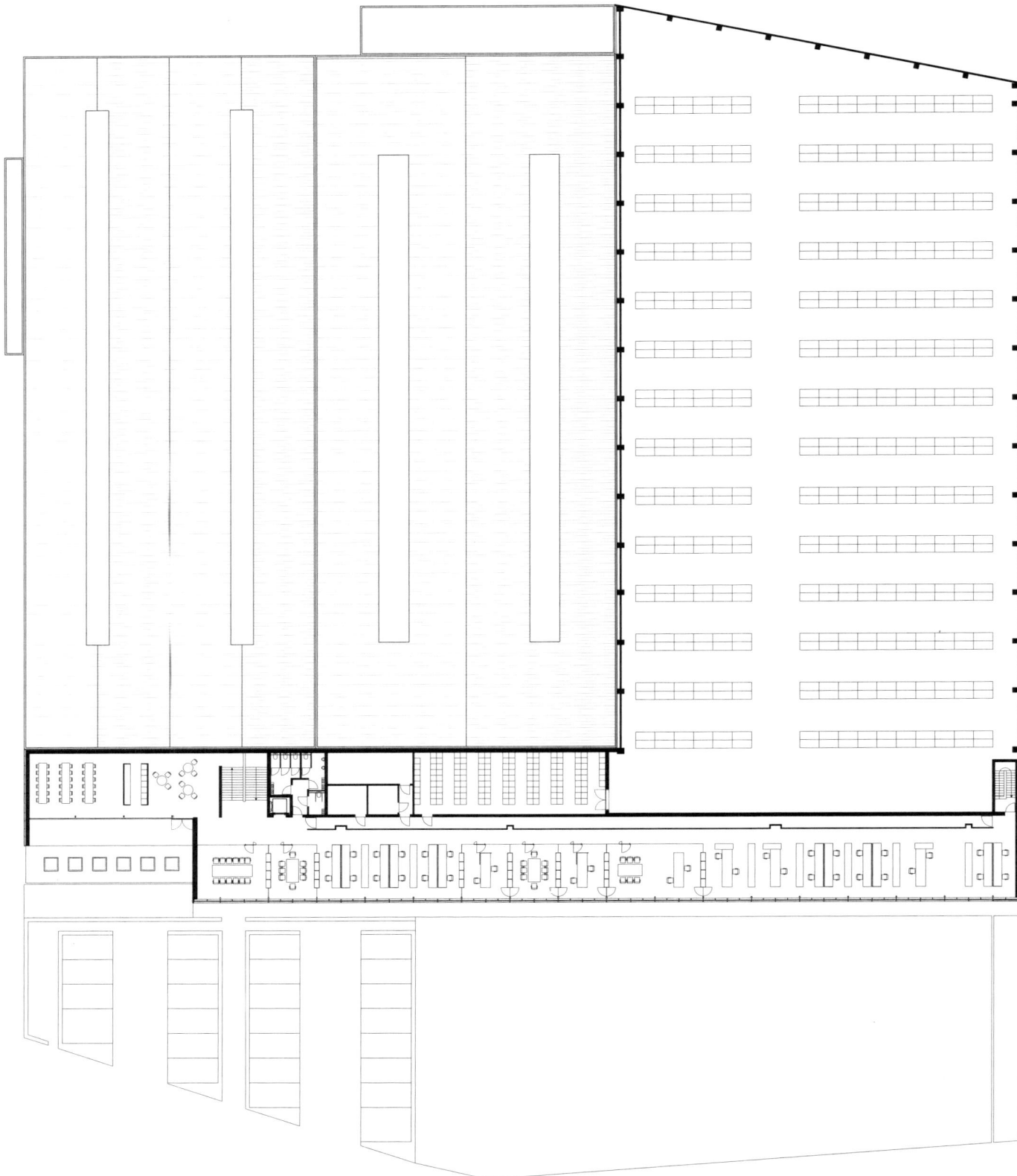

1

PHOTOGRAPHY
PP. 462-465

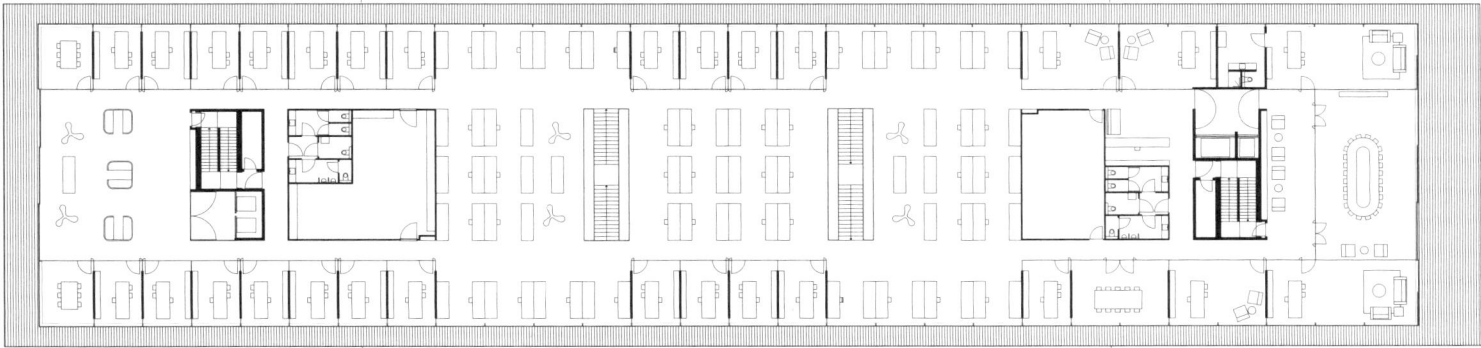

2

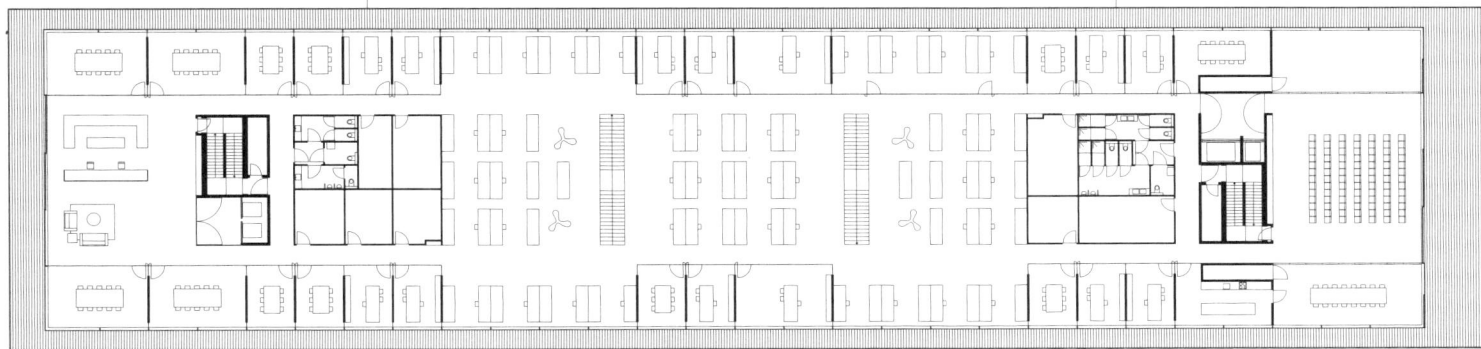

1

SECTION
▼

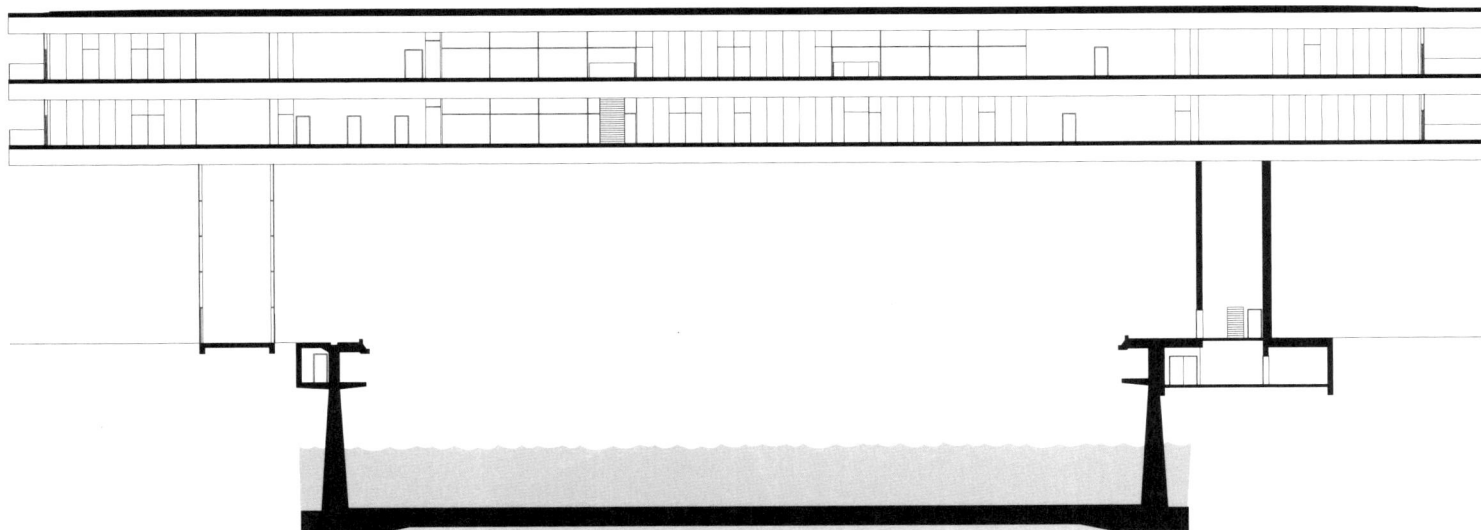

→ B IMPRESSIONS
PP.292-293

→ C PHOTOGRAPHY
PP.430-433

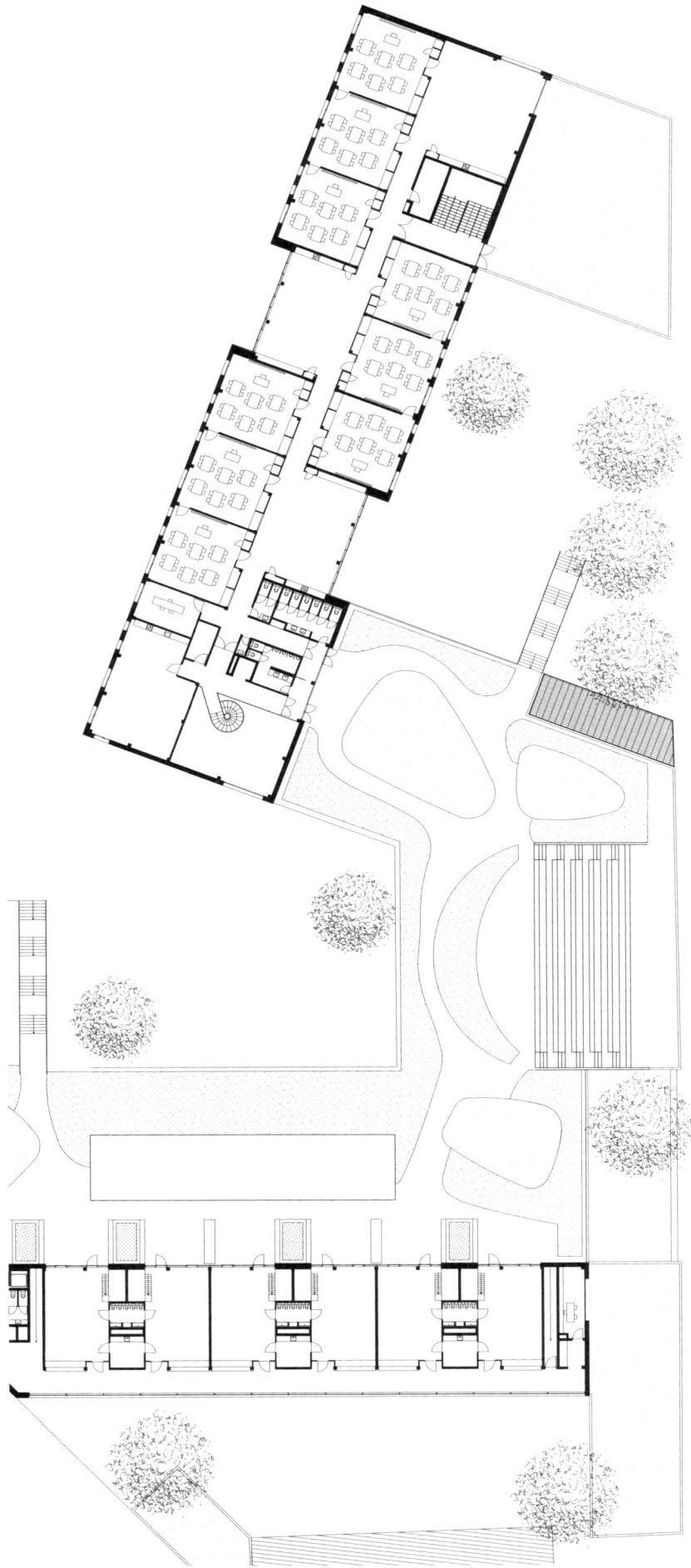

1

Artevelde Campus Kantienberg

2005/2009   Ghent
               Artevelde University College

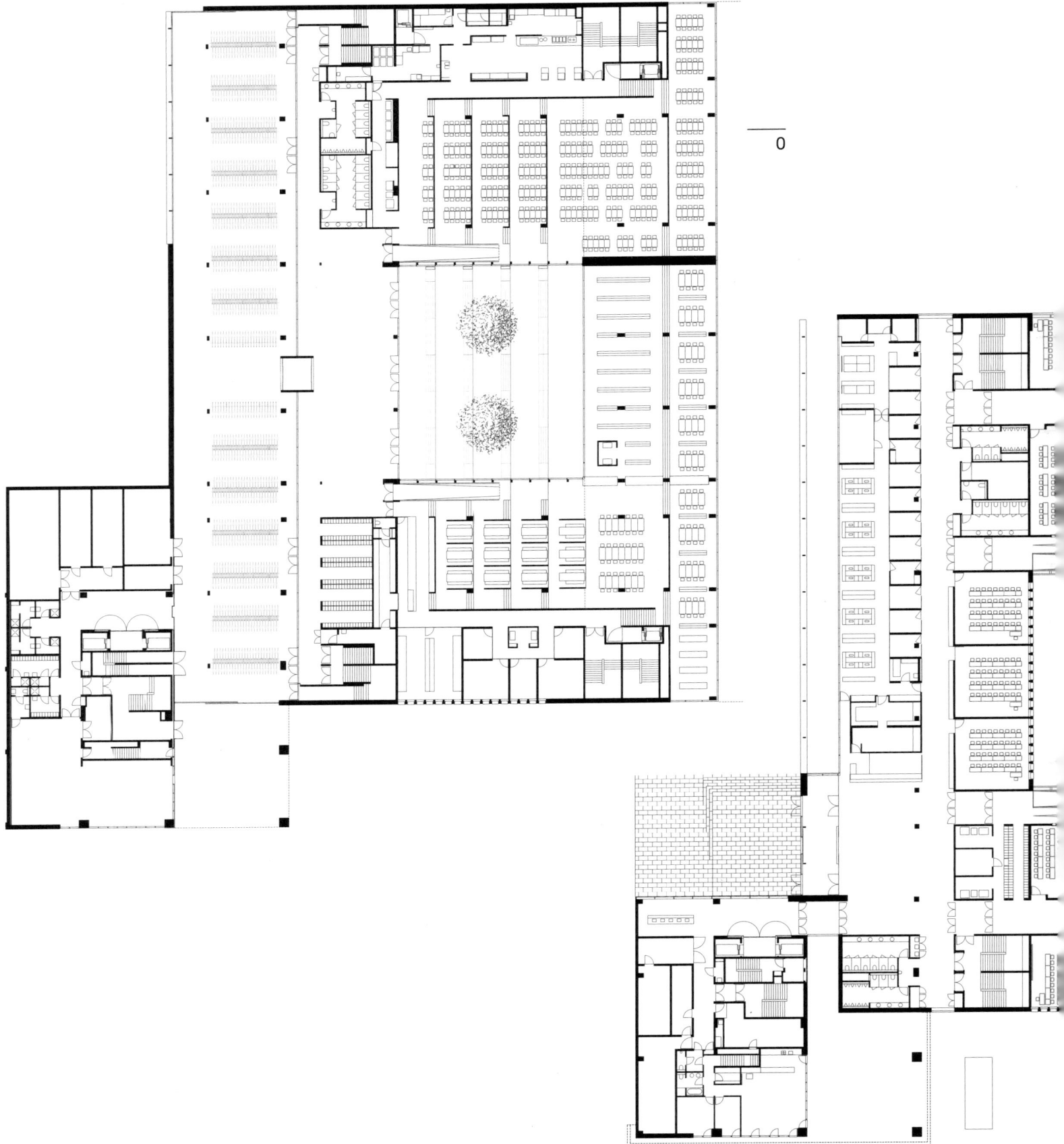

0

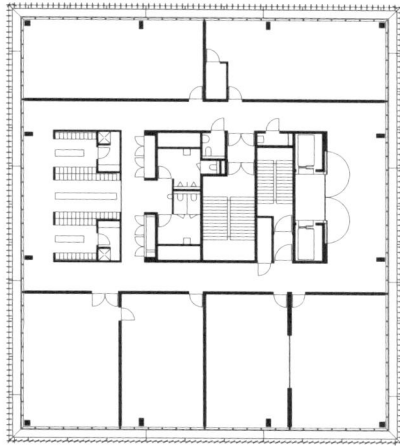

9

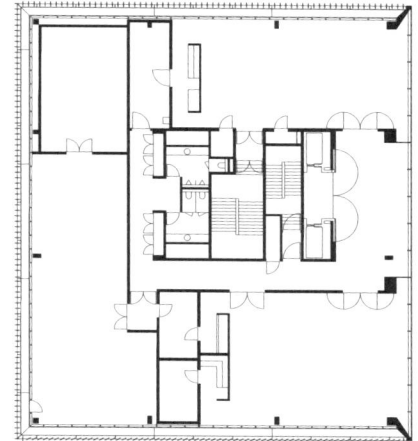

10

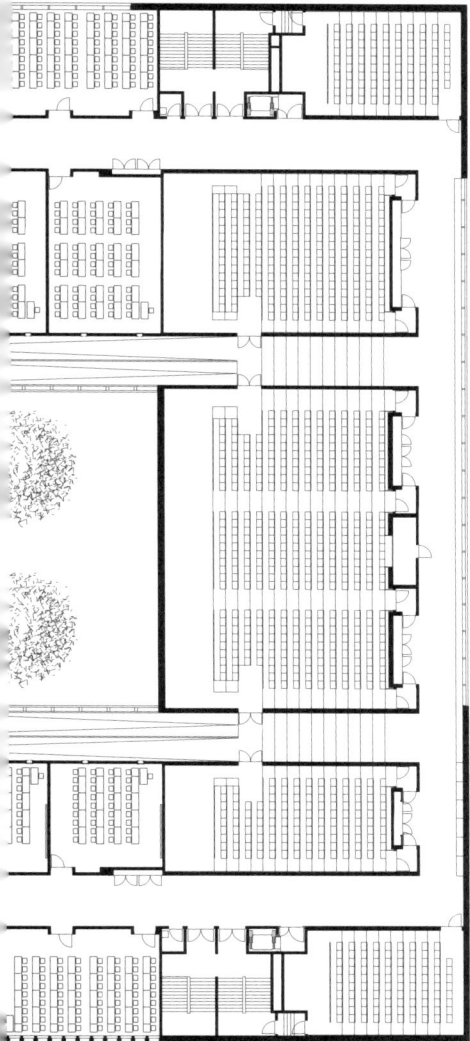

1

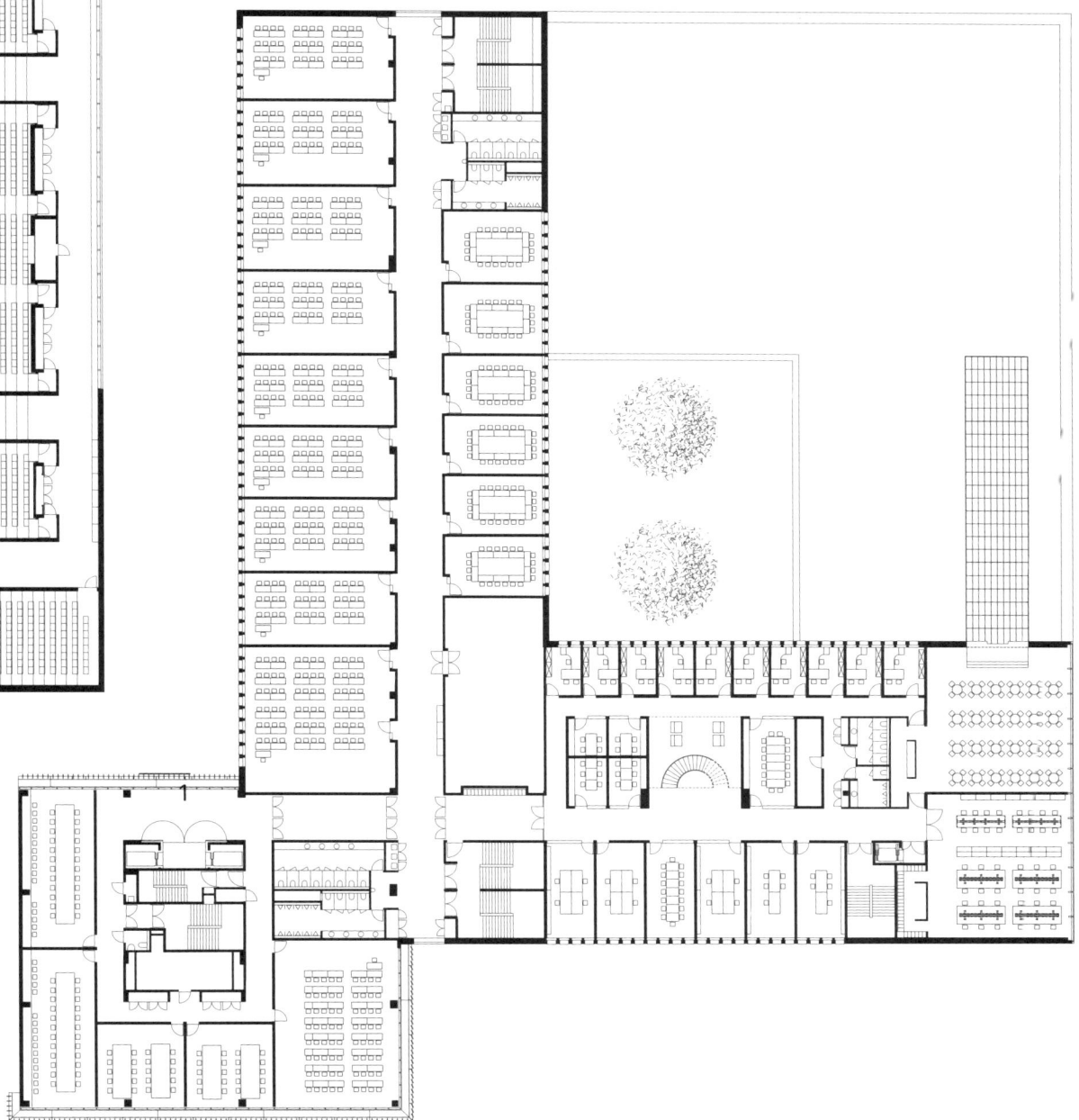

2

↑
C PHOTOGRAPHY
PP.466-473

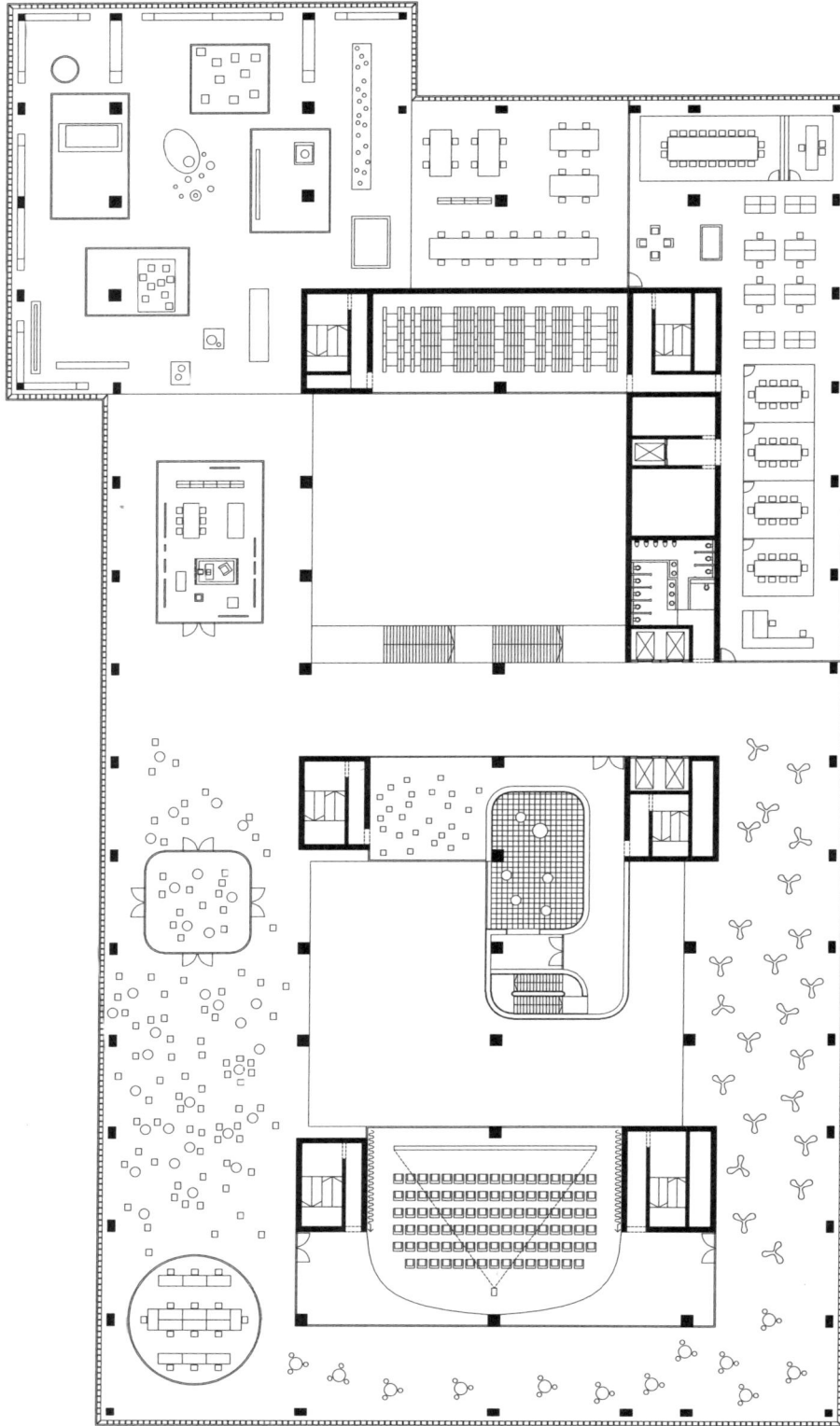

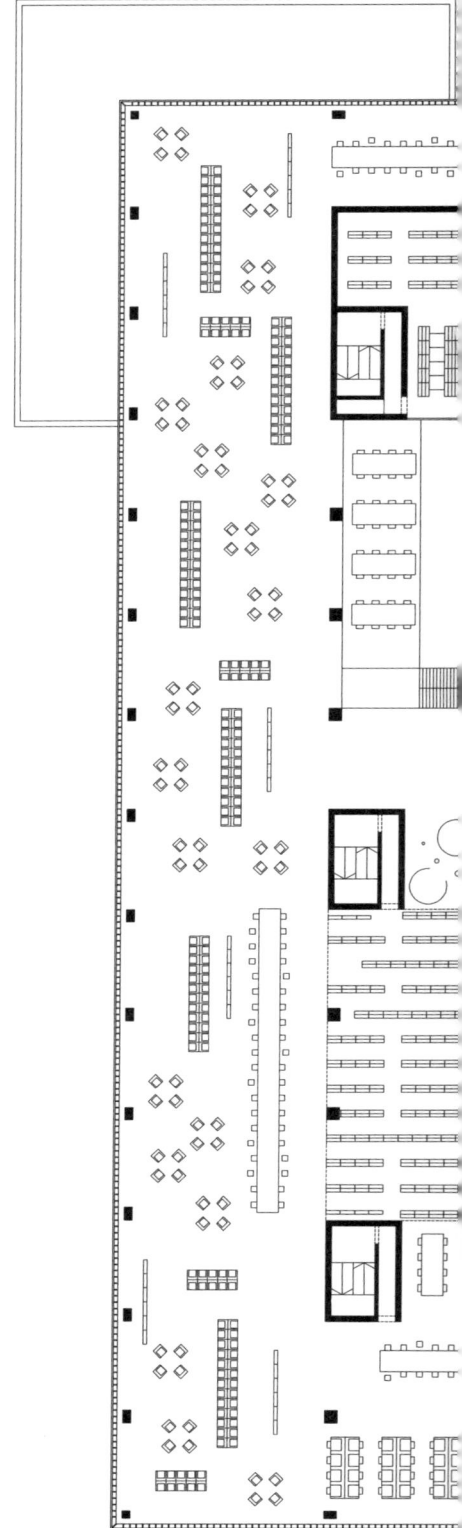

4

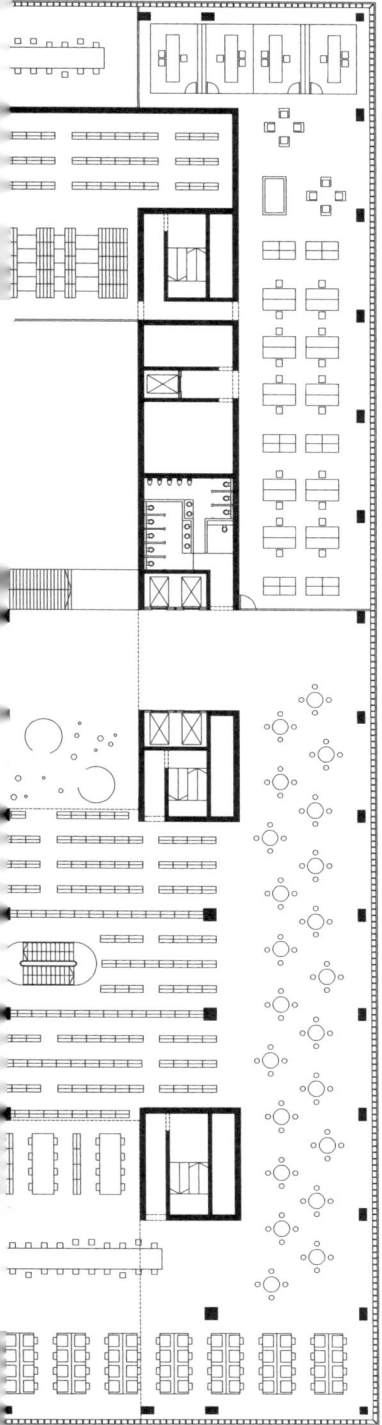

5

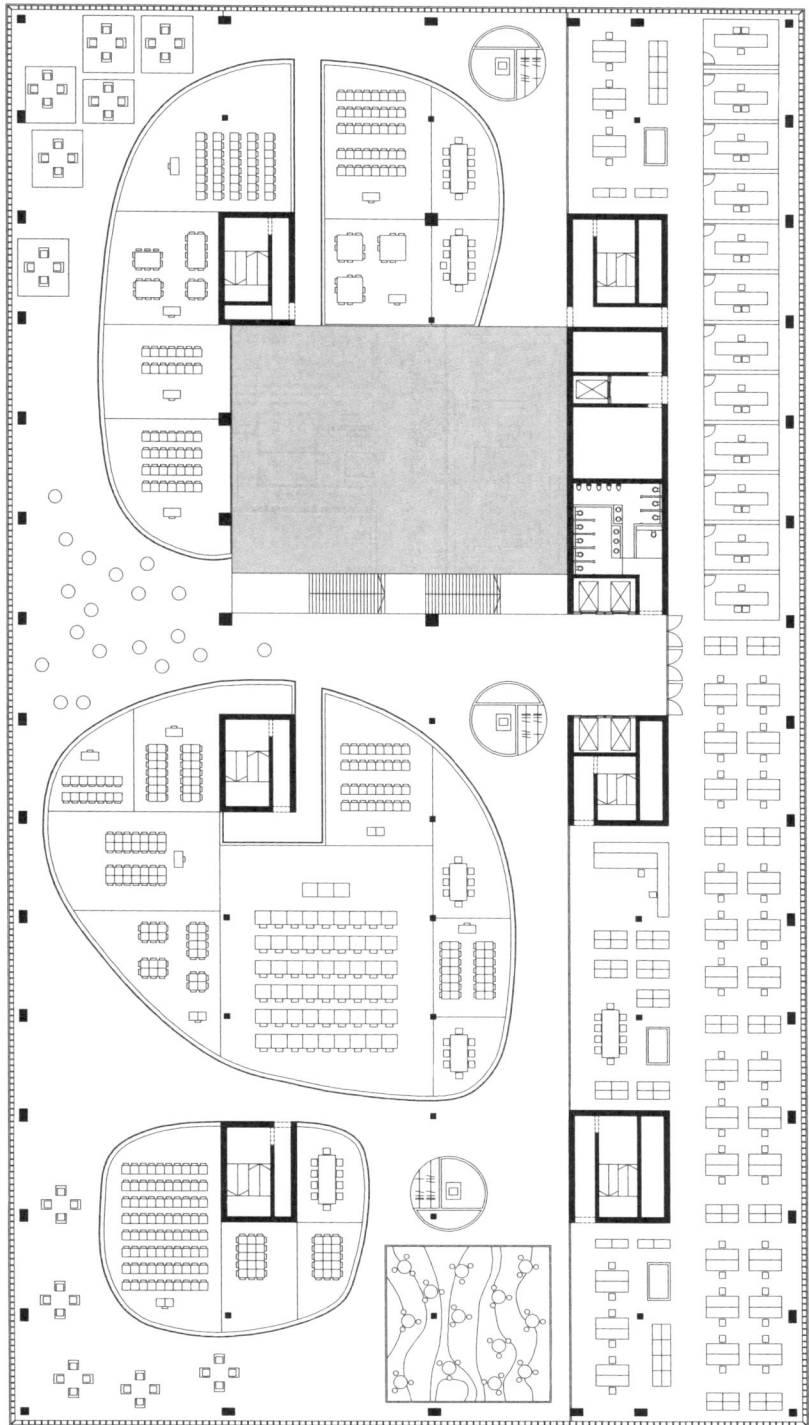

9

→
B
IMPRESSIONS
PP.304-305

Plantin University College – Campus Science + Techniques

2011   Antwerp
            Provincial Government of Antwerp

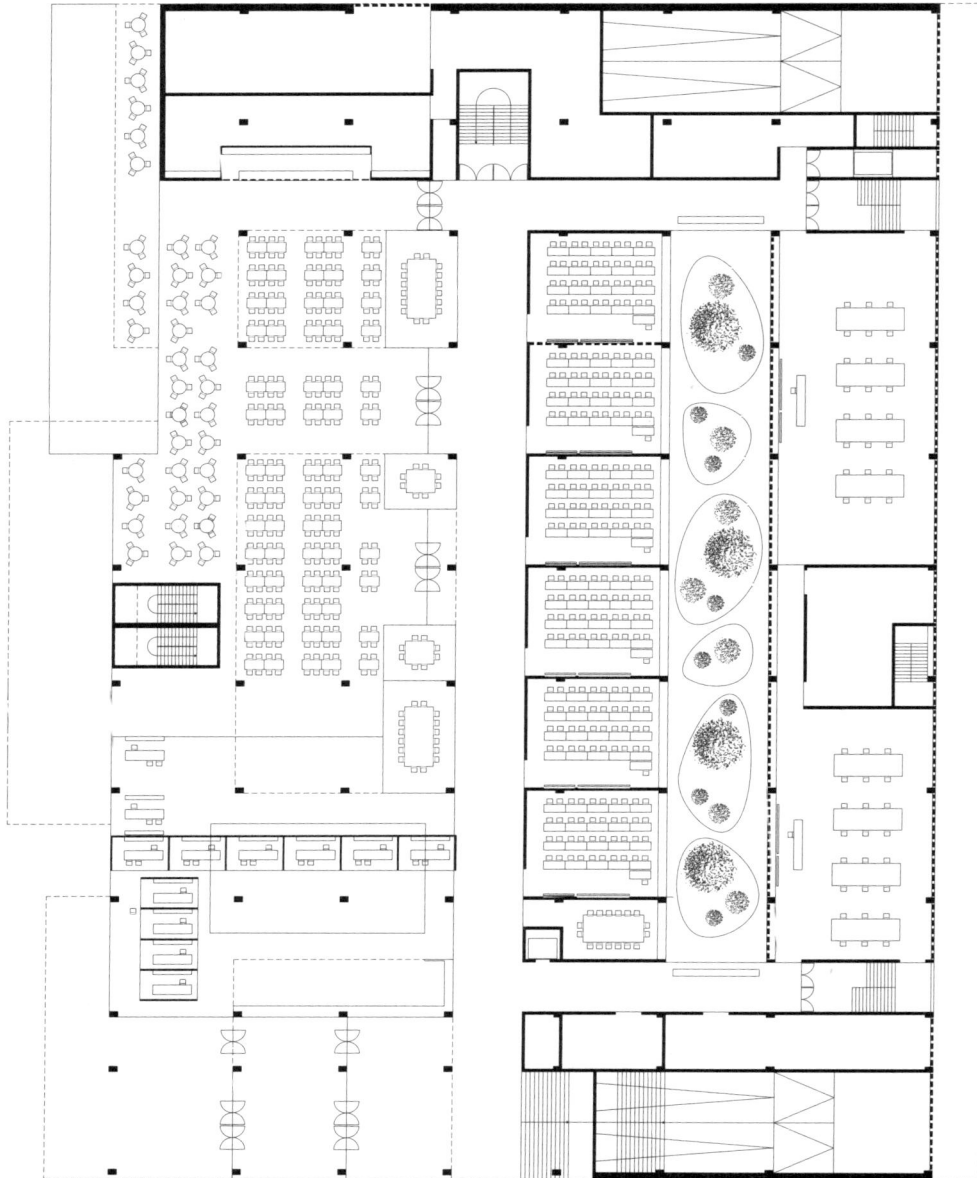

0

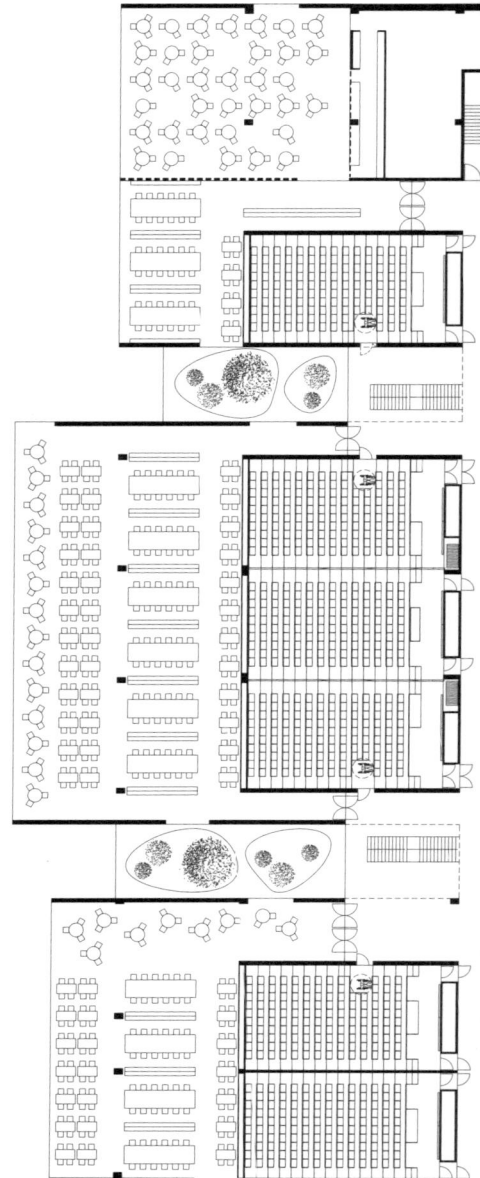

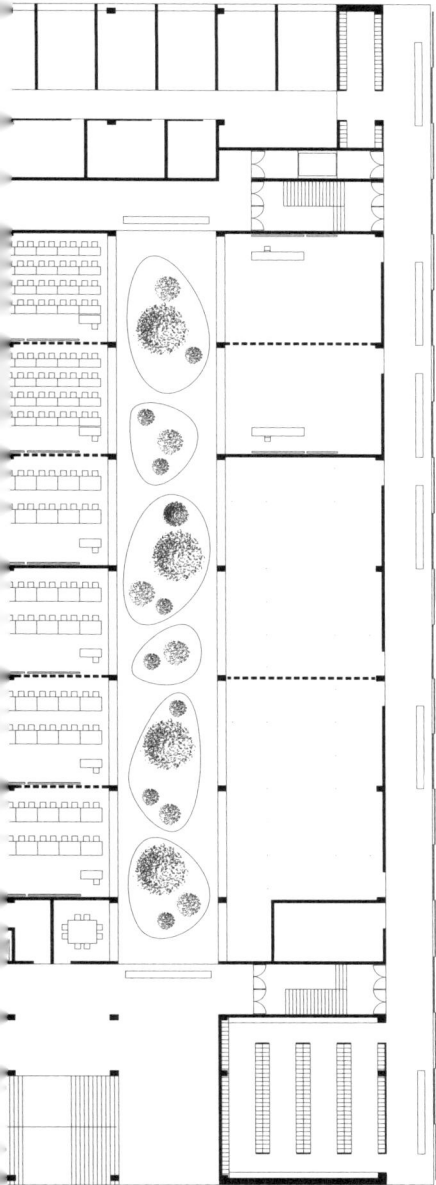

1

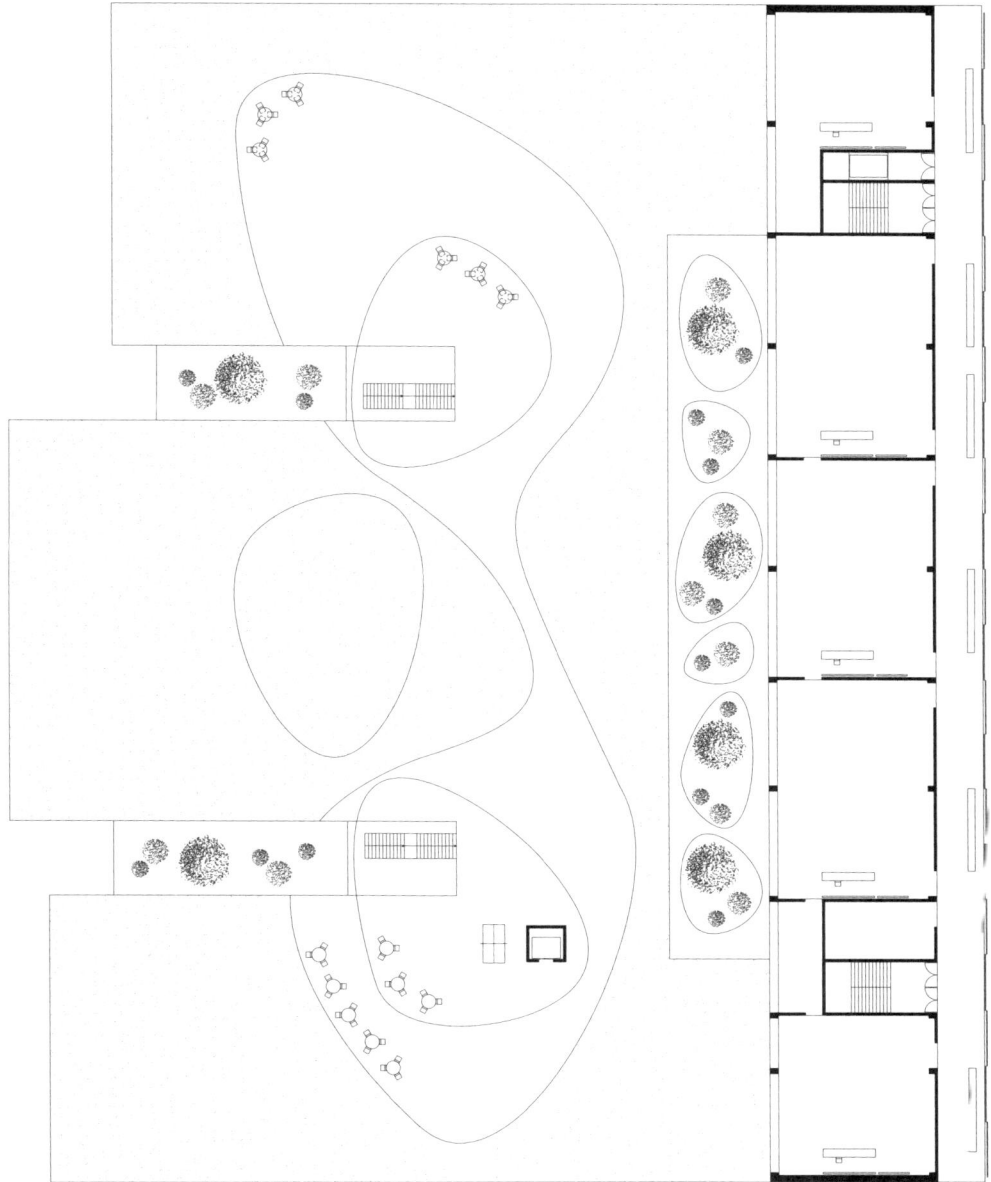

2

→ B IMPRESSIONS PP. 306-309

Karel De Grote College

2011   Antwerp
         Karel De Grote College

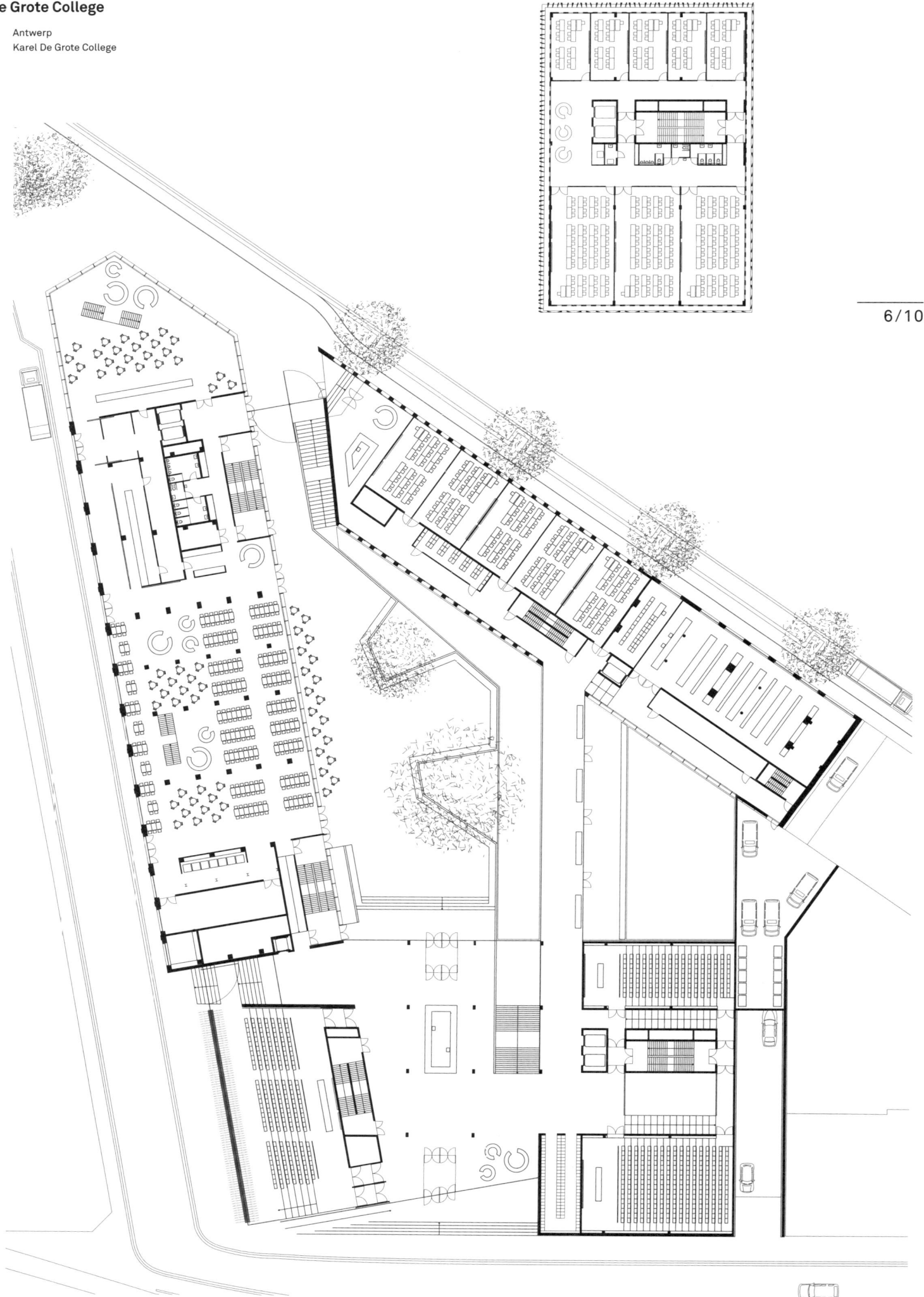

0

SECTION
▼

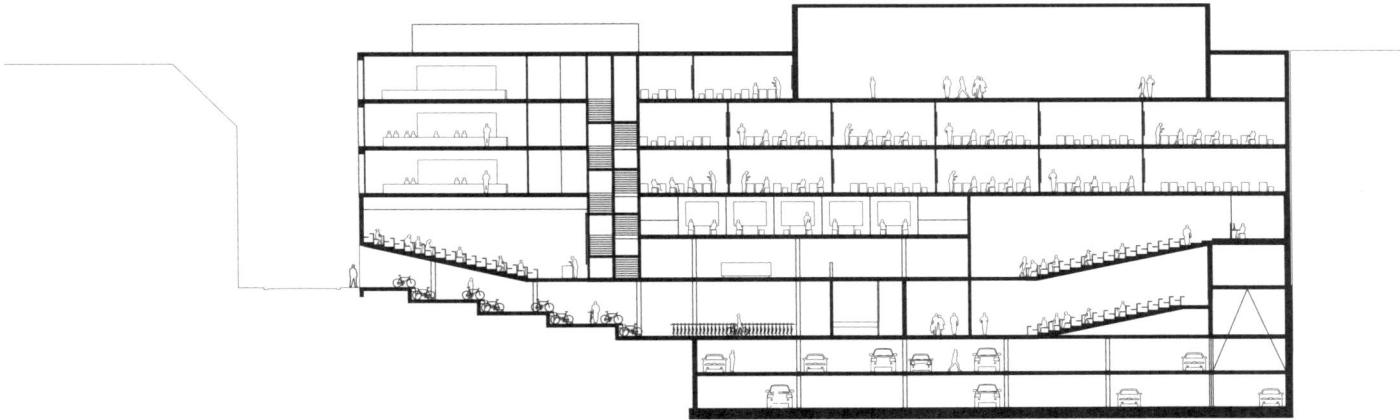

SECTION
▼

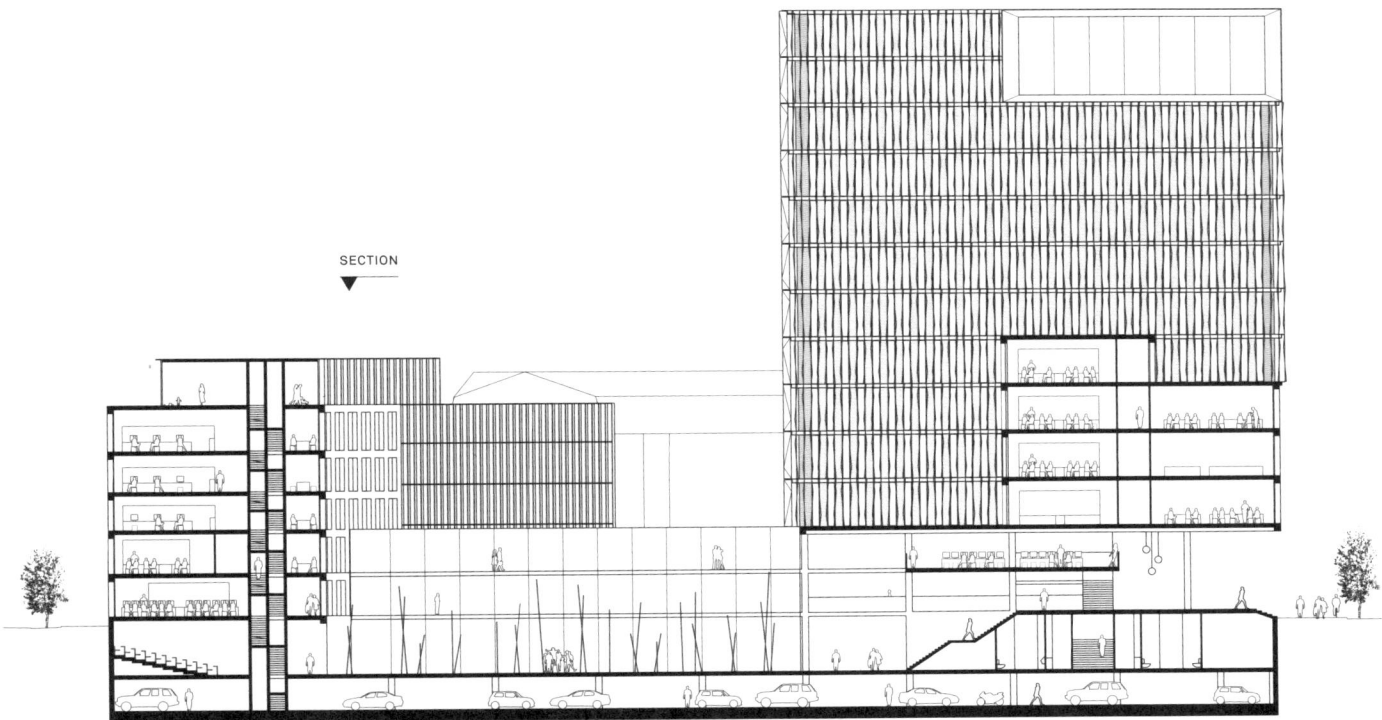

→ B IMPRESSIONS PP·310·313

T2 Campus Thor Park

2014   Genk
        VDAB / Syntra / STAA Genk

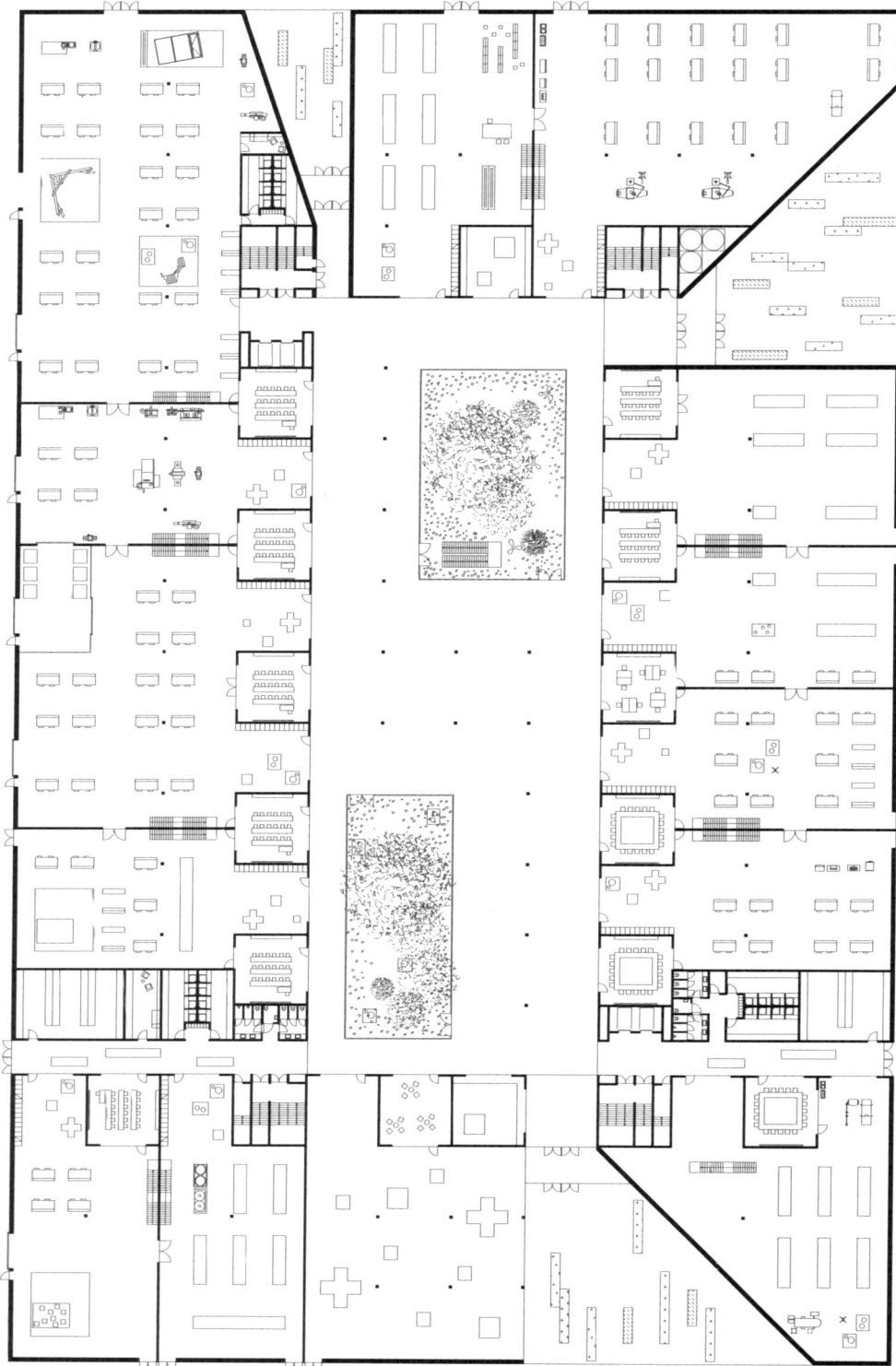
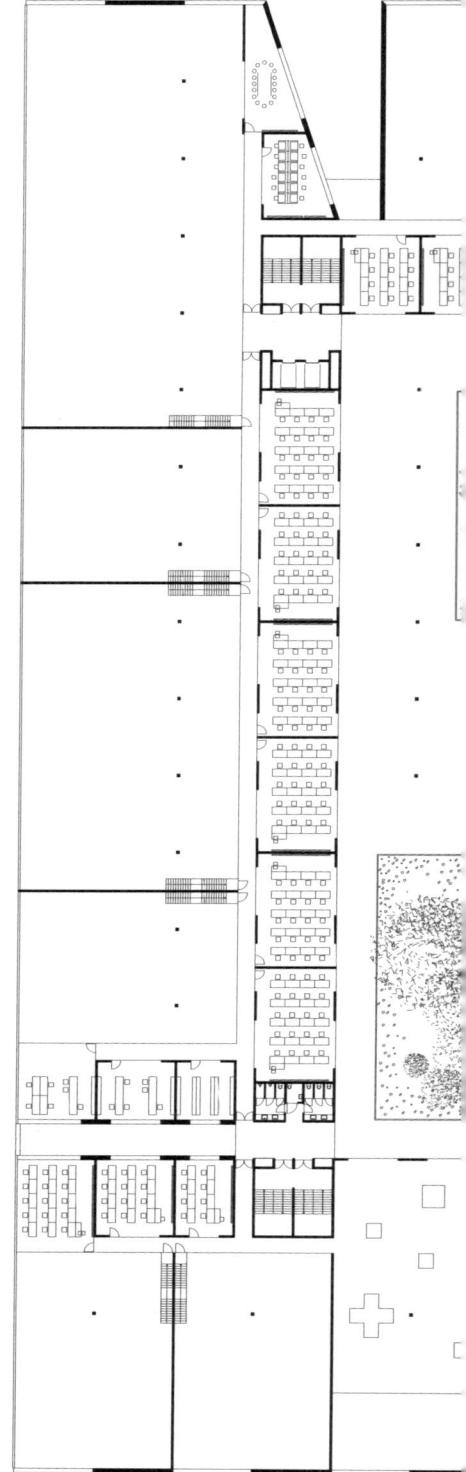

0

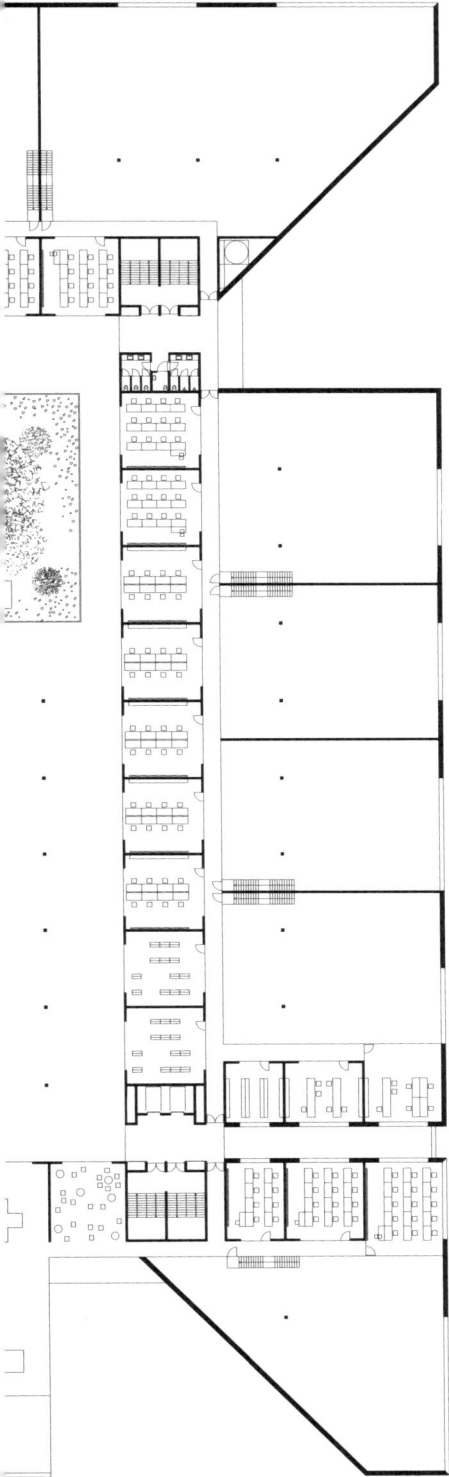

1

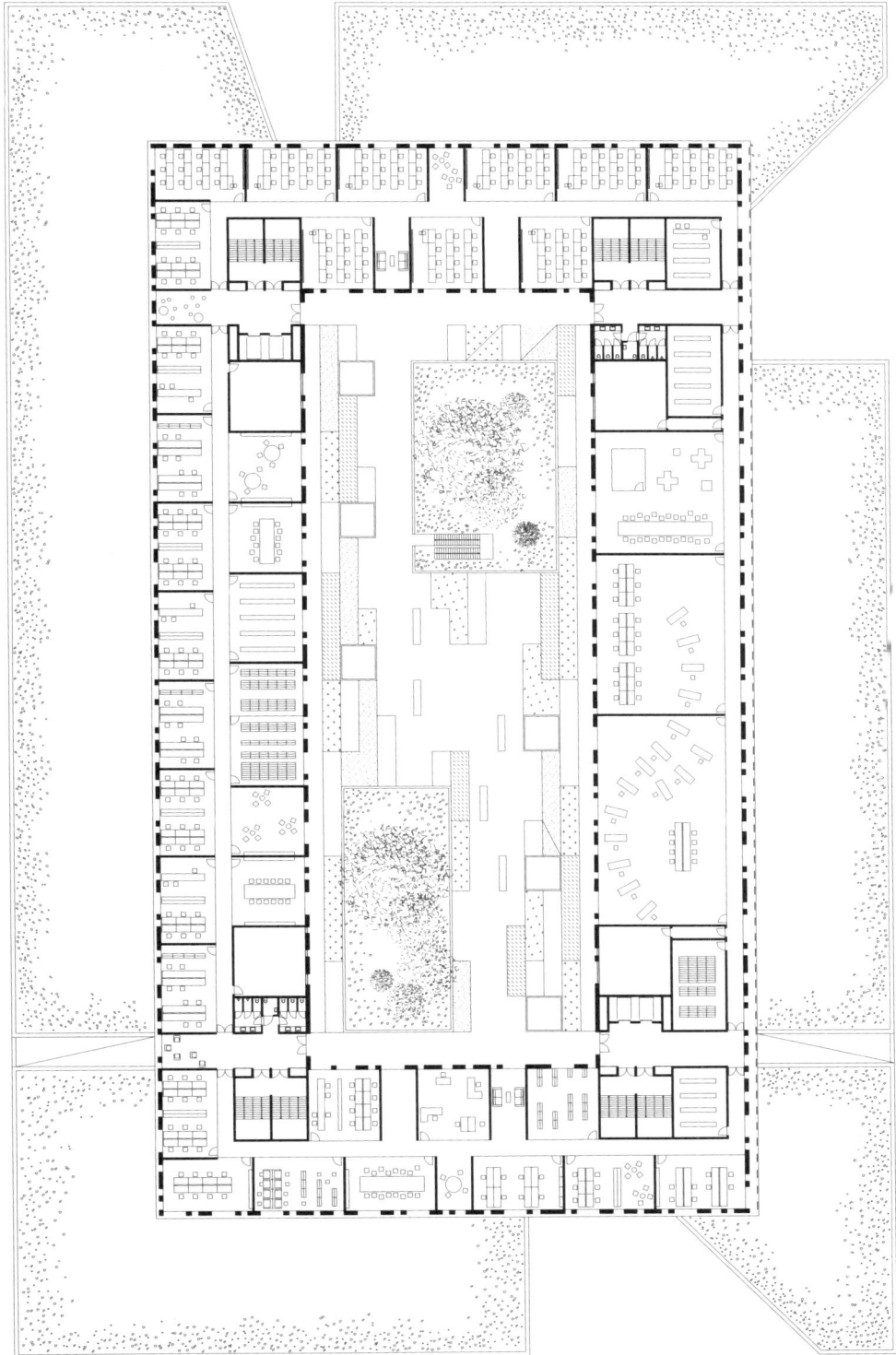

2

→
B
IMPRESSIONS
PP.314-315

T2 Campus Thor Park

2014   Genk
          VDAB / Syntra / STAA Genk

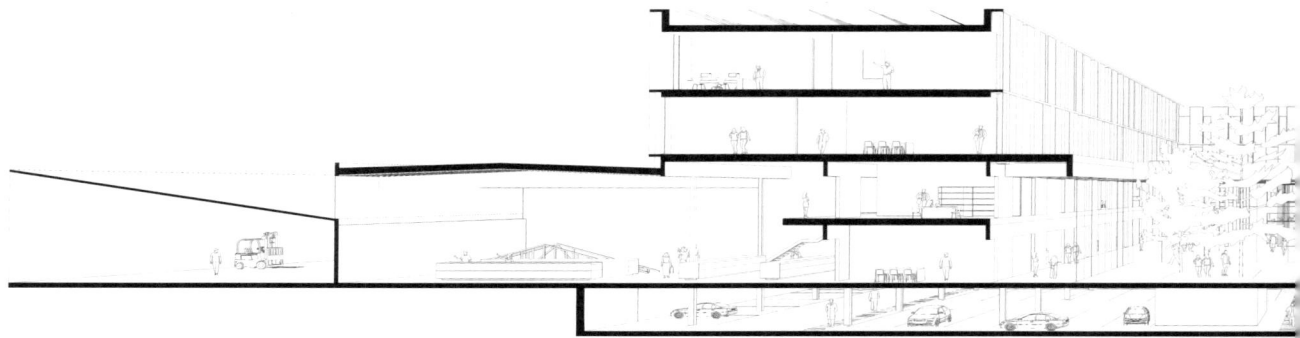

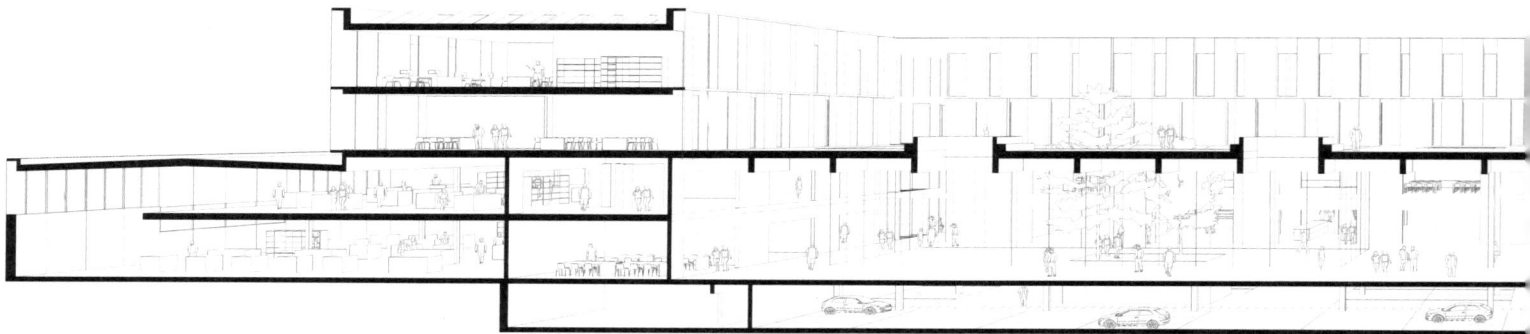

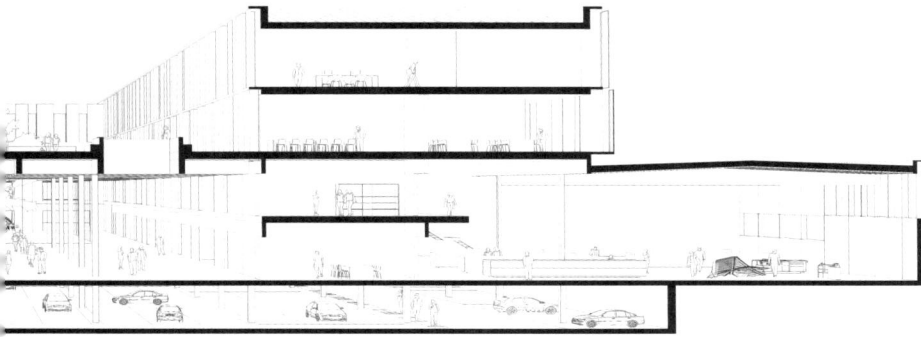

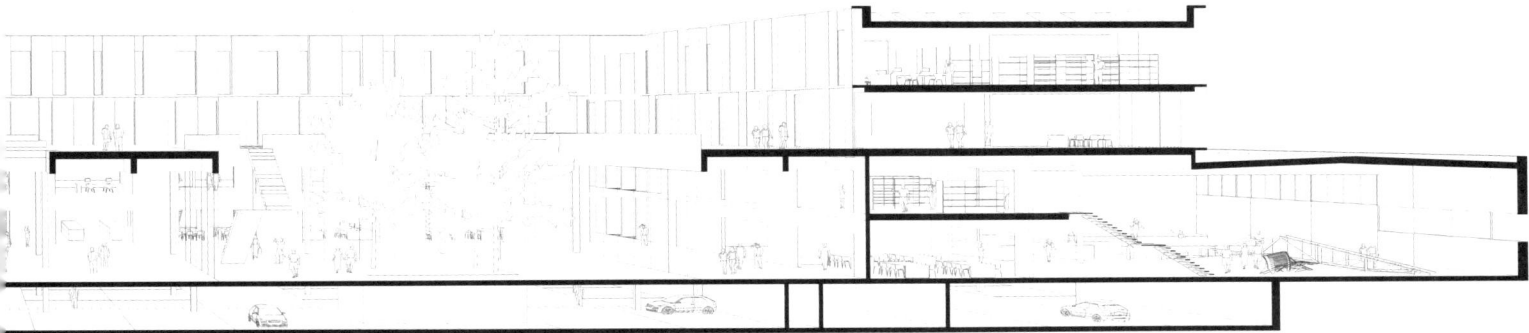

→ B IMPRESSIONS PP.314-315

Q8 – Petrol Stations + Restaurant + Hotel

2007   Heverlee
            Kuwait Petroleum

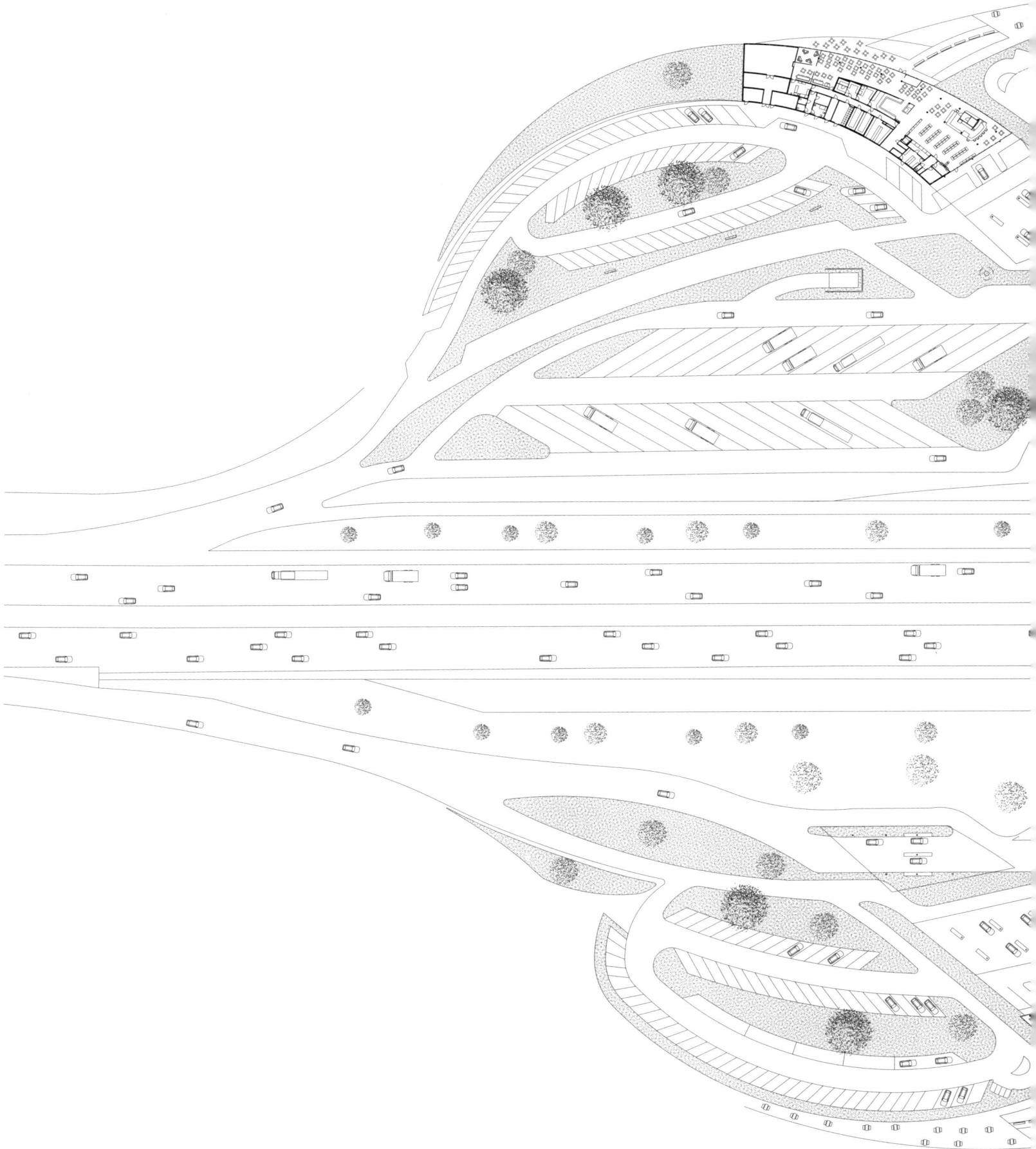

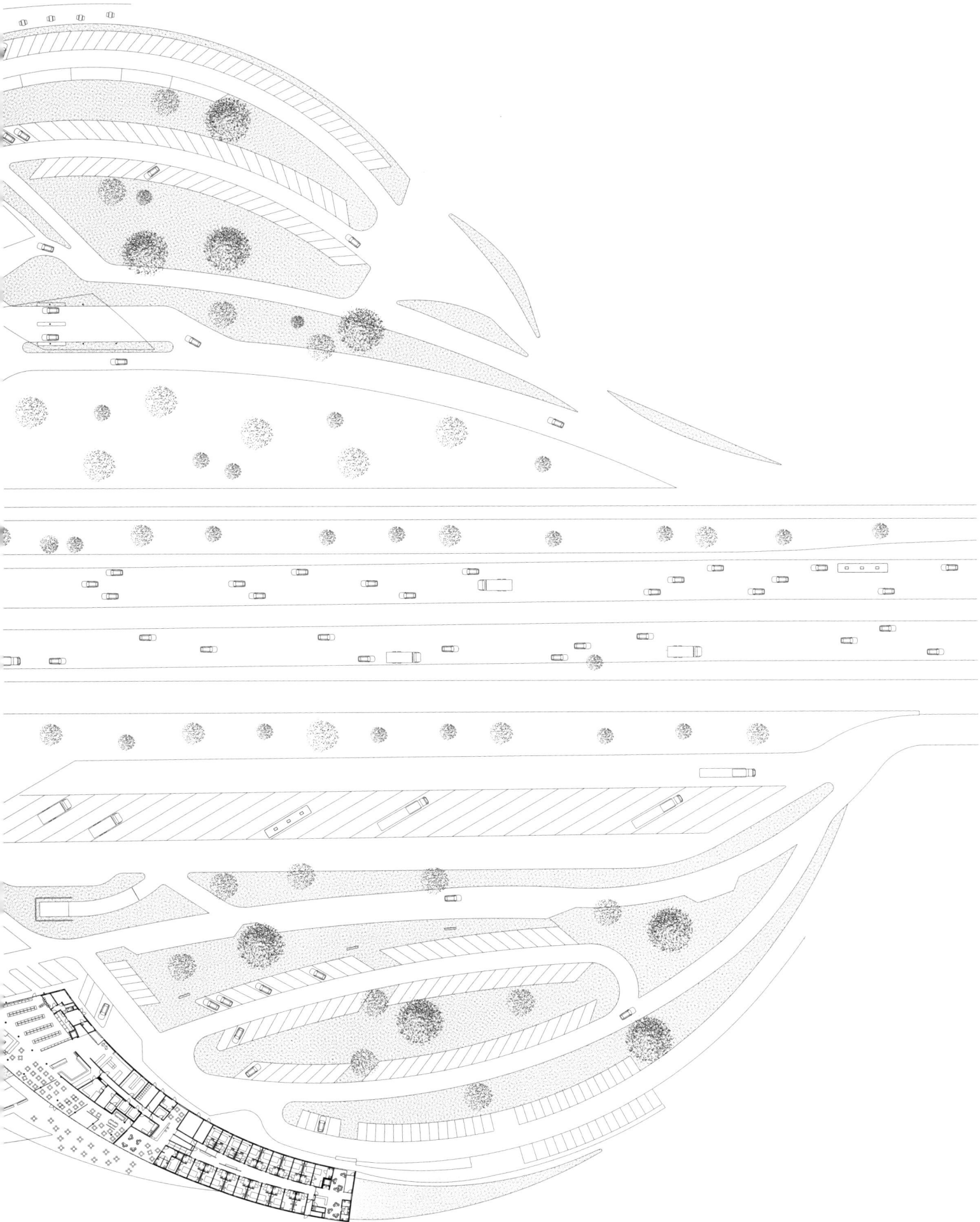

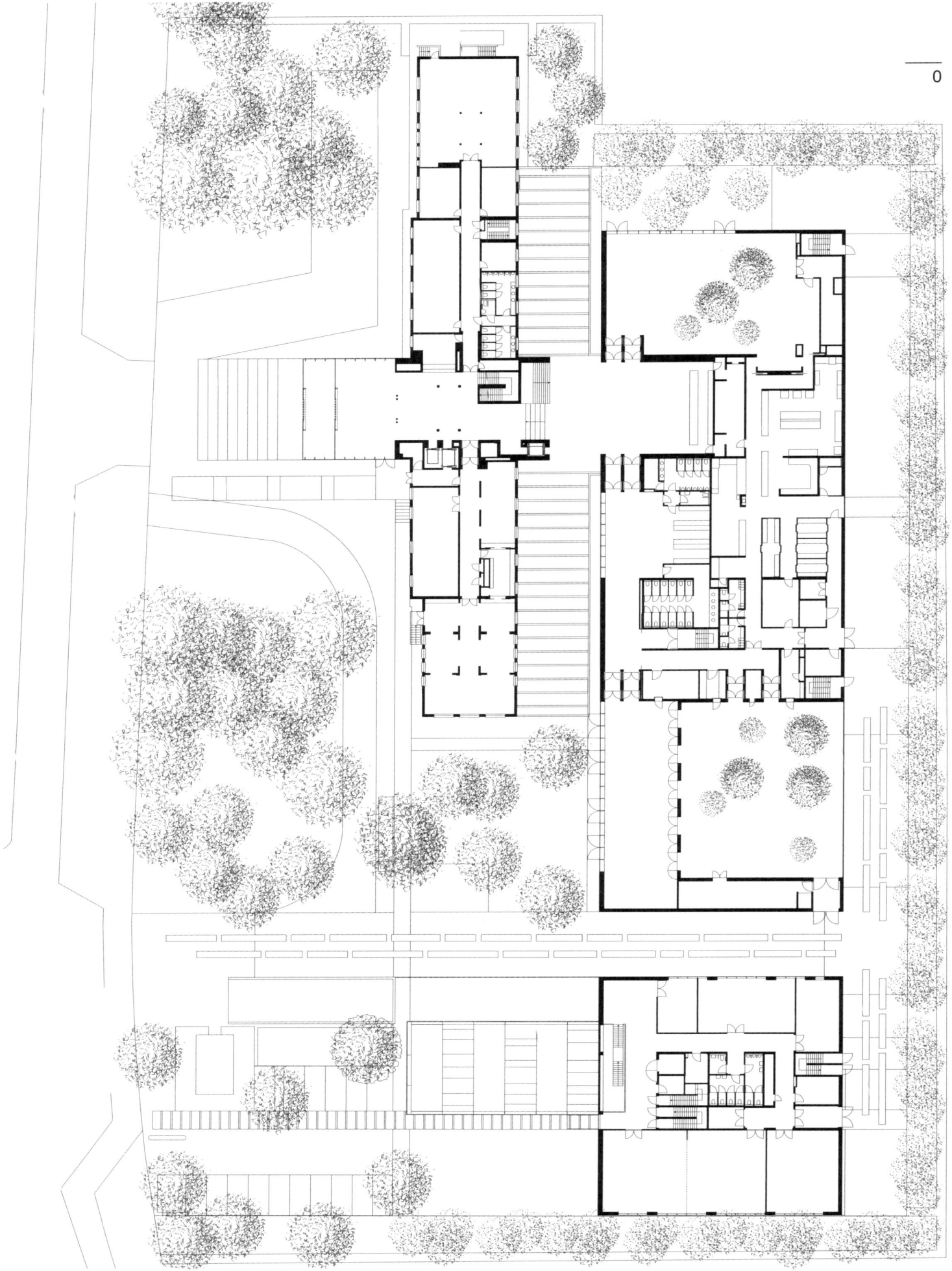

0

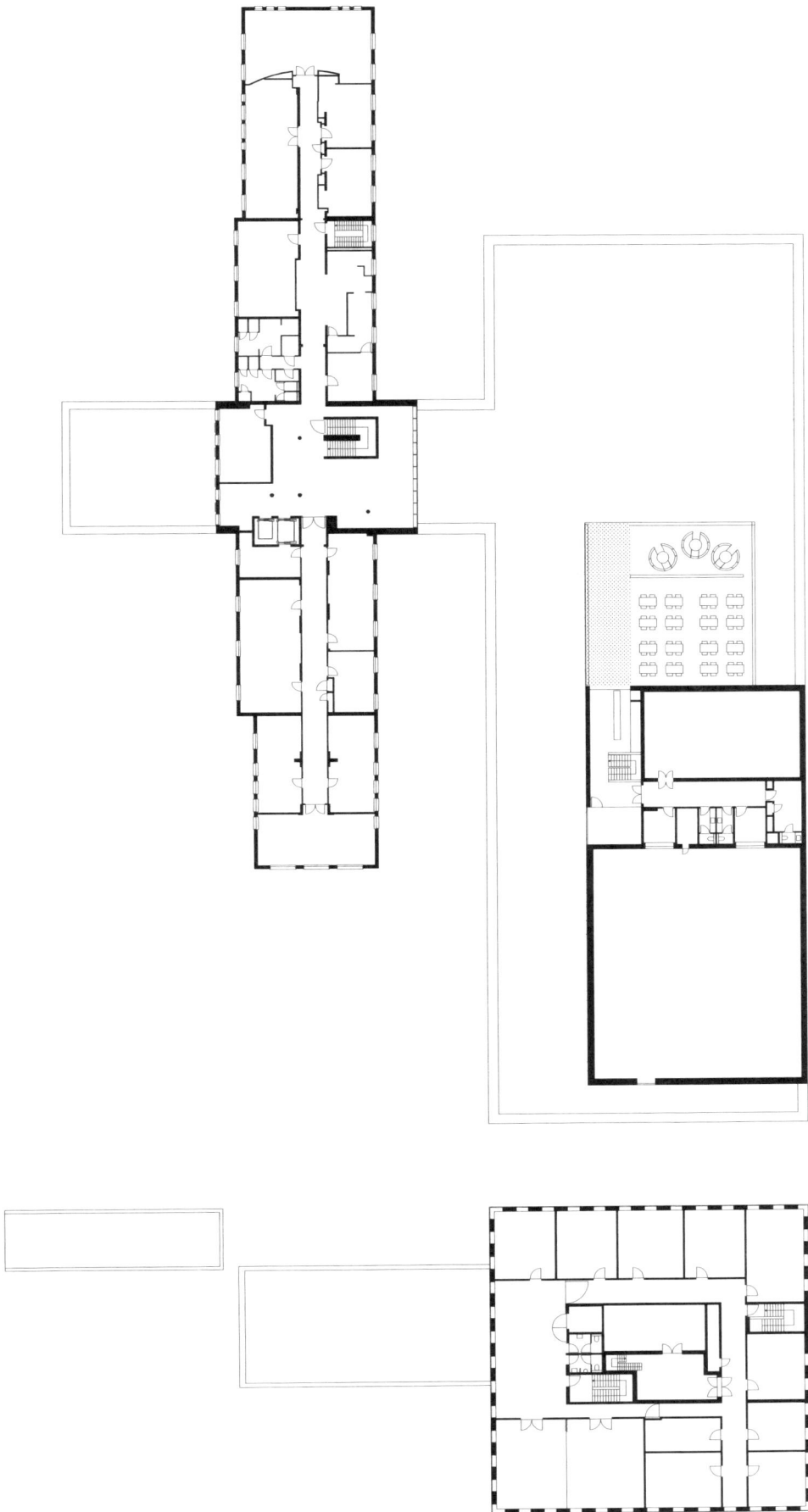

→ B IMPRESSIONS
P.319

→ C PHOTOGRAPHY
PP.474-477

1

Museum for Central Africa

2006   Tervuren
          Museum for Central Africa

TRANSVERSE SECTION
▼

LONGITUDENAL SECTION
▼

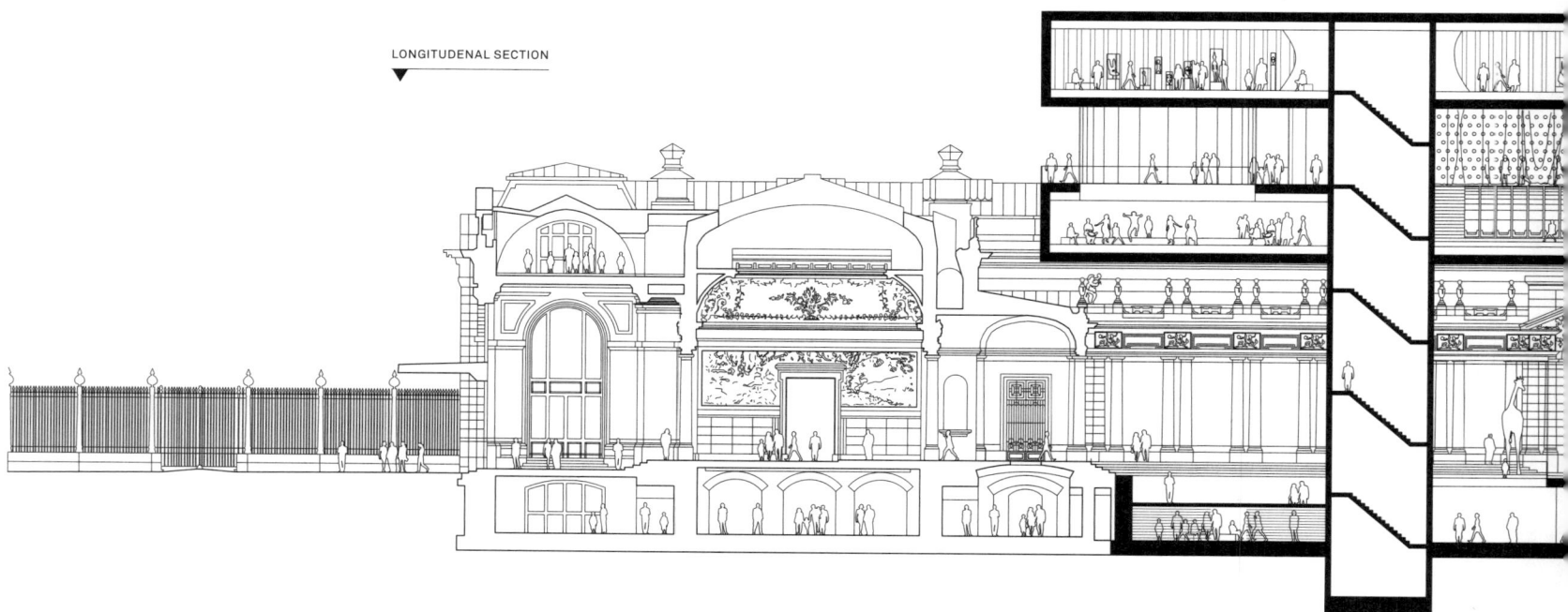

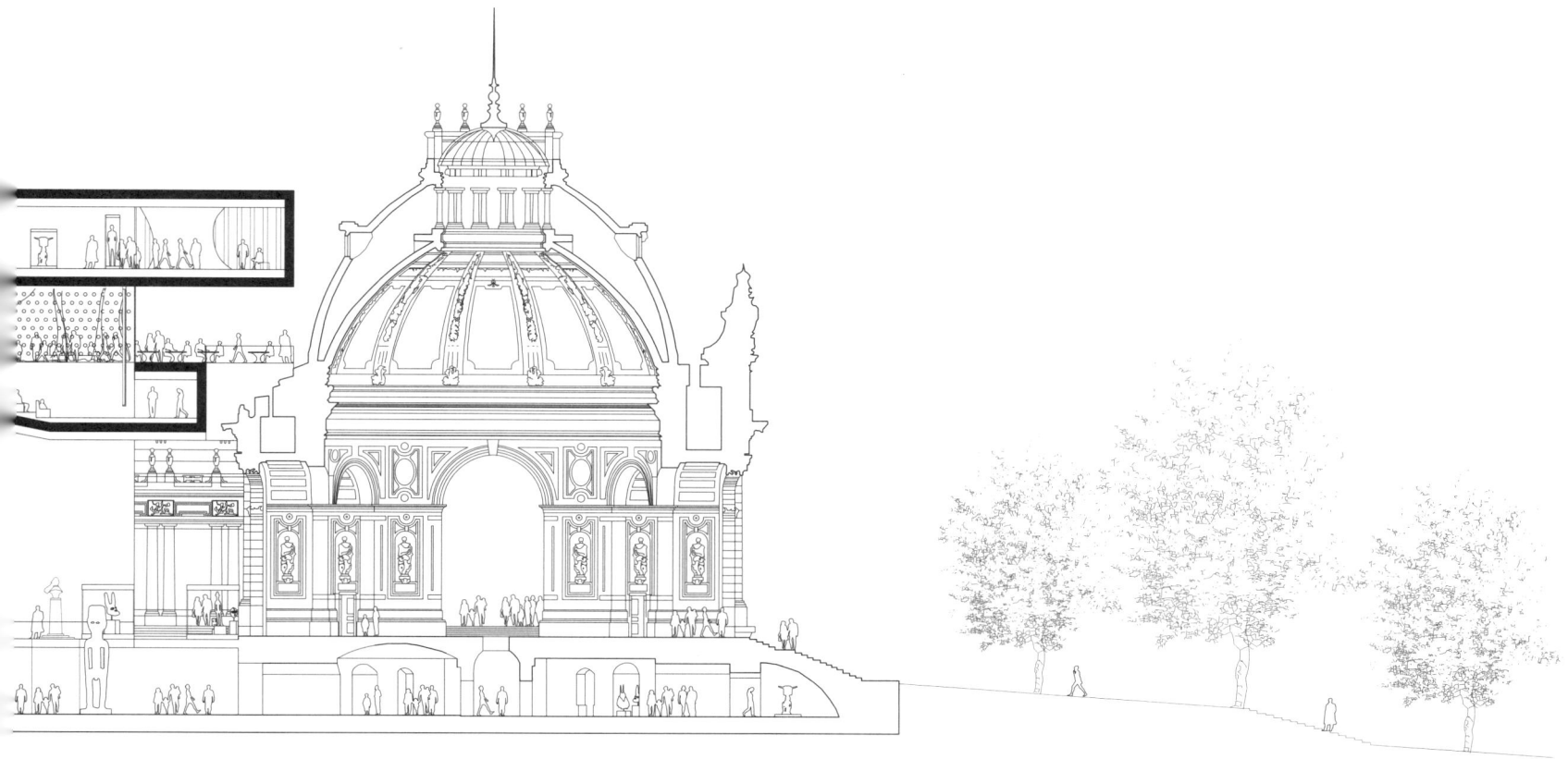

De Nekker Swimming Pool

2009   Mechelen
        Provincial Government of Antwerp

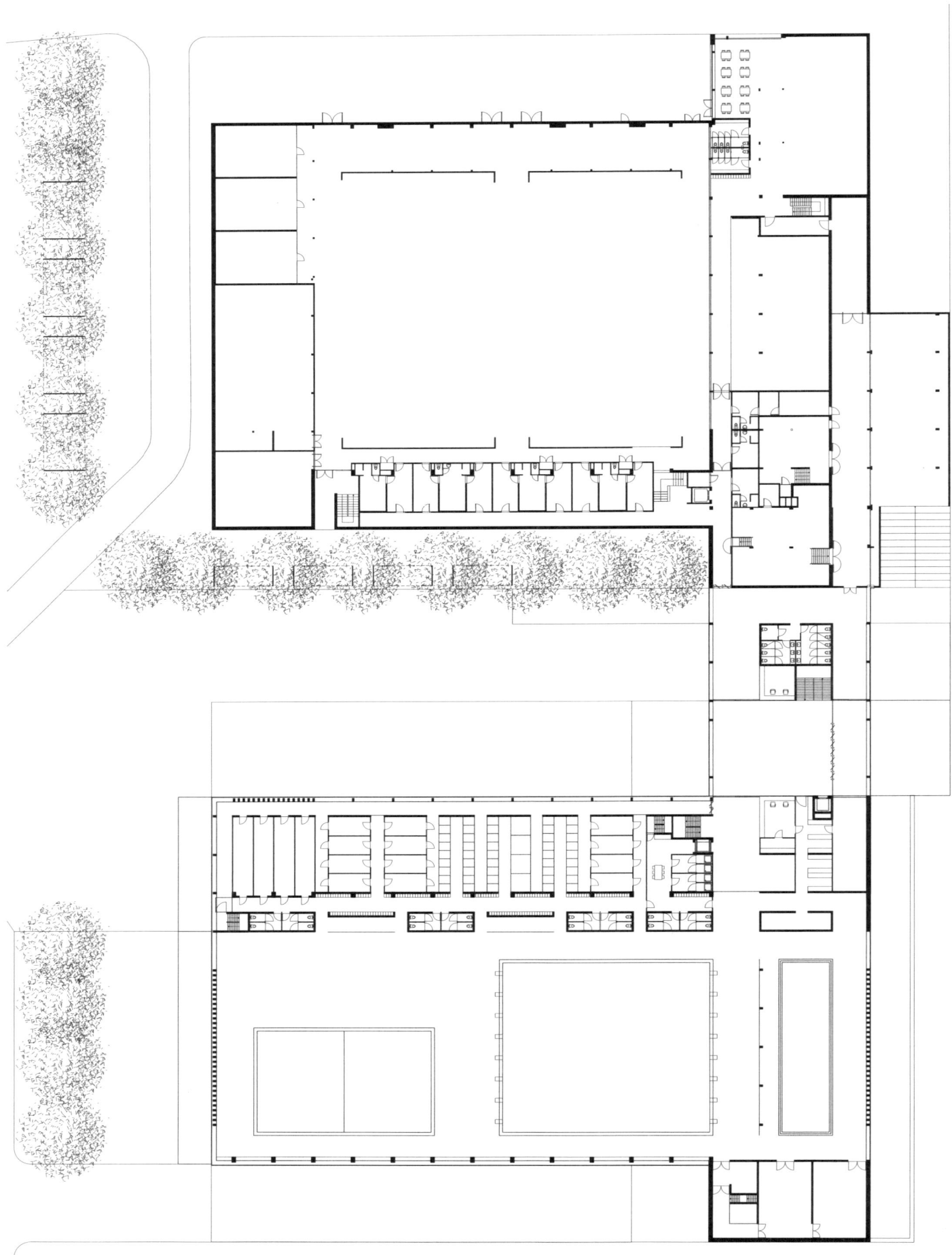

0

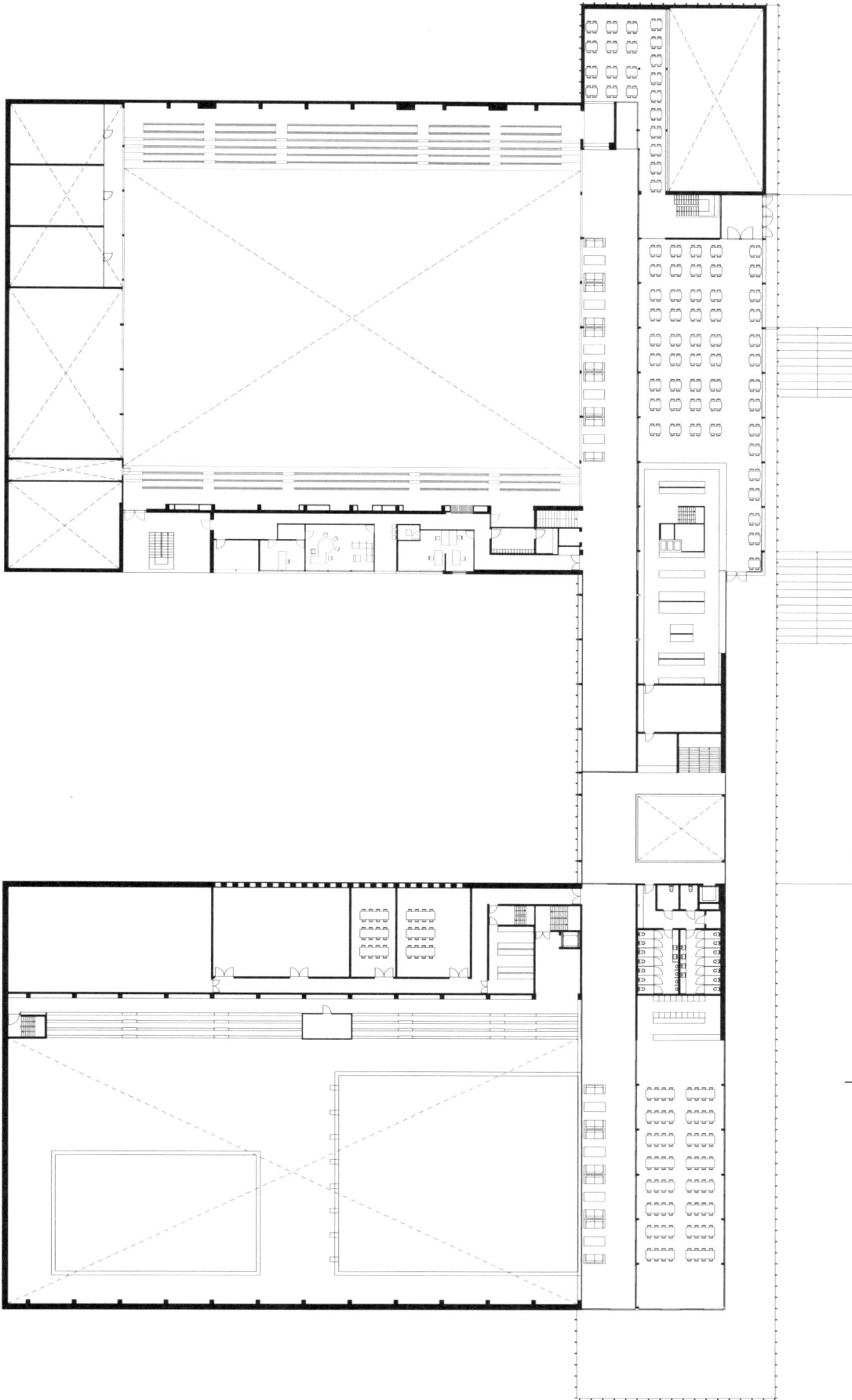

→ B IMPRESSIONS PP.320-321

1

Library + City Archives

2012   Sint-Niklaas
           City of Sint-Niklaas

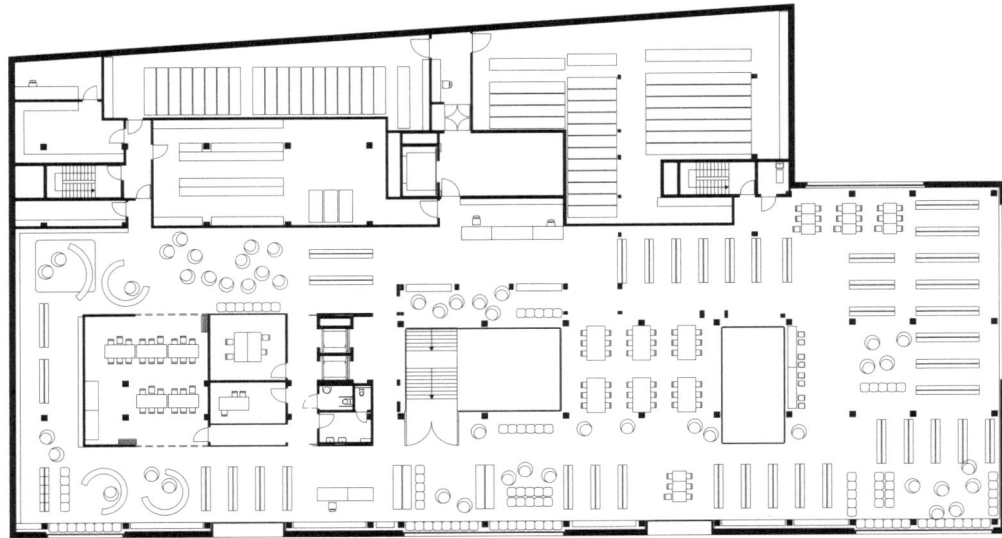

1

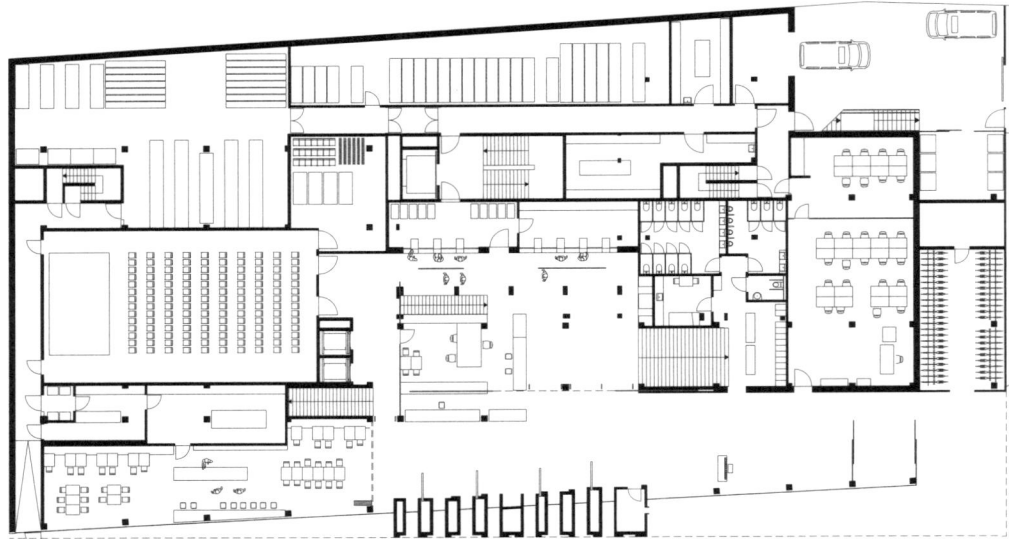

0

→ B IMPRESSIONS PP.322-323

SECTION
▼

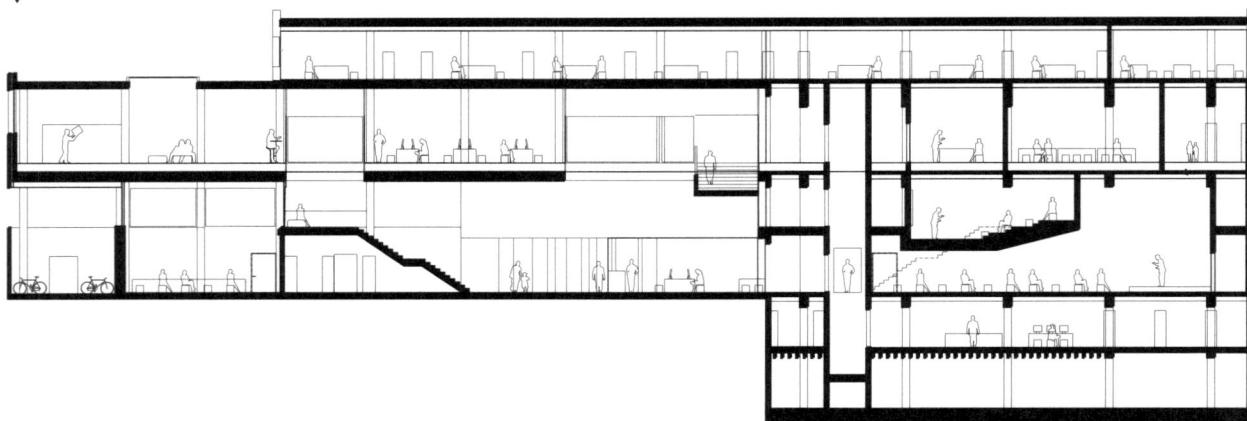

A   DRAWINGS   LEISURE

2010/2015   Antwerp
             Antwerp Airport

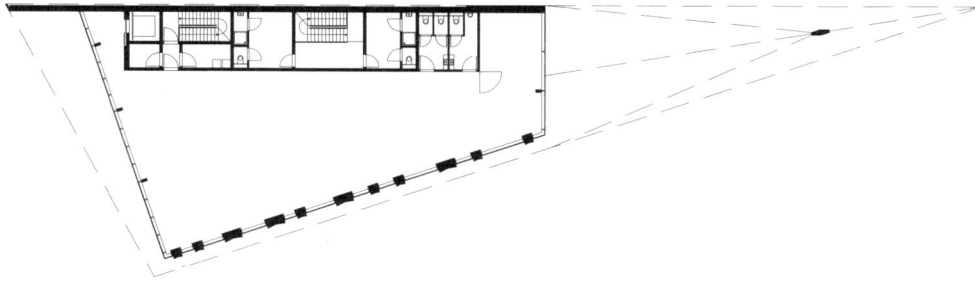

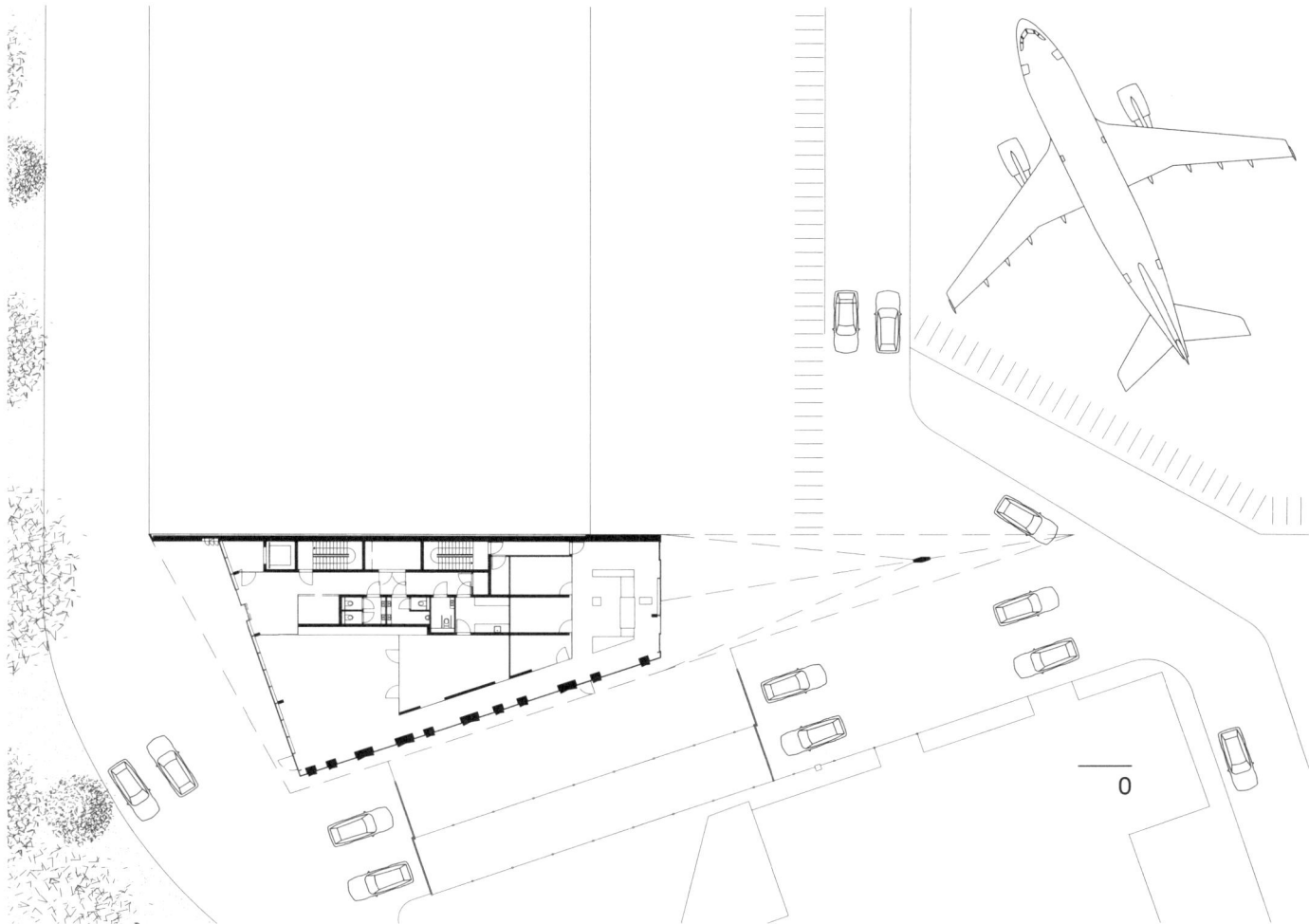

→ C
PHOTOGRAPHY
PP.478-481

Rinkven Golf Club + Caddy House

2013   's Gravenwezel
     Rinkven Golfclub

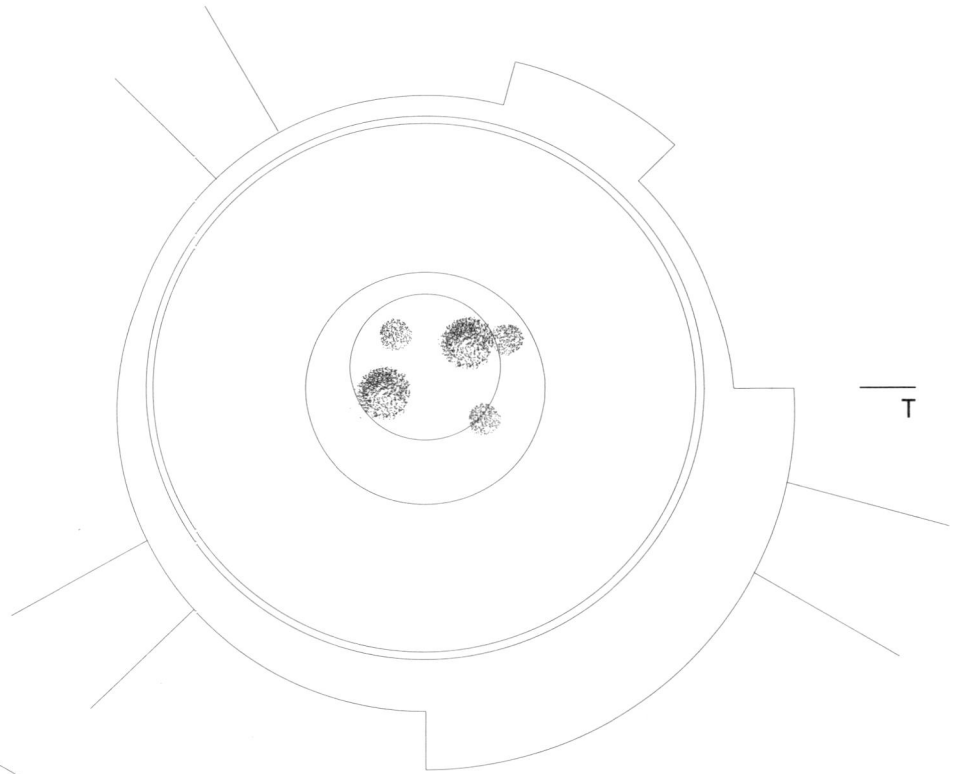

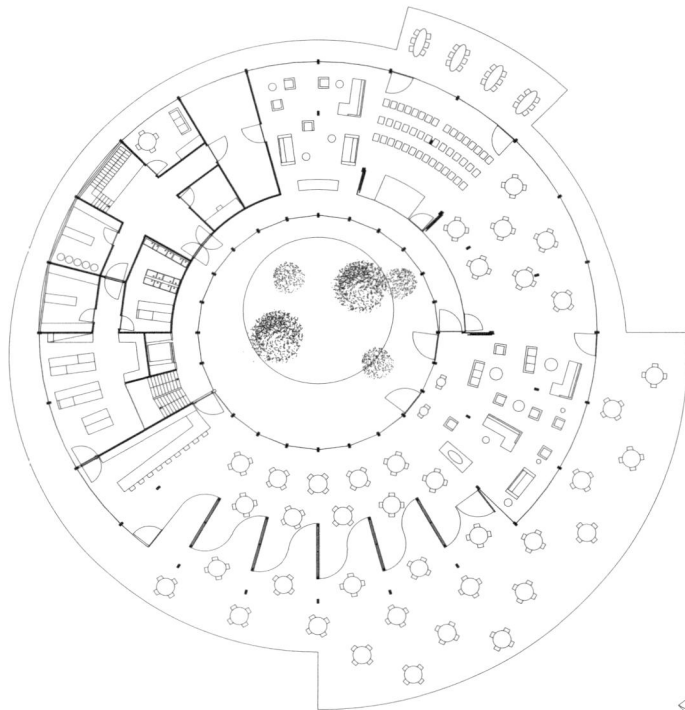

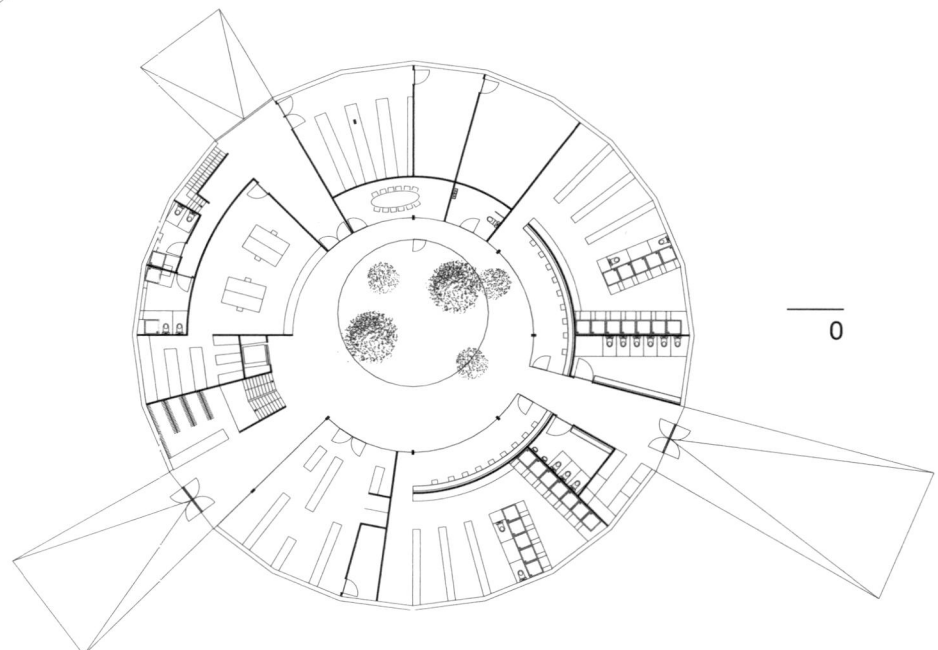

T

1

0

A DRAWINGS   LEISURE

'Urban planning is represented ubiquitously in all categories of commissions.'

———

'Our architectural background has the advantage that in urban planning we can act sooner.'

Celesse Luxe Resort

2013/...   Saint-Paul-de-Vence, France
Celesse Luxe

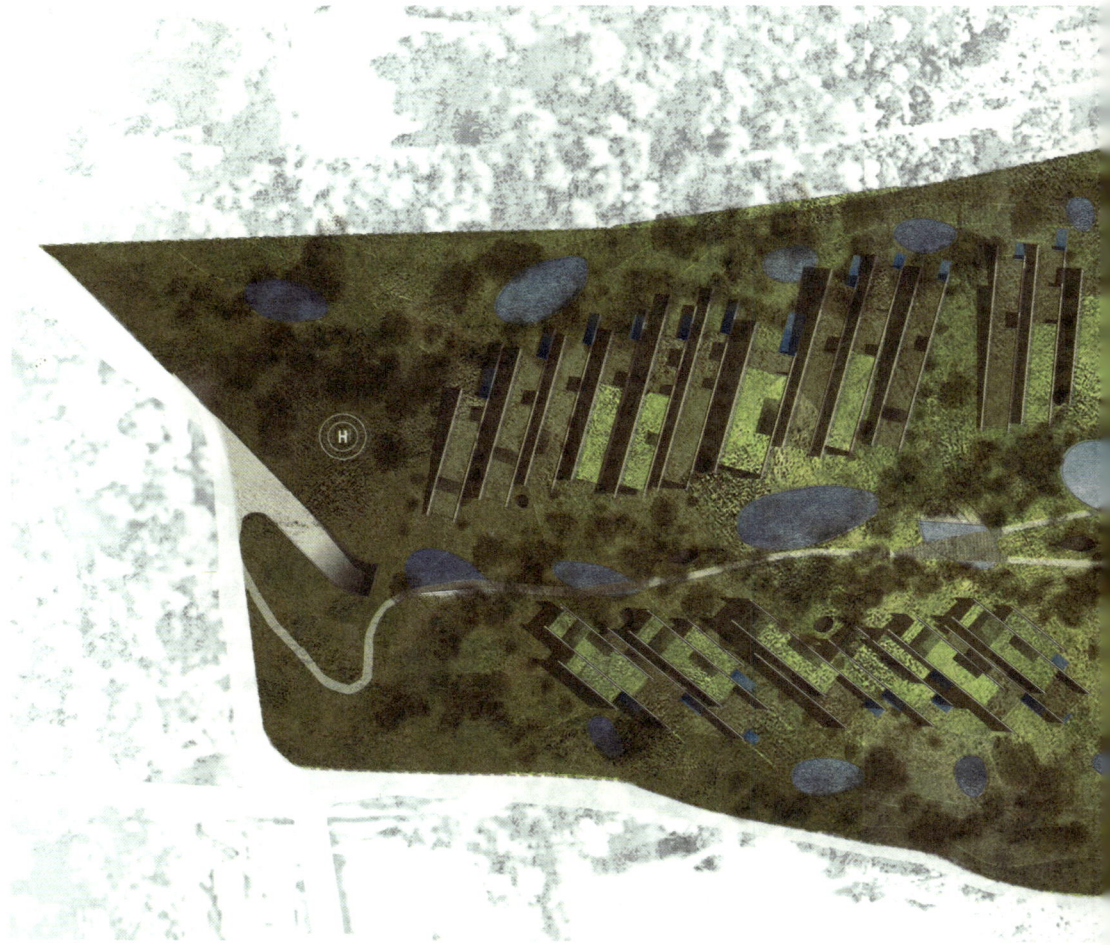

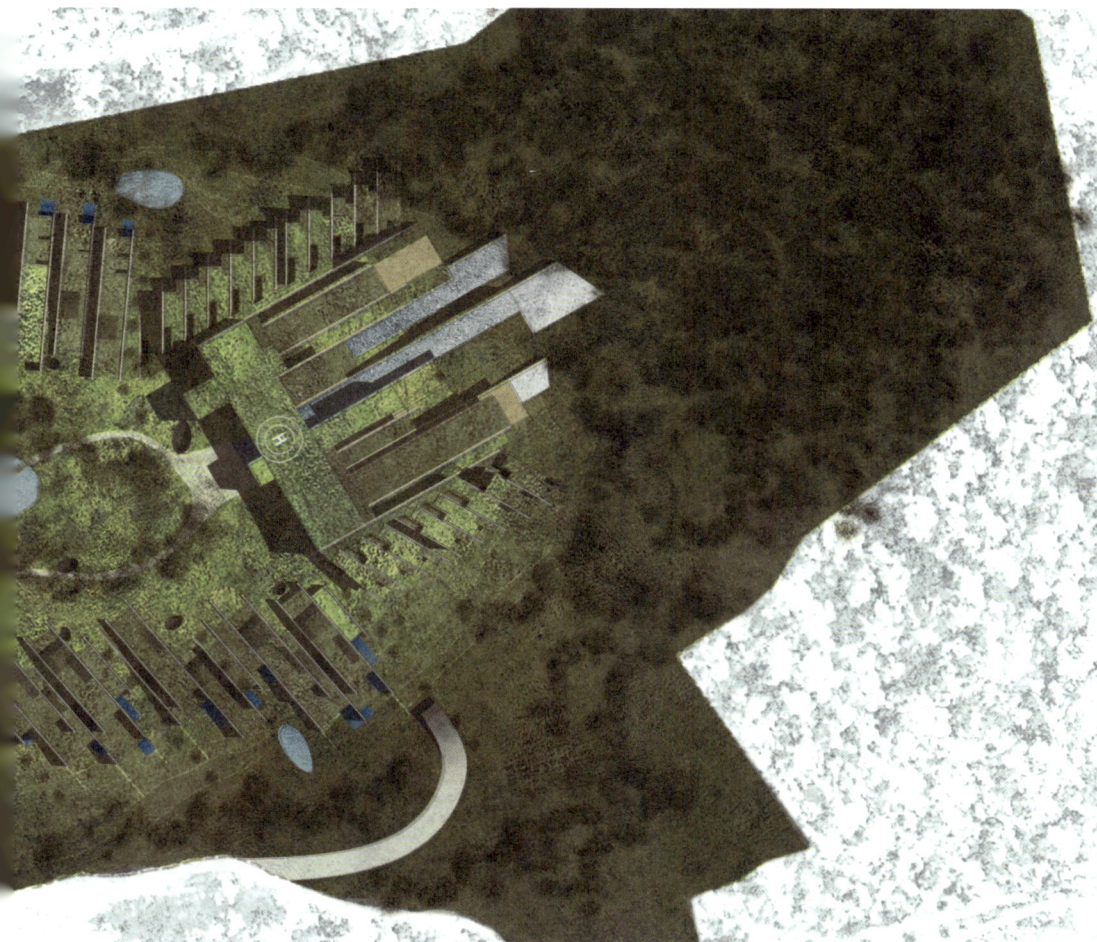

→ B IMPRESSIONS PP. 326-329

Masterplan Nijverheidskaaisite

2004   Hasselt
          Kolmont/ Tans Group

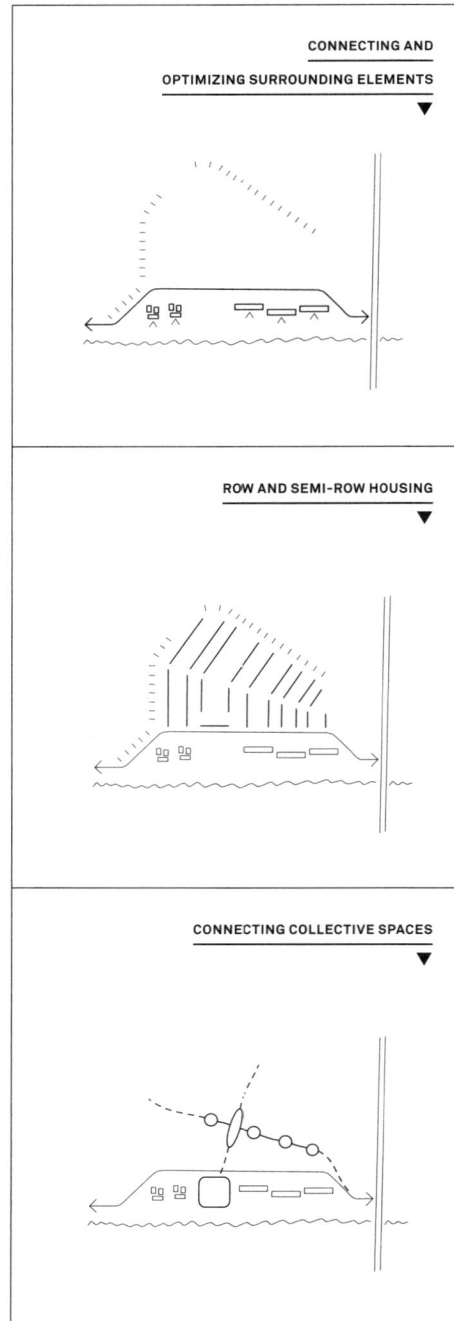

CONNECTING AND
OPTIMIZING SURROUNDING ELEMENTS
▼

ROW AND SEMI-ROW HOUSING
▼

CONNECTING COLLECTIVE SPACES
▼

Masterplan Scanfilsite

2007/...   Hoboken
             Cores Development

CLOSING URBAN BLOCKS
▼

GREEN HAND AND FINGERS
▼

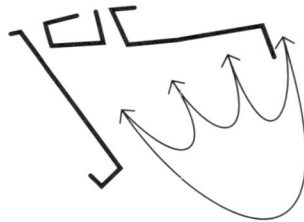

LIVING RIBBONS WITH HEADTOWERS
▼

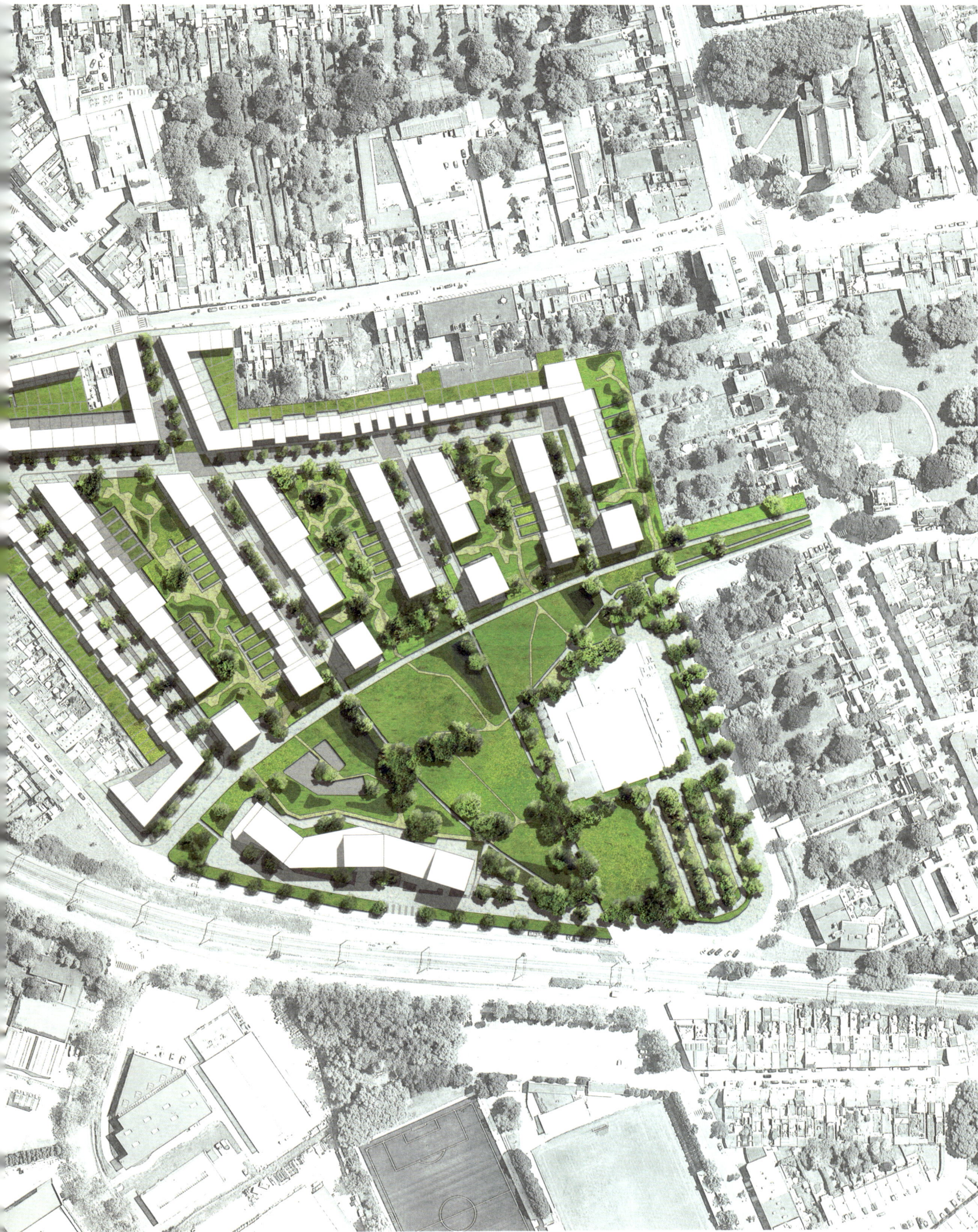

Masterplan Gasmetersite

2009   Ghent
               Ing Real Estate

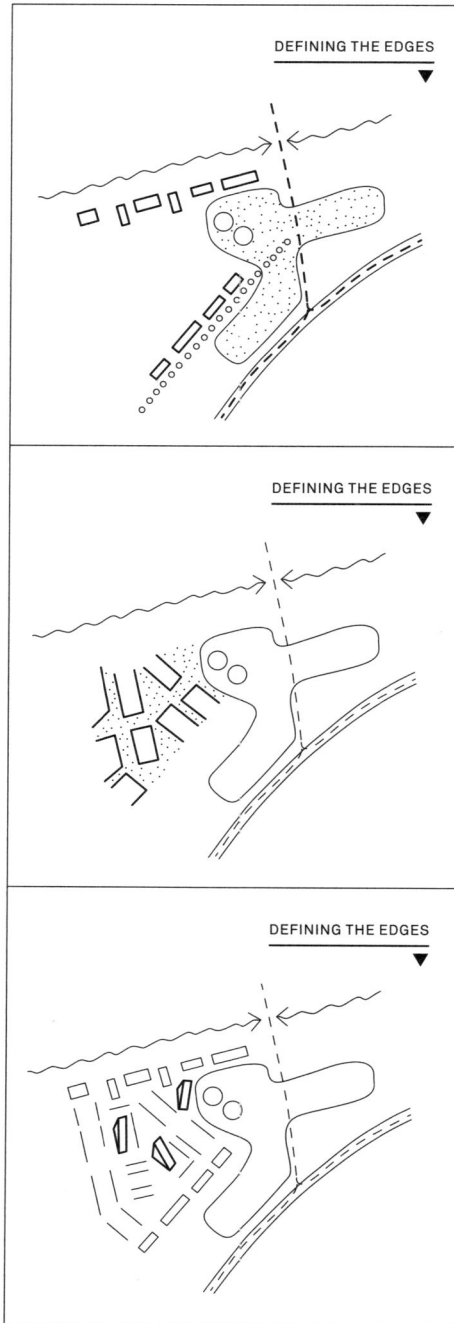

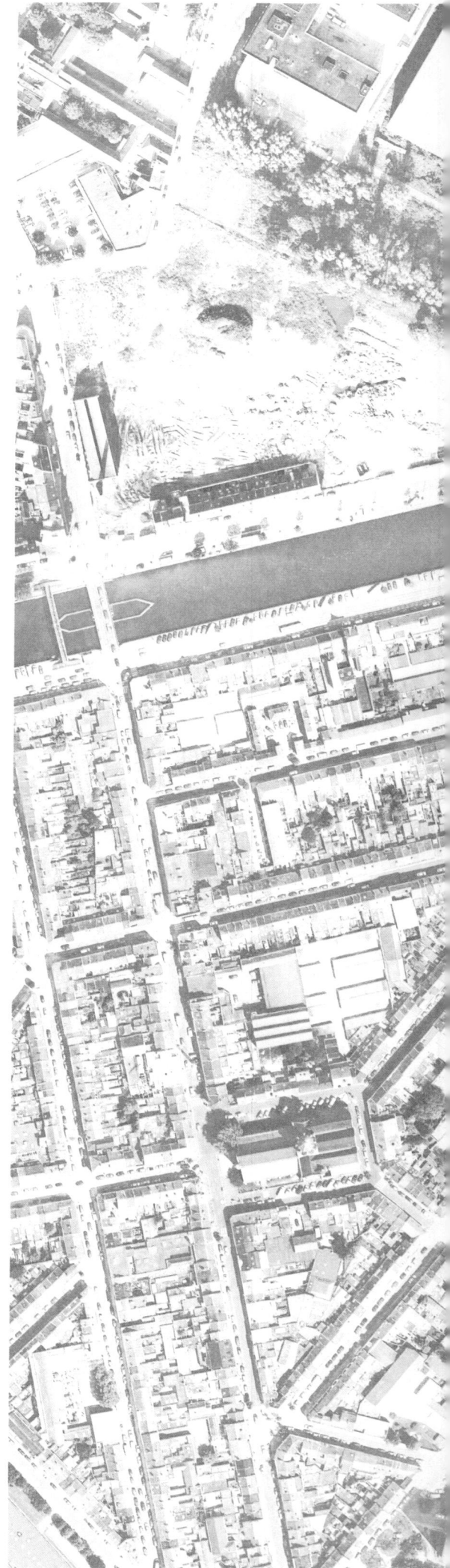

DEFINING THE EDGES ▼

DEFINING THE EDGES ▼

DEFINING THE EDGES ▼

Masterplan New South

2009   Antwerp
       Wilma

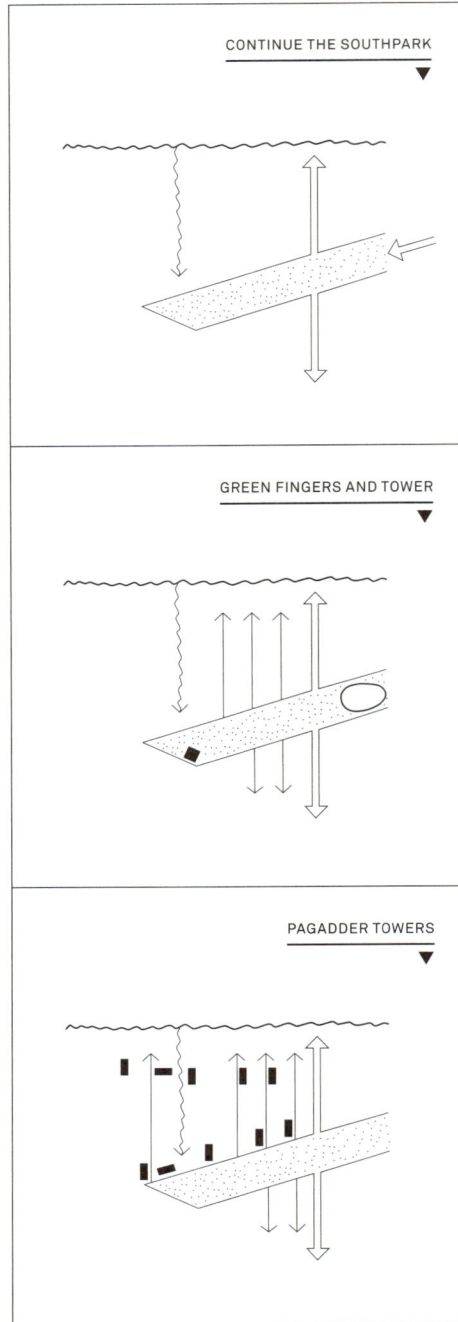

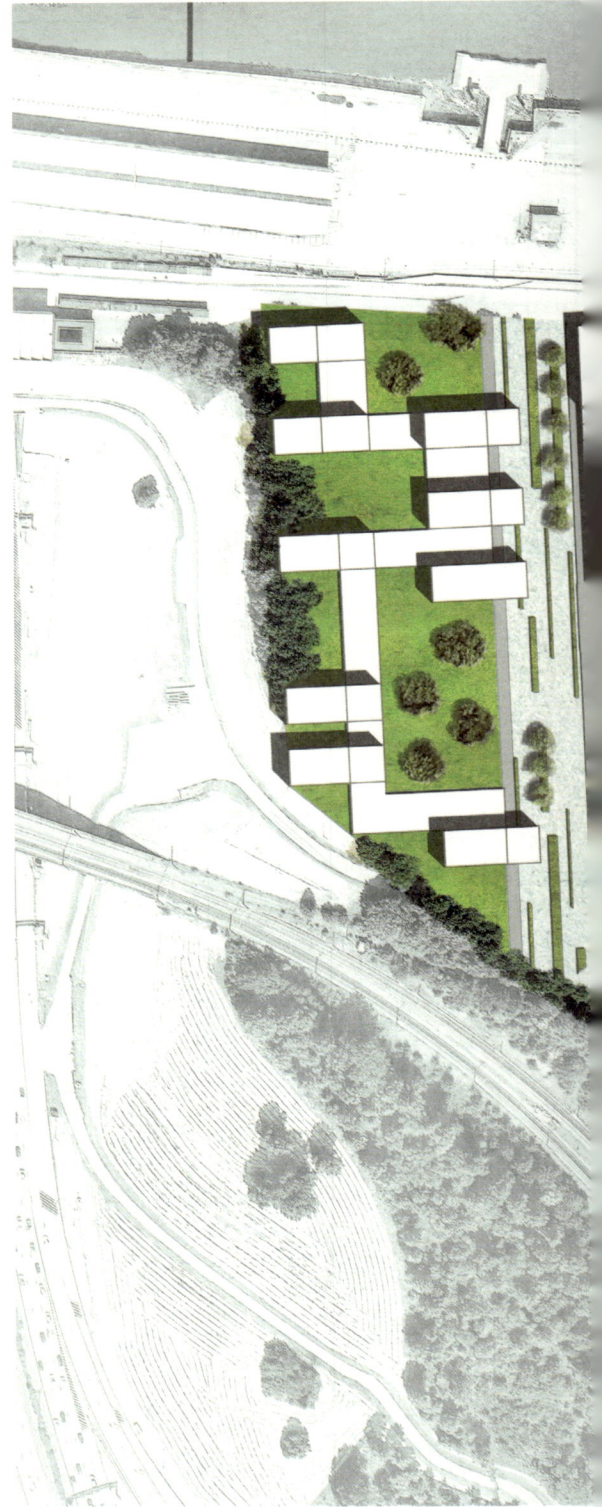

CONTINUE THE SOUTHPARK
▼

GREEN FINGERS AND TOWER
▼

PAGADDER TOWERS
▼

Masterplan The Green Wing – Kmo + Retail, Housing, Leisure

2013/...   Machelen
             Picolo Real Estate

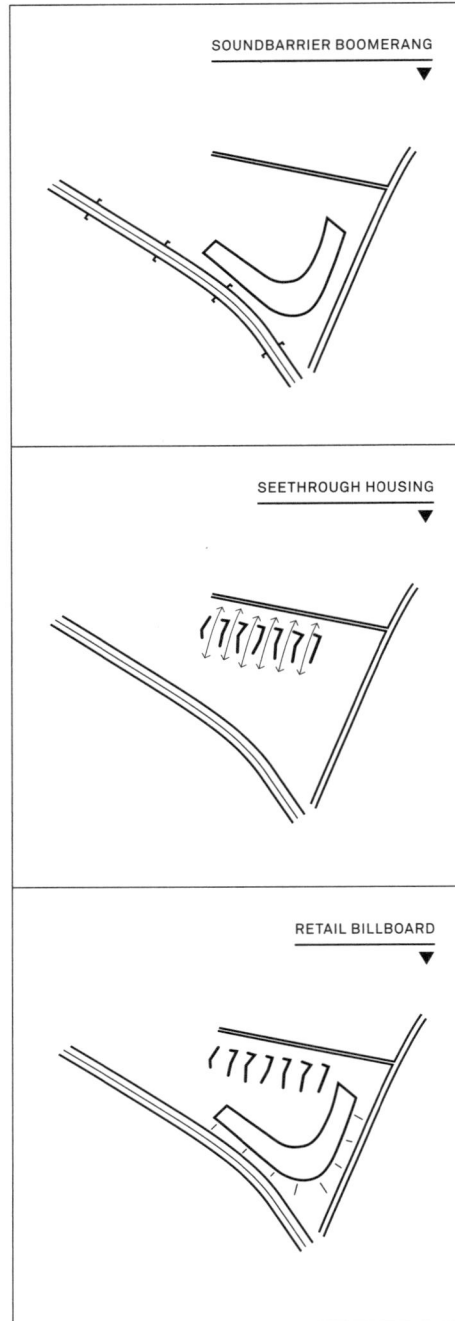

SOUNDBARRIER BOOMERANG ▼

SEETHROUGH HOUSING ▼

RETAIL BILLBOARD ▼

Masterplan Cometsite

2014/...   Mechelen
           Royalpro

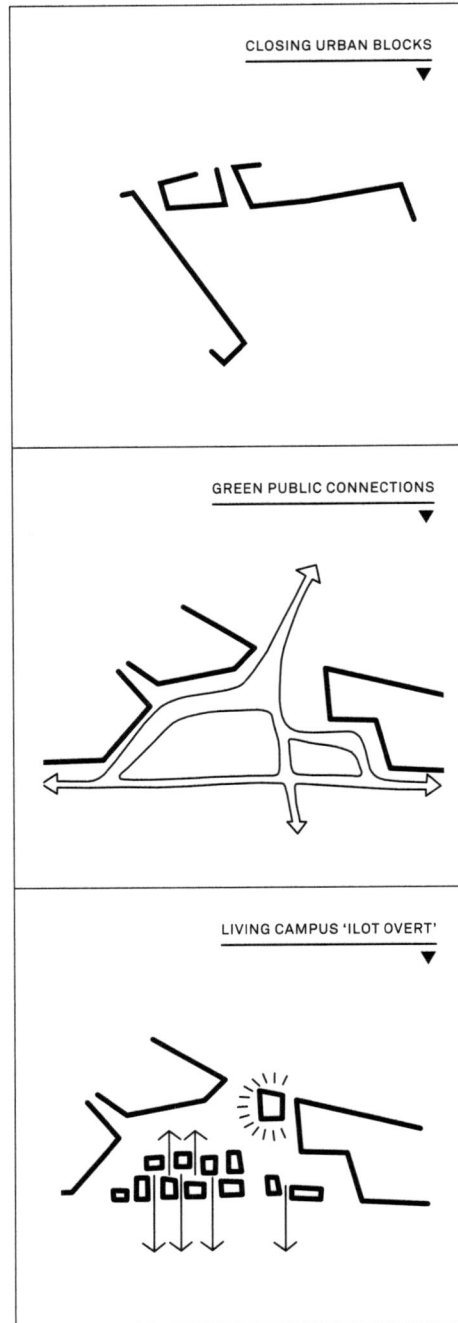

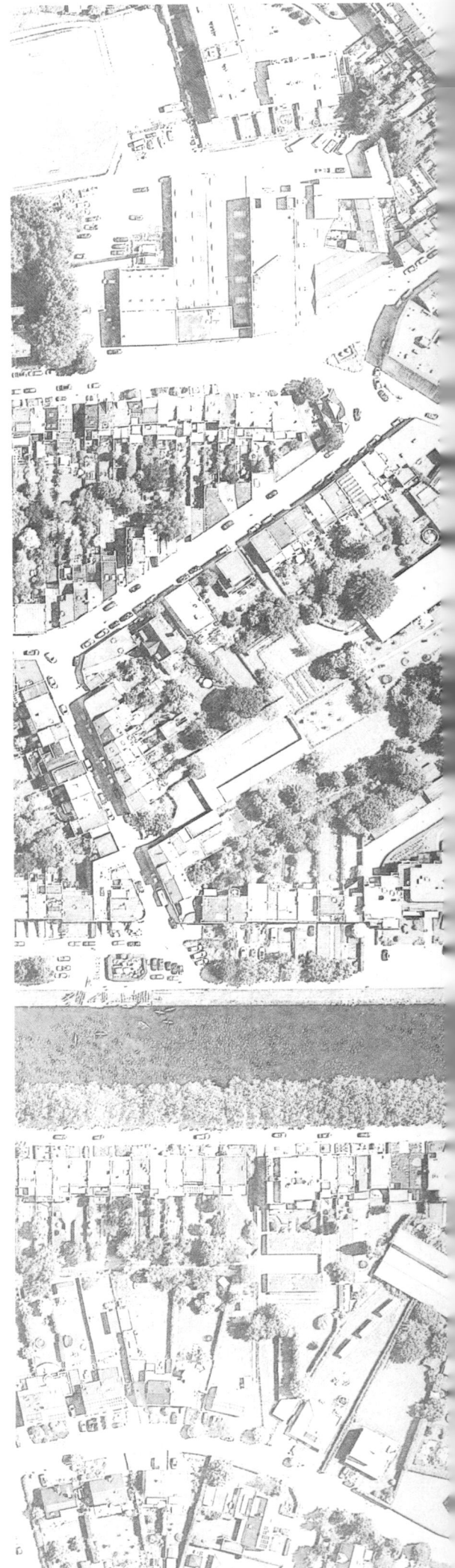

CLOSING URBAN BLOCKS ▼

GREEN PUBLIC CONNECTIONS ▼

LIVING CAMPUS 'ILOT OVERT' ▼

KONINGIN ASTRIDLAAN

Masterplan Waterloo

2014/...   Waterloo
           Mirova

SLOPES ARE DEFINING A PARK
▼

ROUND BUILDINGS AS ANCHOR POINTS
▼

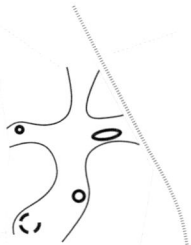

HOUSING GROUPS AS FLOWER
LEAVES AROUND SQUARES
▼

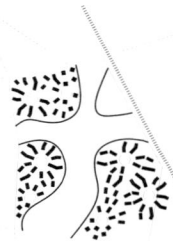

Masterplan MS Clinic

2010/2014　Melsbroek
Nationaal Multiple Sclerose Centrum
In Collaboration with Aaproch

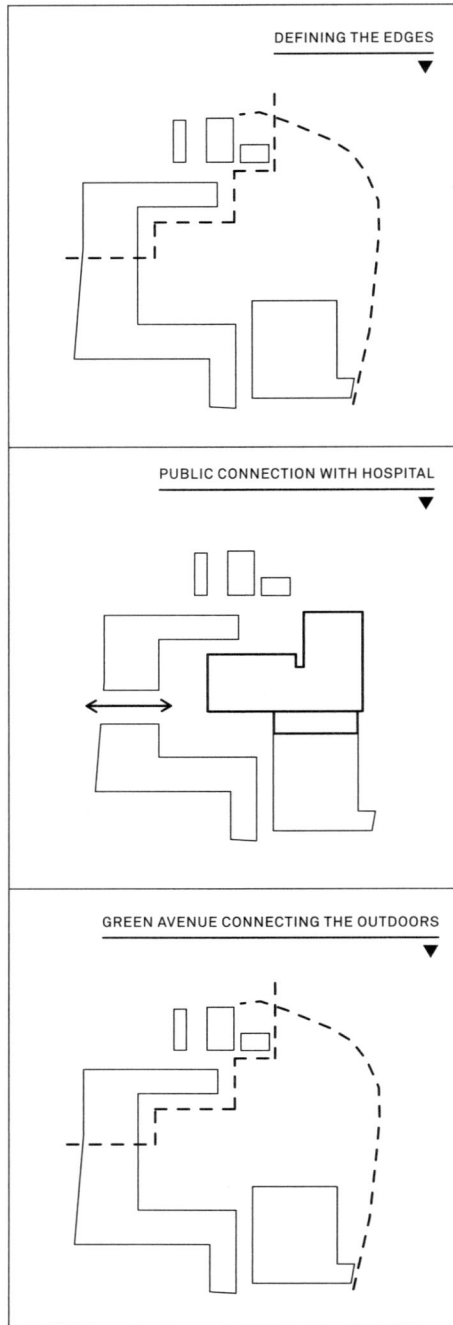

DEFINING THE EDGES ▼

PUBLIC CONNECTION WITH HOSPITAL ▼

GREEN AVENUE CONNECTING THE OUTDOORS ▼

VISIONARY LIVING

10 ATMOSPHERES
OF LIVING OPPORTUNITIES

BY LUC BINST

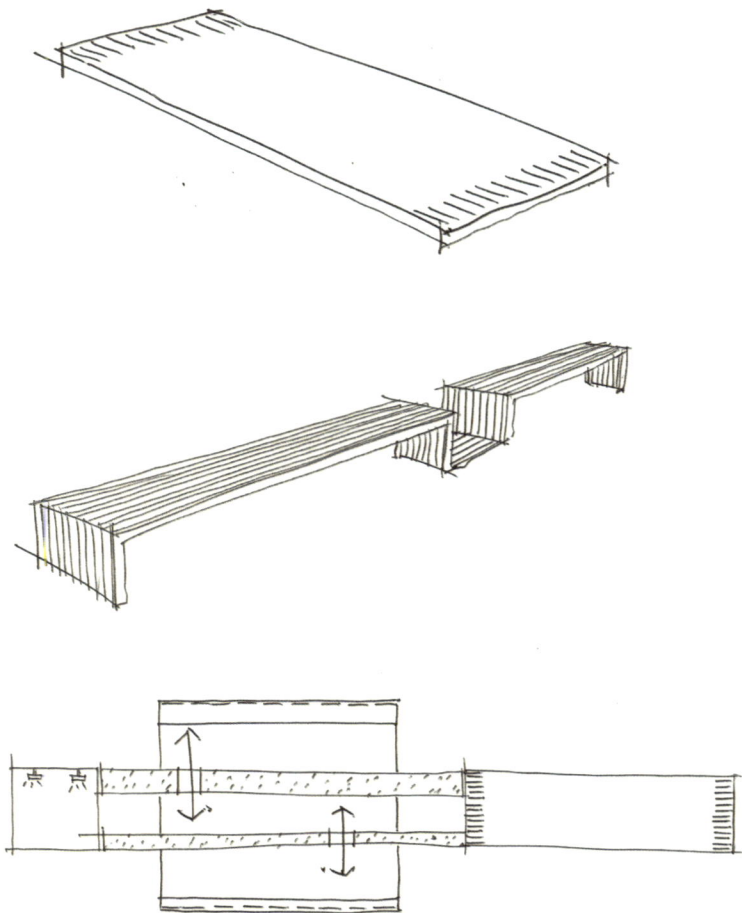

NO LIVING WITHOUT OBJECTS

OBJECTS, WE ONLY NEED OBJECTS
OBJECTS DEFINE SPACE, FUNCTIONS, EVERYTHING
OBJECTS CHARACTERIZE TIME, SPACE AND ATMOSPHERES
OBJEC'S ARE THE ARTIST'S TOUCHES ON THE WHITE CANVAS
OBJECTS ARE ORGANIZED IN SCULPTURAL INSTALLATIONS
OBJECTS ARE THE FURNITURE TO STRUCTURE OUR LIFE
OBJECTS DEFINE HUMAN SCALE AND HUMAN QUALITY TIME
OBJECTS ARE THE WORKING TOOLS OF A GOOD DESIGNER
OBJECTS ARE OUR INSTALLATIONS FOR LIVING
OBJECTS ARE ARCHITECTURE WHERE LESS IS MORE
OBJECTS, EMBRACE THEM

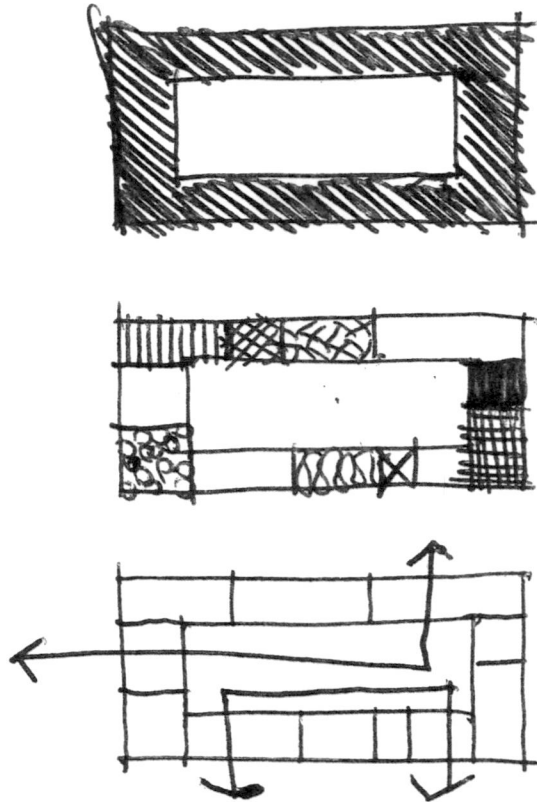

$$\boxed{\text{SMART LIVING}}$$

BREAKING WITH CONVENTIONS

WE DESERVE A PERSONALIZED HOUSE FOR CHANGING LIFESTYLES

WE DESERVE A SMART LIVING SPACE AS AN ALL IN-ONE CONCEPT

WE DESERVE A PRAGMATICALLY ACCOMMODATING WAY OF LIVING

WE DESERVE A SPACE IN A PERSONAL, ARTICULATED WAY

WE DESERVE INSPIRING ECCENTRICITY ABOVE NUMBING CONFORMISM

'THE INERT CHARACTER OF HOUSES SEEMS CONTRARY TO DYNAMIC TIMES. SOCIETY IS CHANGING AT A HIGHER SPEED, WHILE BEING MORE EXPRESSIVE AND LESS STATIONARY. "SMART LIVING" NEEDS A DIFFERENT APPROACH. SMART LIVING ALSO ORIGINATES IN THE BELIEF THAT ARCHITECTURE CAN BE SPREAD IN A DEMOCRATIC WAY. SMART LIVING OFFERS QUALITY AND SUSTAINABLE DESIGN RESIDENCES THAT CAN BECOME THE BASE FOR ANYONE'S DREAM HOUSE. MANY BELGIANS PREFER THE TURNKEY PRINCIPLE BECAUSE OF ITS MANY ADVANTAGES (BUILDING SPEED, BUDGET CONTROL, SINGLE POINT OF CONTACT). SMART LIVING PUSHES THIS CONCEPT BY OFFERING CHOICES TO PERSONALIZE ONE'S HOUSE, BOTH THE INTERIOR AND THE EXTERIOR. THE HOUSES ARE PRODUCED EFFICIENTLY, DELIVERED AND MOUNTED IN HALF THE TIME OF TRADITIONAL WAYS OF BUILDING. AFFORDABLY BREAKING WITH CONVENTIONS!'

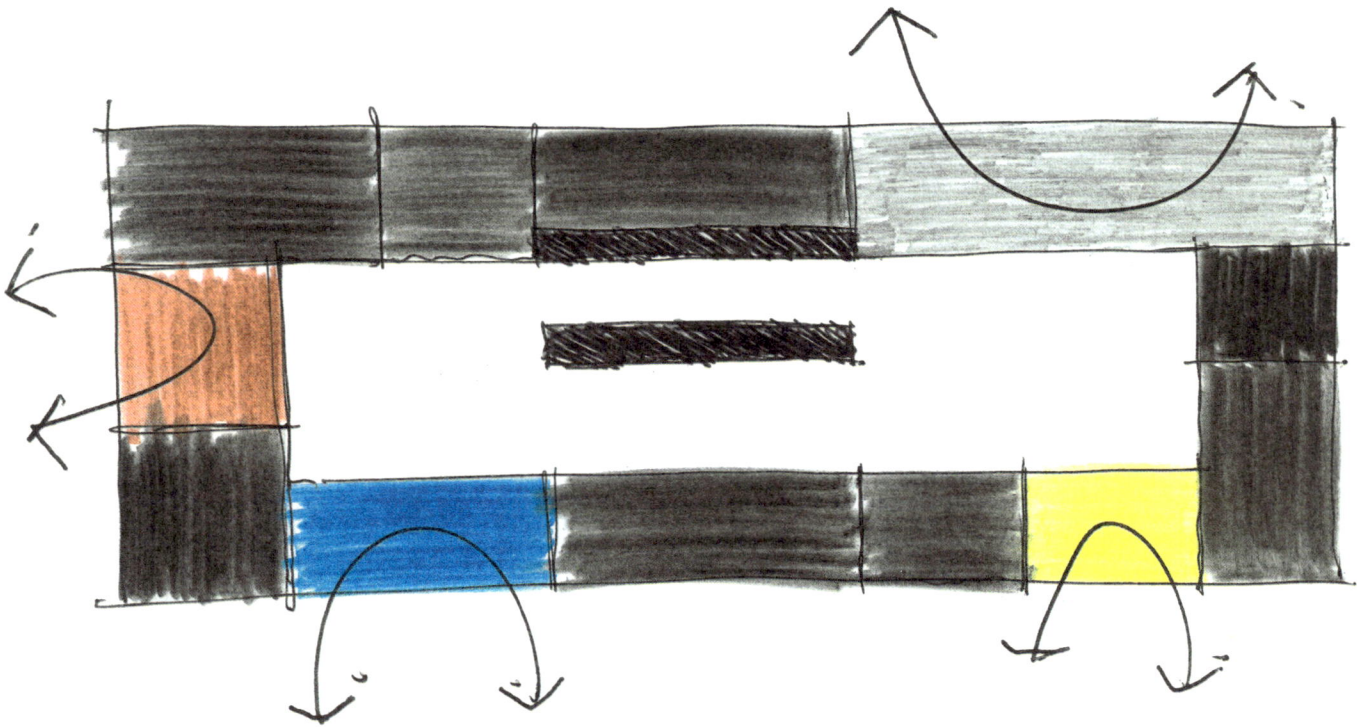

Smart

LOFT LIVING

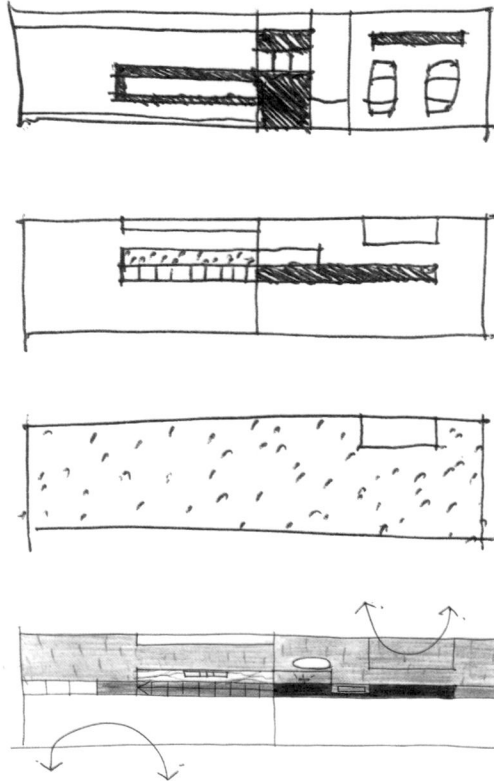

LIVING WITHOUT BOUNDARIES

LOFT LIVING IS LIVING WITHOUT BOUNDARIES

TEARING DOWN THE WALLS TO INSPIRE SYNERGIES

FLIRTING BETWEEN FUNCTIONS IN ONE OPEN SPACE

A SPACE AS THE PLATFORM FOR THE MUSIC DIRECTOR OF THE HOUSE

A HOUSE WITH THE DYNAMIC OF A SPORTS CAR

UNFORTUNATELY WE HAVE ONLY ONE TODAY, A FEW TOMORROW

TOMORROW LIVING IS EVEN MORE THAN LOFT LIVING

OUR LOFT LIVING CONCEPT IS JUST THE BEGINNING OF MUCH MORE

OUR FIRST AND ONLY LOFT HOUSE WITH THIS CONCEPT WAS A WORLD HIT

A HIT WITH MORE THAN 240 PUBLICATIONS, 115 EVENTS AND 4 AWARDS

LOFT LIVING OPENS UP A LOT OF POSSIBILITIES IN THE FUTURE

THEY ARE BETWEEN SMART LIVING AND THEMATIC LIVING

'LIFE HAPPENS FLUIDLY AS WE FLOW FROM ONE ACTIVITY TO THERNEXT. MOREOVER,
MIXING EXPERIENCES IS SURPRISING AND ENRICHING. IN THIS PERCEPTION IT SEEMS
STRANGE TO ORGANIZE OUR LIVES IN BOXES. THE LOOT HOUSE OF LOFT LIVING TEARS
DOWN THE WALLS AND FLIRTS BETWEEN FUNCTIONS. THE LOFT HOUSE EMBODIES LIFE IN
ONE SCENE. IT EXHIBITS LIFE WITHOUT BOUNDARIES.'

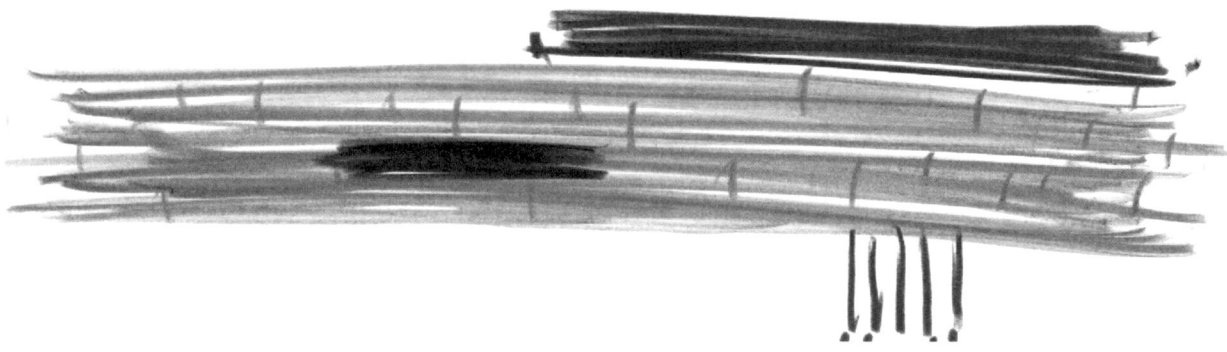

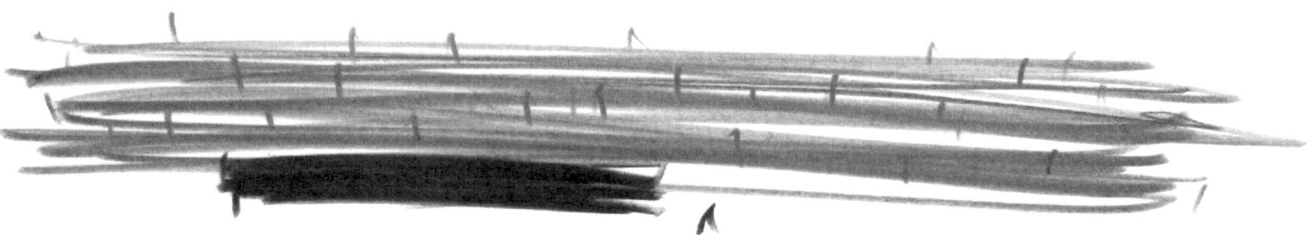

GARDEN LIVING

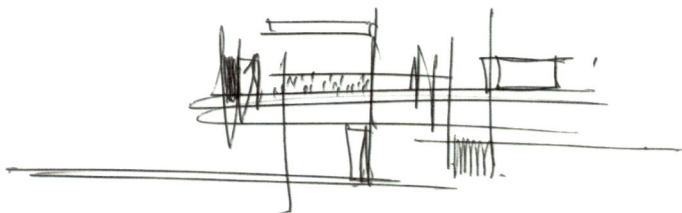

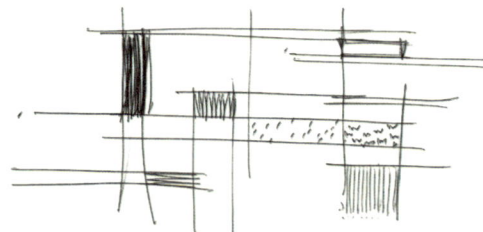

LIVING BETWEEN GARDENS

GARDENS ARE OUR HABITAT

THEY ARE OUR NATURE, WE ARE NATURE

HUMANITY AND NATURE ARE ONE

A HOUSE, ONE WITH NATURE

NATURE RESHAPED AS A HOUSE

MY HOUSE IS MY GARDEN HOUSE

THE WORLD IN ONE GARDEN

A GARDEN OF MANY WORLDS

A GREEN WORLD OF GARDEN HOUSES

ONLY GARDEN LIVING

'NATURE IS OUR BIOTOPE. MEANWHILE OUR BUILT ENVIRONMENTS ARE ALWAYS IN DIALOGUE WITH NATURE IN ISOLATING OR INTEGRATING WAYS. GARDEN LIVING PURSUES THE IMMEDIATE CONNECTION BETWEEN MAN AND NATURE, ERASES THE DISTINCTION BETWEEN INSIDE AND OUTSIDE AND ENGAGES IO THE DIRECT SENSATIONS THAT COME FROM DIFFERENT LANDSCAPES AND CLIMATES. WITH GARDEN LIVING THE OUTSIDE ATMOSPHERE BECOMES ESSENTIAL TO THE WAY WE LIVE. GARDENS ARE OUR HABITAT, OUR HOMES. MOREOVER, WE CAN EXPERIENCE THE WORLD IN PATCHWORKS OF GARDENS LIKE A GARDEN OF MANY WORLD .'

GARDEN

WATER LIVING

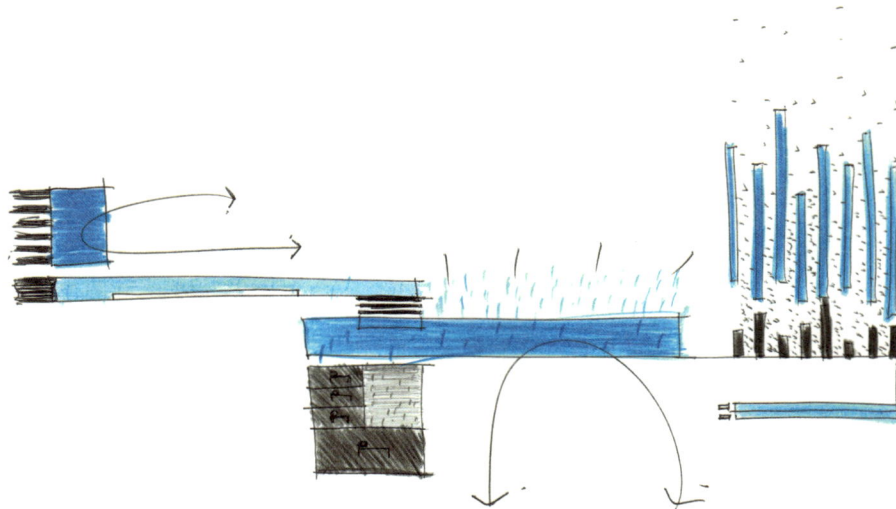

WATER IS ALL AROUND US
THE HUMAN BODY CONSISTS OF 65% WATER
THE WORLD IS 71% OF WATER = 'EMBRACE'
WATER IS ESSENTIAL TO ALL LIVING THINGS
WATER IS LIVING, MY WATER LIVING

WATER HOUSE
LIVING ON WATER
LIVING WITHIN WATER
LIVING OCEAN-MINDED
LIVING IN A BLUE WORLD
LIVING ALL-ROUND BLUE
LIVING IN THE DNA OF BLUE
LIVING BETWEEN WATER AND THE SKY

'WATER LIVING EXPANDS THIS IDEA AND EXPLORES EVERY RELATION TO WATER. WE BUILT
A WHCLE CULT AROUND WATER. WATER IS PURIFYING, RELAXING OR RECREATIONAL AND
EVOKES DIFFERENT SENSATIONS. WATER EXISTS IN THE EXPANSE OF THE OCEAN AND THE
HUMIDITY OF THE SKIES. WATER FUSES WITH THE SKIES. WATER LIVING MERGES THE BIG
BLUE WITH IN EVERY POSSIBLE SHADE OF BLUE IN-BETWEEN.'

OLYMPIC LIVING

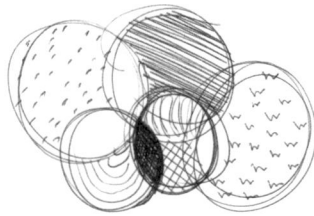

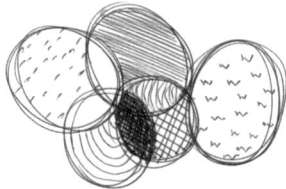

SPORTS LIVING

IN A WORLD OF SPORTS WE BUILD OUR MIND

NO HEALTHY MIND WITHOUT SPORTS

NO SPORTS WITHOUT THE SUPPORT OF A TEAM

OUR HOUSE IS LIKE A TEAM-BUILT SPORTS HOUSE

A SPORTS ENVIRONMENT WITH 26 OLYMPIC SPORTS

OUR OLYMPIC HOUSE FEELS LIKE OLYMPIC LIVING

ALL OLYMPIC SPORTS SURROUND US

LIVING FOR AND BETWEEN SPORTS

'IN SPORTS WE EXPERIENCE OUR CORPOREAL POTENTIAL AND LIMITATIONS.
AT THE SAME TIME WE PUSH OUR MINDS TO THE LIMITS. IN A WORLD OF SPORTS WE
BUILD OUR MIND. WITH THIS "OLYMPIC LIVING" BECOMES THE MANIFESTATION OF
THE INTERACTION BETWEEN THE PHYSICAL AND THE IMMATERIAL OR THE IMPACT OF
ARCHITECTURE ON THE MIND.'

olympic

WHITE LIVING

LIVING IN THE CLOUDS

I LOVE SKYSCRAPERS

I LOVE THE BEAUTY OF STAIRS

I LOVE THE COMFORT OF ELEVATORS

I LOVE A HOUSE ABOVE THE CITY

I LOVE A TOWER OF FUNCTIONS

I LOVE SPACES FULL OF DAYLIGHT

I LOVE THE POWER OF WHITE

I LOVE LIVING IN THE CLOUDS

I LOVE MY HOUSE LIKE A WHITE CATHEDRAL

I LOVE ARCHITECTURE THAT DISSOLVES IN THE SKY

'WHITE STANDS FOR PURE AND CLEAN AND PROVIDES ARCHITECTURE WITH THE NECESSARY POWER. WHITE IS ESSENTIAL IN THE ATMOSPHERE OF LIGHT, REFLECTIONS AND SHADOWS. WHITE STANDS ON ITS OWN AND APPEARS AS A TIMELESS SIMPLICITY BY WHICH WHITE LIVES FOR ARCHITECTURE AND ARCHITECTURE LIVES FOR WHITE.'

'WHITE LIVING TRANSLATES THE WHITE CANVAS FOR LIFE, IS MANIFESTED BY ITS ABSENCE, RELIES ON THE UNSUBSTANTIAL ASPECT OF ARCHITECTURE. LIKE CLOUDS? WHITE LIVING EMERGES AND DISSOLVES. SPACES ARE IN A TEMPORARY SOLID STATE WHEN SEEKING CONCEALMENT, DISAPPEAR WHEN SEEKING OVERVIEW.'

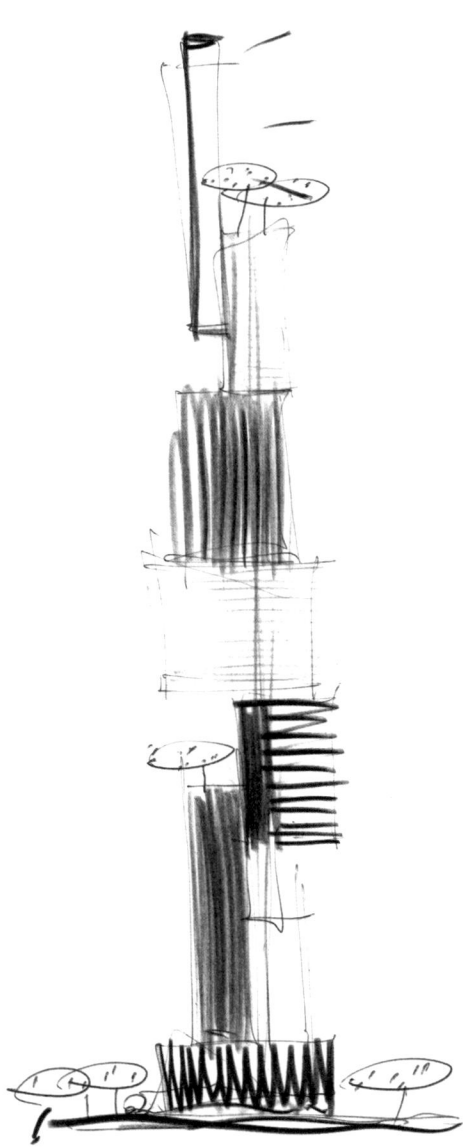

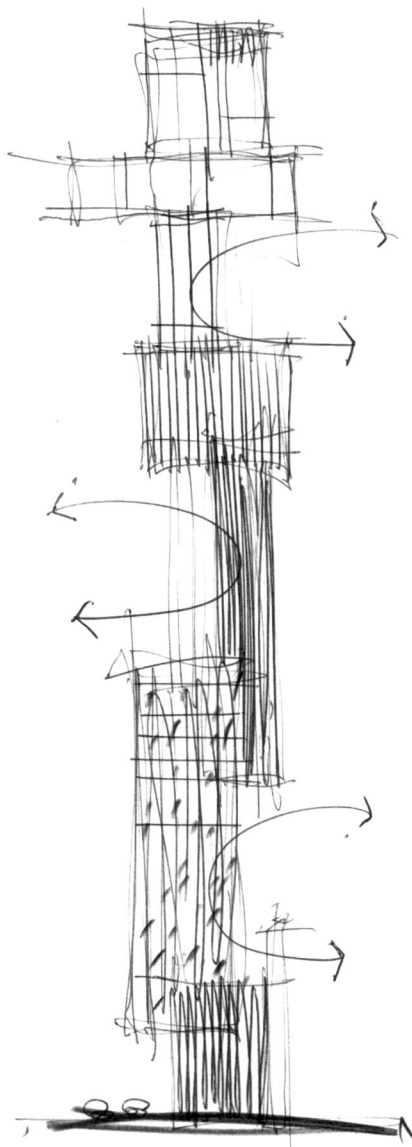

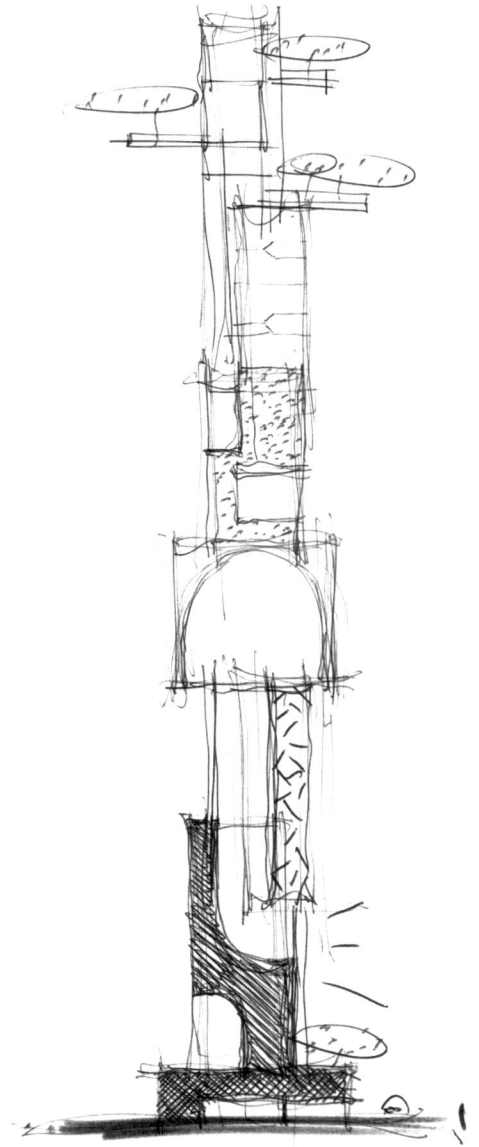

WIGAD

BLACK LIVING

POWER OF BLACK

BLACK SHADOW

BLACK SHAPE

BLACK POWER

BLACK SILENCE

BLACK ATMOSPHERE

BLACK ELEGANCE

BLACK COMFORT

BLACK REFLECTIONS

BLACK CHILLING

BLACK CHALLENGE

BEAUTY OF BLACK

BLACK IS BOTH SINISTER AND COMFORTING

BLACK TRIGGERS THE MOST POWERFUL EMOTIONS

SOME BLACK ALMOST HAS THE BEAUTY OF THE NIGHT

SOME BLACK ABSORBS ALL LIGHT

ENJOY THE BLACKEST BLACK

'BLACK IS BOTH CLAUSTROPHOBIC IN UNATTAINABLE SPACES AND ENDLESS IN THE
IMMENSITY OF THE UNIVERSE. BLACK ABSORBS ALL LIGHT. BLACK SILENCES THE PLAY OF
LIGHT, BREAKS DOWN SHAPE AND AMPLIFIES MOODS. BLACK STANDS FOR ELEGANCE IN
ABSOLUTE BEAUTY.'

MUSIC LIVING

"THE TUBA HOUSE"

THE SOUND OF ARCHITECTURE

DESIGNING A PROJECT IS LIKE WRITING A SYMPHONY

THE NOTES OF A GOOD SYMPHONY ARE ALL IN BALANCE

A PROJECT STANDS UP IF THE SOUND SOUNDS GOOD

MANY PROJECTS IN ARCHITECTURE HAVE A BEAUTIFUL SOUND

THE SOUND OF SOME PROJECTS BECAME A WORLD HIT

SOME ARCHITECTURE WILL NEVER LOSE ITS SOUND

A NICE SOUND IS THANKFUL TO OUR LIFE

'DESIGNING A PROJECT IS LIKE COMPOSING A SYMPHONY: IT IS ABOUT
CREATING HARMONIES, RHYTHMS, THEMES, COUNTER-THEMES AND VARIATIONS;
MUSICAL INSTRUMENTS SHAPE AND DEFINE ITS SOUND.'

HORIZON LIVING

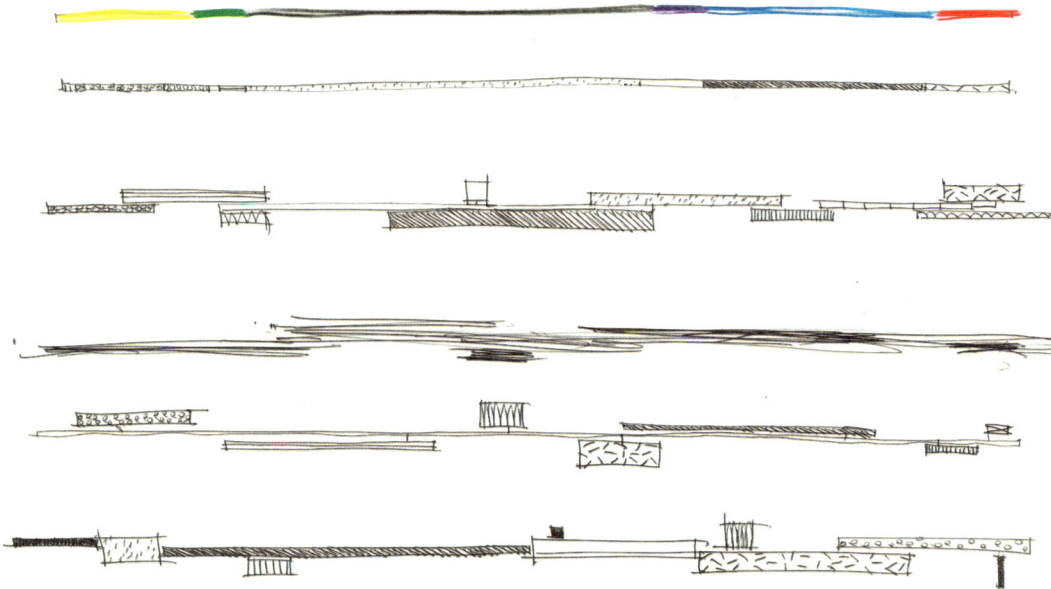

THE BEAUTY OF PERSPECTIVE
A LINE, A KILOMETRE, A MILE, A PERSPECTIVE,
THE BACKBONE OF A CITY, A VILLAGE, A DISTANCE,
A LINE ON THE HORIZON, HORIZON LIVING,
MUCH MORE THAN A 'LANDMARK', A 'LINEMARK'

THE HORIZON HOUSE
ONE HOUSE IN THE WORLD
HOW BIG CAN IT BE IN OUR WORLD?
HOW CRAZY IS IT ON A HUMAN SCALE?
HOW SMALL IS IT ON A WORLD SCALE?
THE WORLD IN ONE HOUSE!
A HOUSE ON THE HORIZON ...

'THE HORIZON HOUSE EXCEEDS THE LANDMARK. THIS LINEMARK IS A SLASH IN SPACE
AND A FLASH IN TIME. IT EXPANDS IN A ONE-DIMENSIONAL SPACE. THIS LINEAR
EXPERIENCE INCORPORATES SPEED, DISTANCE AND TIME, TICKING FRAGMENTS AWAY,
SECOND AFTER SECOND, STRUCTURED IN ONE HOUSE. ONE SECOND TO DISCOVER, ONE
DAY TO EXPLORE. WE EXPERIENCE FRAGMENTS OF TIME IN FRAGMENTS OF SPACE, SCENE
AFTER SCENE, ONE MILE LONG. IT'S ONE WORLD WITHIN ONE HOUSE, AS FAR AS
THE HORIZON EXTENDS BUT ONLY AS A HASTY FRAGMENT ON A WORLD SCALE.'

B

Impressions — pp. 209-332

+ sketches

design + i

‘The power
equal to the
instal

stallation

—

of design is
beauty of an
ation.'

5-Legged Table Concept for Lensvelt
▼

2014/..
Lensvelt

← A DRAWINGS PP.74-75

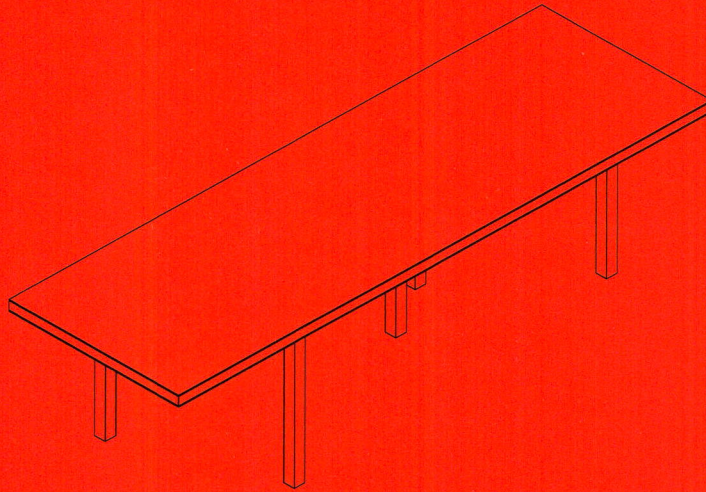

Billboard for Dark – Light Fixture
▼

2003/2008
Dark

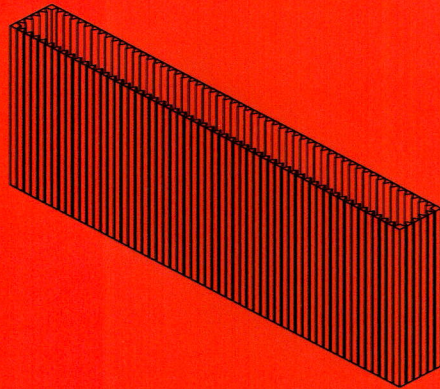

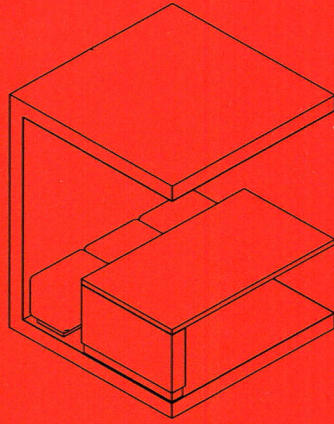

Work Lounge
— **Restyling Automated Workplace Lounge**
▼

2007/2008
Lensvelt/Gispen

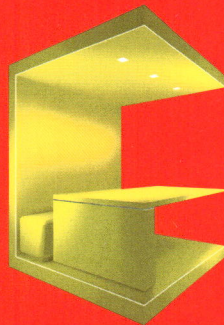

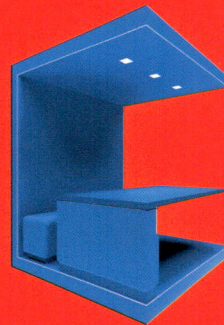

Concept Studio in Residence Melopee
▼

2013
Antwerp
Gands

Interior in Student Housing Woods
▼

2015/...
Leuven
Dyls

← A
DRAWINGS
P 80

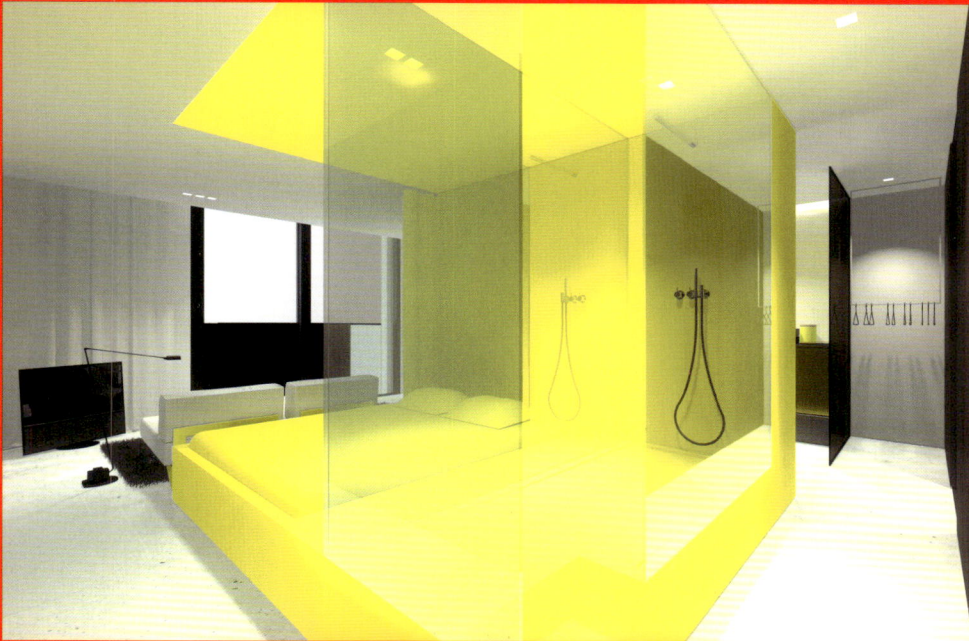

Apartments in Residence Duin & Park
▼

2015/...
Knokke
Bouw en Promotie Diksmuidestraat

← A
DRAWINGS
P 99

→ B
IMPRESSIONS
PP 262-263

hou

'Housing onl
snapshot in yo
house doe

sing

stands for a
r life: the ideal
sn't exist.'

Loft House Concept
▼

2010
Kampenhout
Private

Detached Pentagonal House
▼

2014/...
Beigem
Private

← A
DRAWINGS
PP.88PP.92-93

Lounge Villa
▼

2005
Keerbergen
Private

Turnkey Concept
▼

2014/...

← A
DRAWINGS
P.84

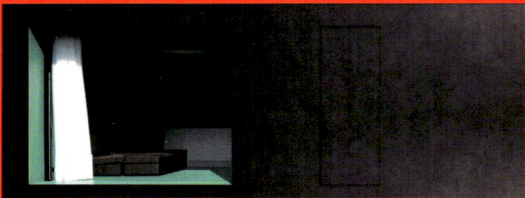

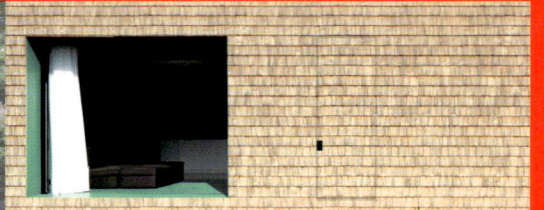

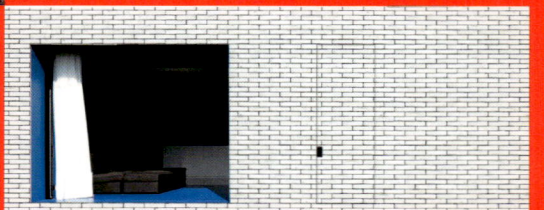

Detached House

2015/...
Humbeek
Private

Detached House
▼

2013/...
Humbeek
Private

New Bruges Plot 2
▼

2011/ …
Bruges
Group Gl
In Collaboration with Edward Sorgeloose Architecture

→ C   PHOTOGRAPHS
        PP.446-447

Conversion Offices to Apartments
▼

2010
Antwerp
Anonymous

← A   DRAWINGS
        P.112

Railway Zone North – Urban Plan + Tower
▼

2006
Enschede, The Netherlands
PLEGT-VOS Oost

Apartments
+ Administrative Centre + Retail
▼

2007
Brussels
RAC Investment Corp

Block 26 IJburg, Port Island
▼

2005/2008
Amsterdam, The Netherlands
Blauwhoed

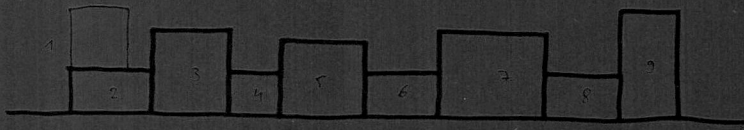

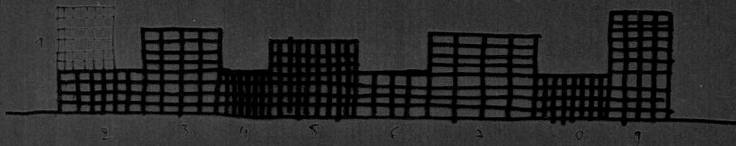

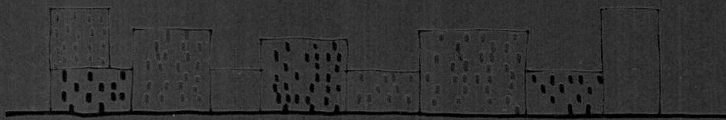

Block 26 IJburg, Port Island
▼

2005/2008
Amsterdam, The Netherlands
Blauwhoed

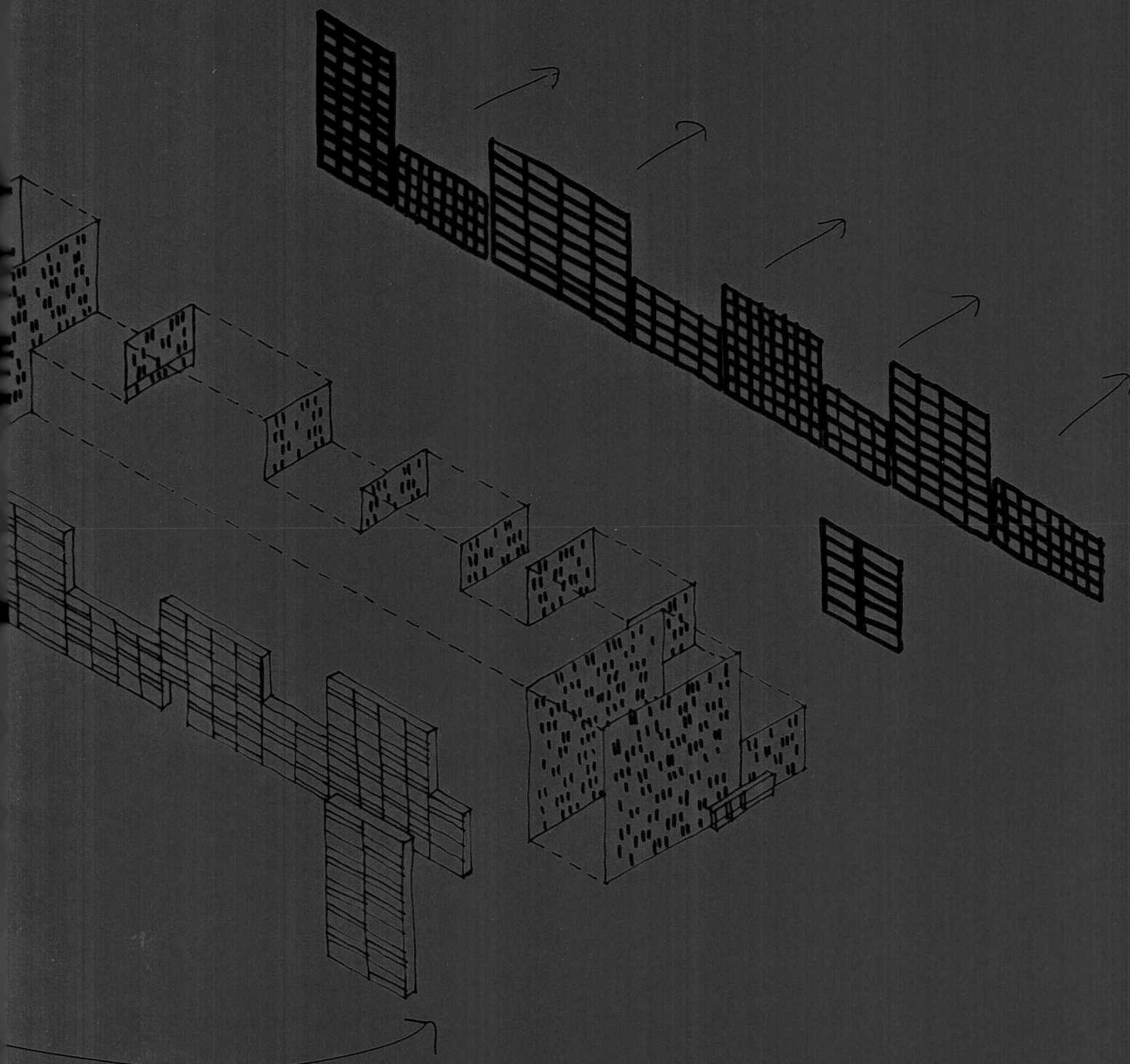

→ C PHOTOGRAPHS PP. 416, 417

Kouter Site
▼

2009/...
Ghent
Matexi

In Collaboration with 360 Architecten and Buro II

Cadix C2

2011/...
Antwerp
Urban Capital Group

In Collaboration with EVR Architecten and Inarco

Cadix C2

2011/...
Antwerp
Urban Capital Group

In Collaboration with EVR Architecten and Inarco

Green South Block 1 + 2

▼

2012/...
Hoboken
Cores Development

In Collaboration with Meta, STAM Architecten and BOB361

Patio Houses in Wood
▼

2012
Burcht
Brocap / Urban Estates

Residence Melopee
▼

2012/2015
Antwerp
Gands

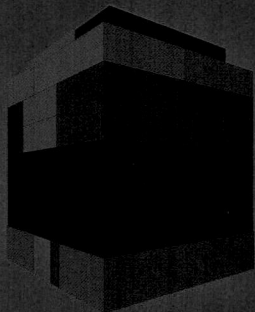

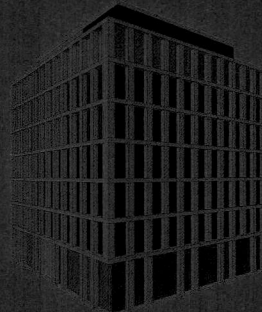

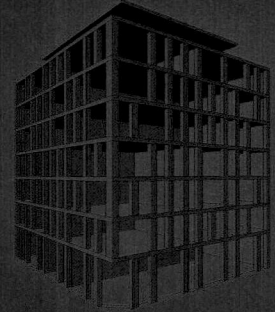

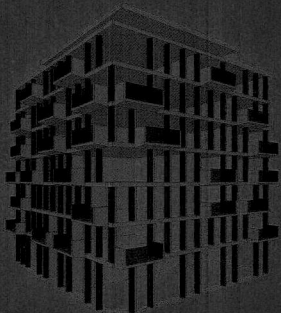 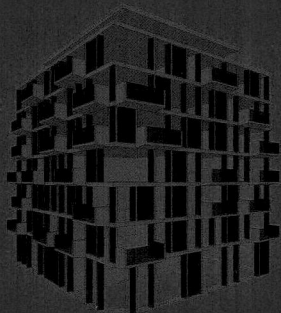 

Apartments in the Park
▼

2015/...
Sint-Genesius-Rode
Immpact Development

←
A   DRAWINGS
P. 95

Apartments Rijnkaai
▼

2013
Antwerp
Brabo

A ← DRAWINGS P.114

Tolhuis – Apartments, Student + Service Flats

▼

2013
Antwerp
Immogra

**Conversion Offices
to Passive Apartments**
▼

2013/...
Etterbeek
Ag Real Estate

Residence Park East
▼

2013/...
Antwerp
Immpact Development

Residence Duin & Park
▼

2015/...
Knokke
Bouw & Promotie Diksmuidestraat

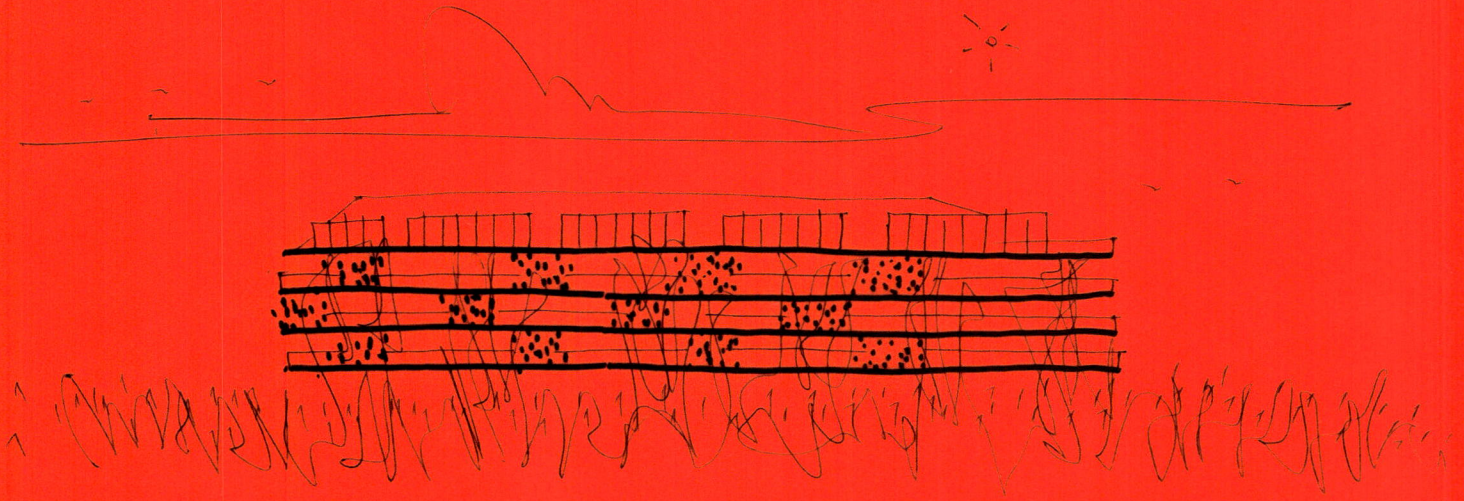

Residence Eiland
▼

2014/...
Antwerp
Bouw en Promotie Amsterdamstraat

Urban Villa
▼

2014/...
Boom
Willemen Real Estate

Apartments + Commercial Space
▼

2015/...
Antwerp
Immpact Development

New Bruges - Plot 3B
▼

2015/...
Bruges
Group GI

Offices, Apartments + Retail
▼
2015/
Mons
Uni-Vert Sprl

**Apartments + Service Flats
+ Commercial Space**
▼

2015/ ...
Vilvoorde
Vilvoorde Development

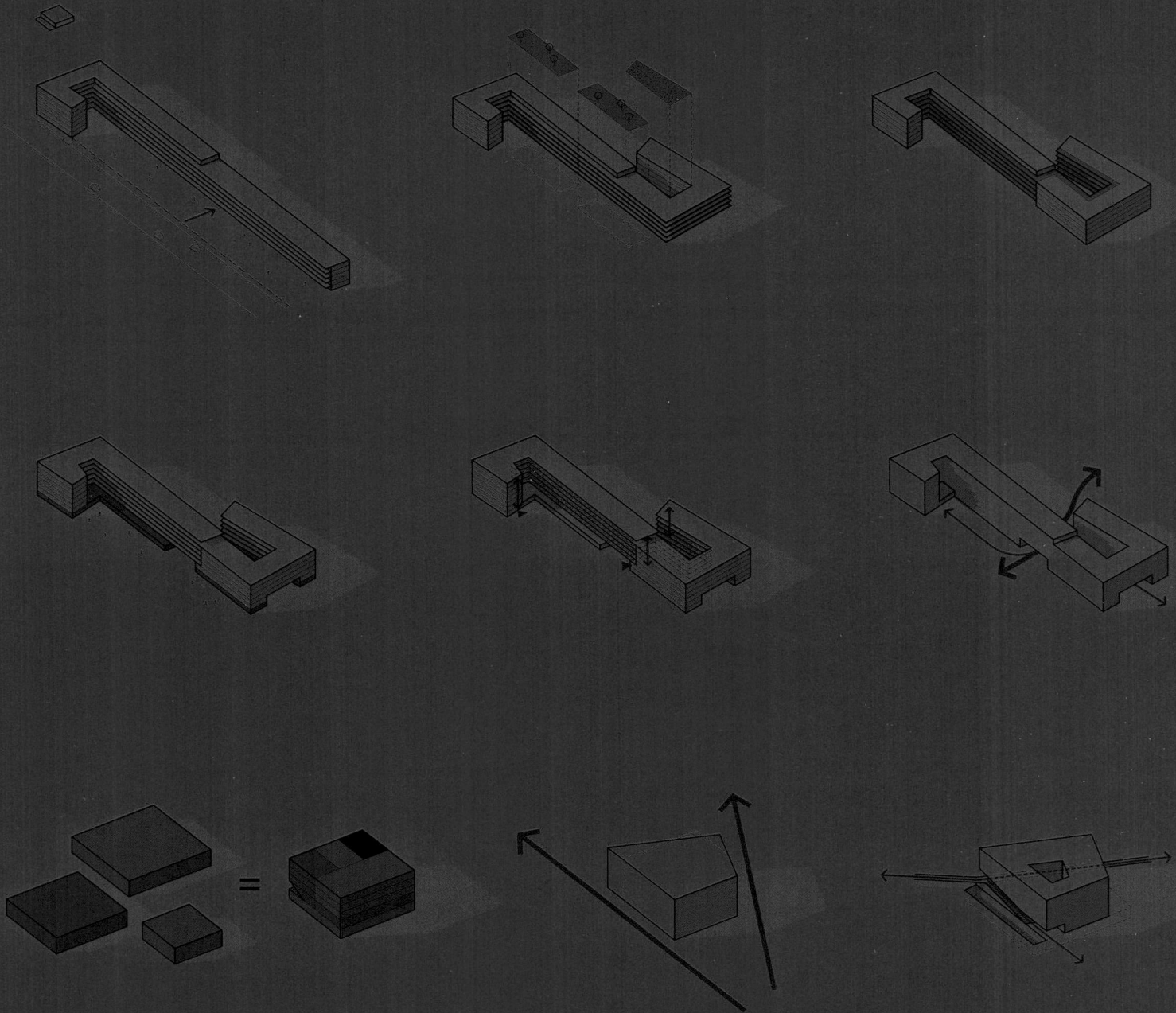

Woods – Service Flats + Student Housing
▼

2013/...
Leuven
Dyls / Eurostation

assistan

'Growing old wi
future will be s
added value th
can mean

e + care

h dignity in the
pported by the
at architecture
t that age.'

Prison
▼

2010
Antwerp
Regie Der Gebouwen

In Collaboration with M 10 Architecten

MS Clinic
▼

2010/2014
Melsbroek
Nationaal Multiple Sclerose Centrum

In Collaboration with Aaproch

Urban Villas with Service Flats
▼

2014/...
Schoten
Rodendijk

Service Centre
▼

2012
Overpelt
Stijn

off

'As an archite
absorb the a
the construc
subsequently c
and be able
yourself

res

t you have to
mosphere in
ion world to
nnect, innovate
o distinguish
further.'

OFFICES

Police Station
▼

2008/2009
Bruges
City of Bruges

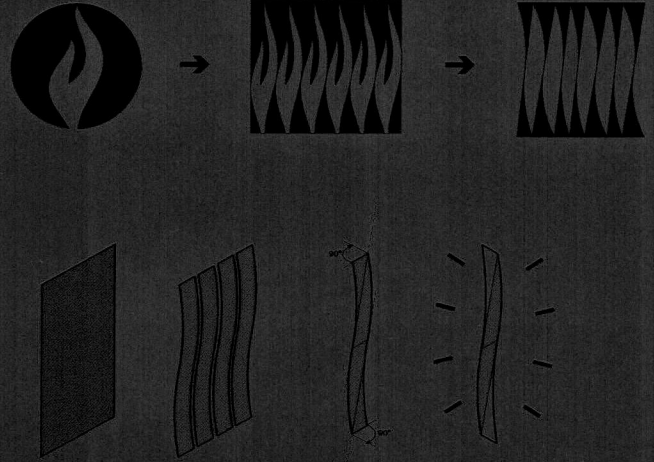

Police Station
▼

2008/2009
Bruges
City of Bruges

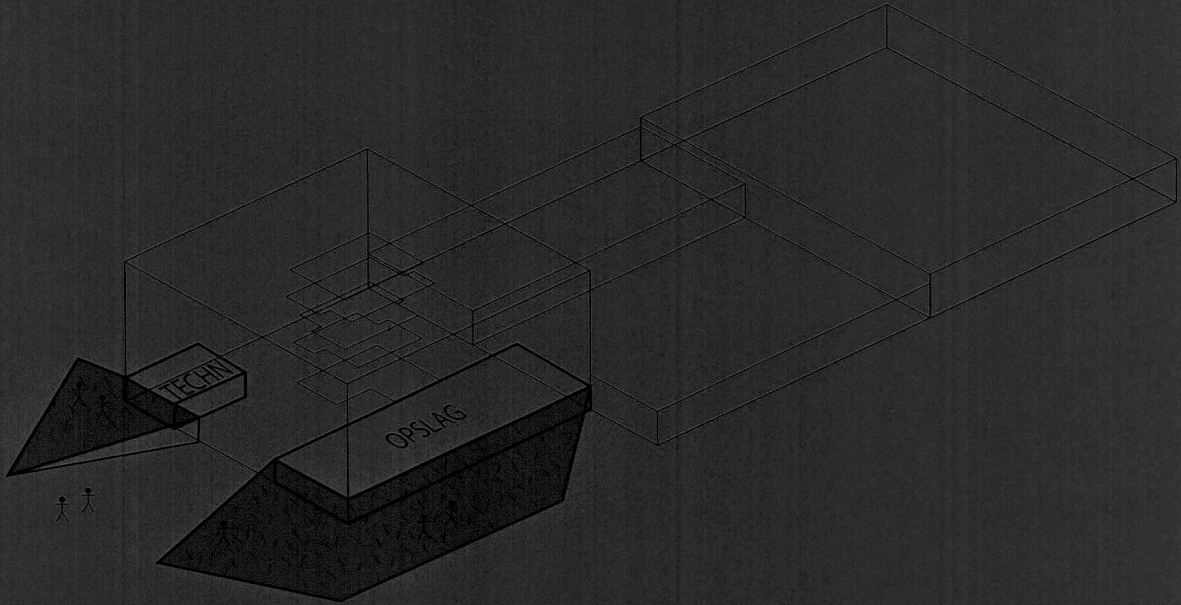

Tour & Taxis Offices
▼

2008
Brussels
Extensa

Conversion Offices in Electrabel Tower
▼

2010
Antwerp
Anonymous

Umicore Masterplan Offices
▼

2010
Hoboken
Umicore

AGC Headquarters
▼

2010
Louvain-la-Neuve
AGC

Iba Headquarters
▼

2011
Louvain-la-Neuve
Fimpro

Offices Umicore – Renovation Infrastructure
▼

2011
Olmen
Umicore

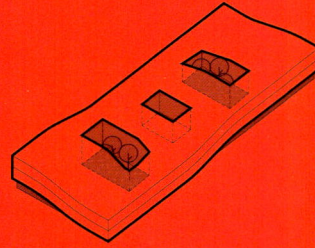

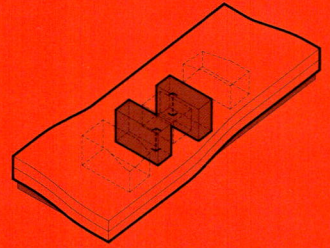

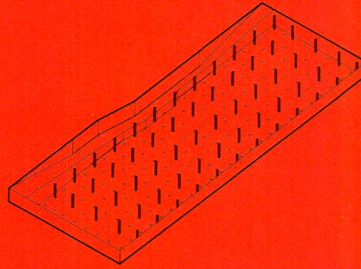

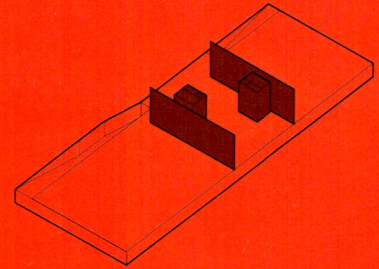

Police Station
▼

2012
Koksijde
Politiezone Westkust

Offices + Meeting Room Centre
▼

2014
Antwerp
Basf Antwerp

Offices Imalso
▼

2012
Antwerp
PMV (Participatiemaatschappij Vlaanderen)

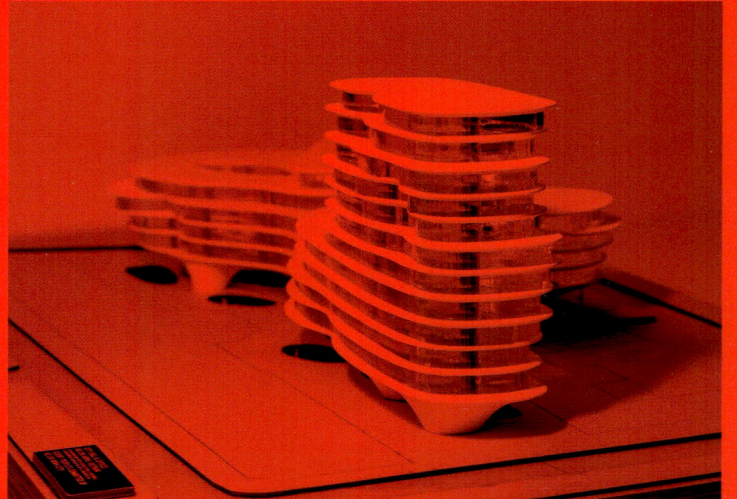

City Administration Centre
▼

2014/...
Ho Chi Minh City, Vietnam
Peoples Committee of HCMC

In Collaboration with Jaspers – Eyers & Partners

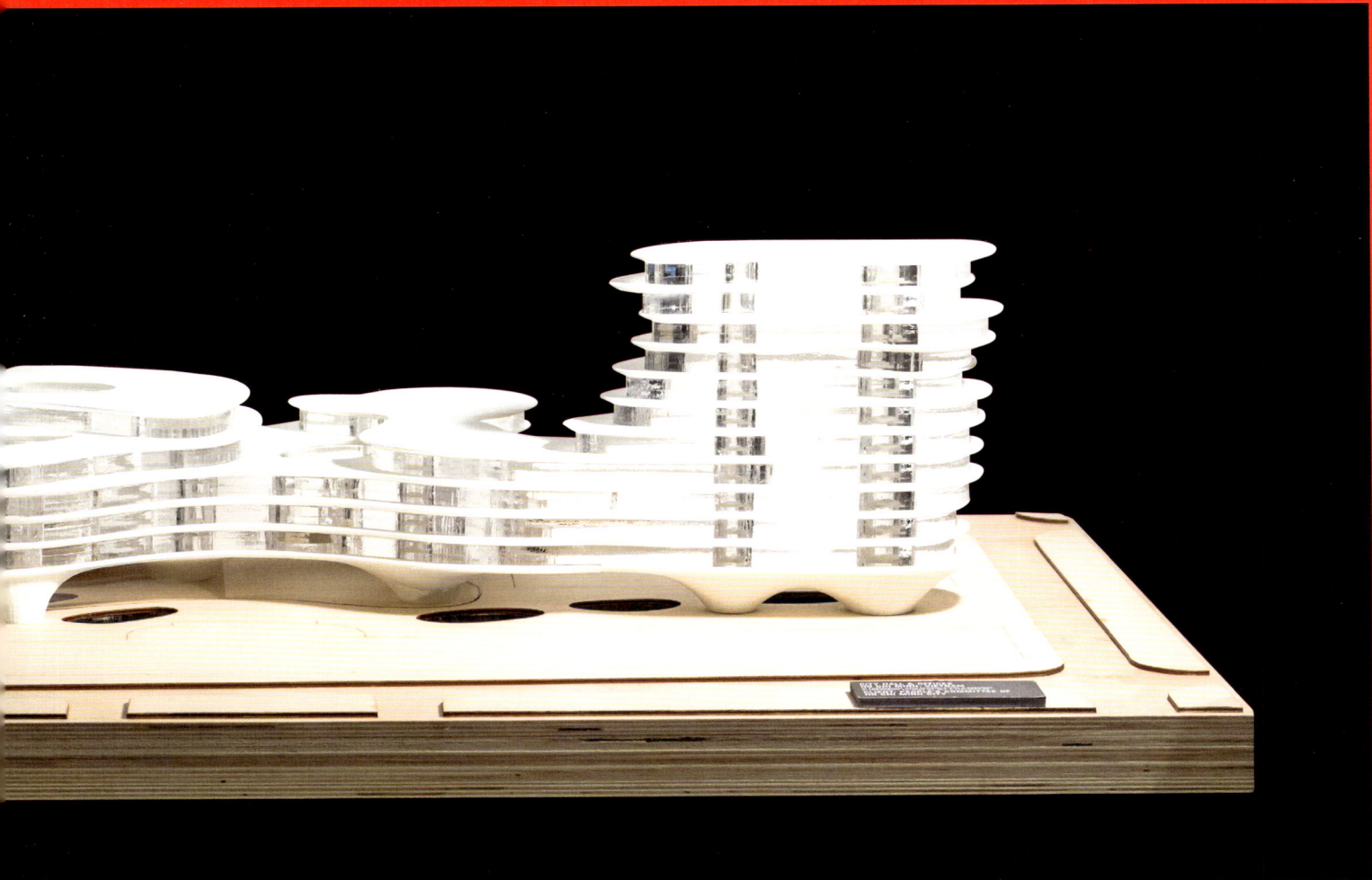

Renson – New Offices & Showroom
▼

2015/...
Flanders
Renson

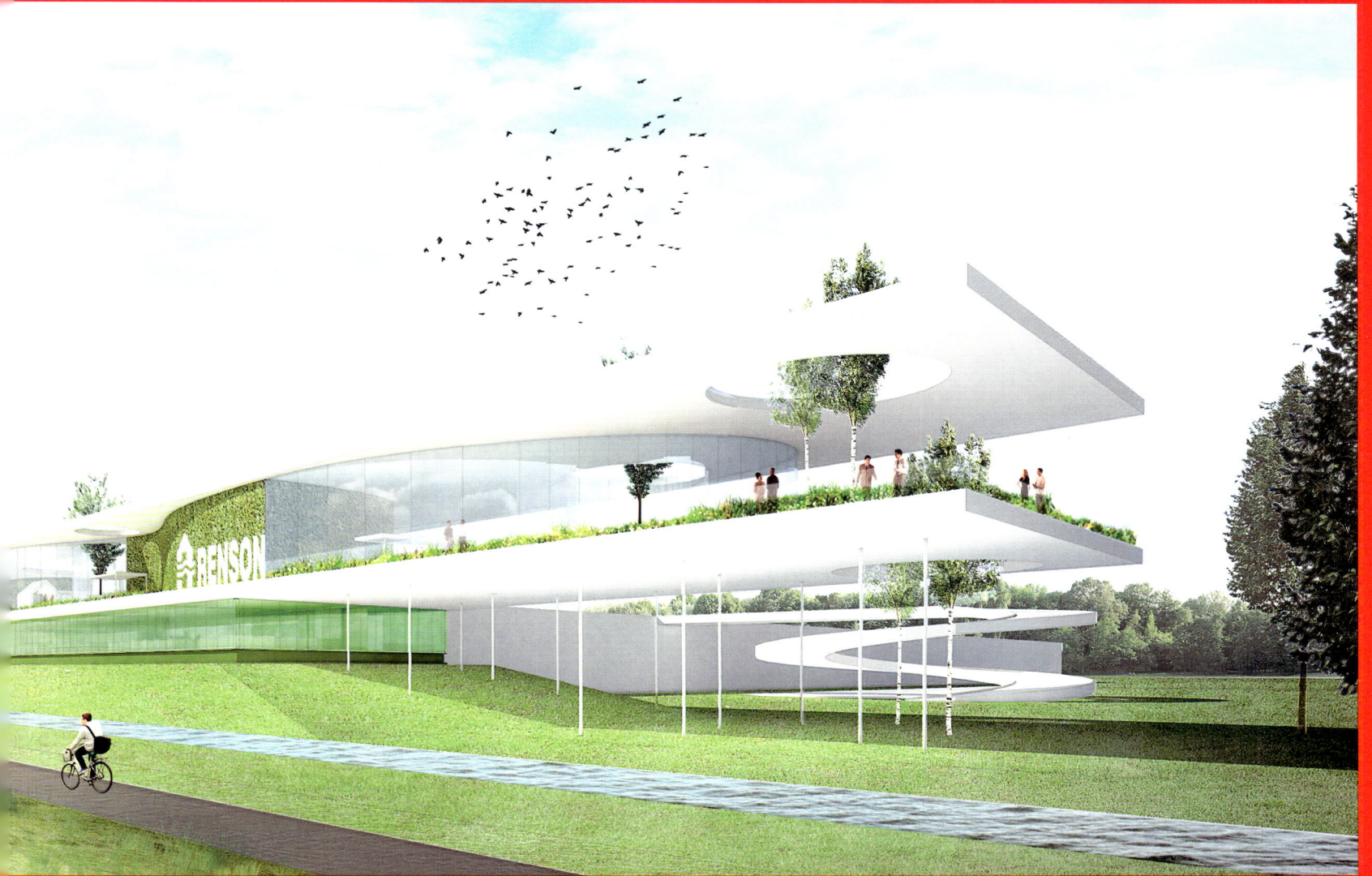

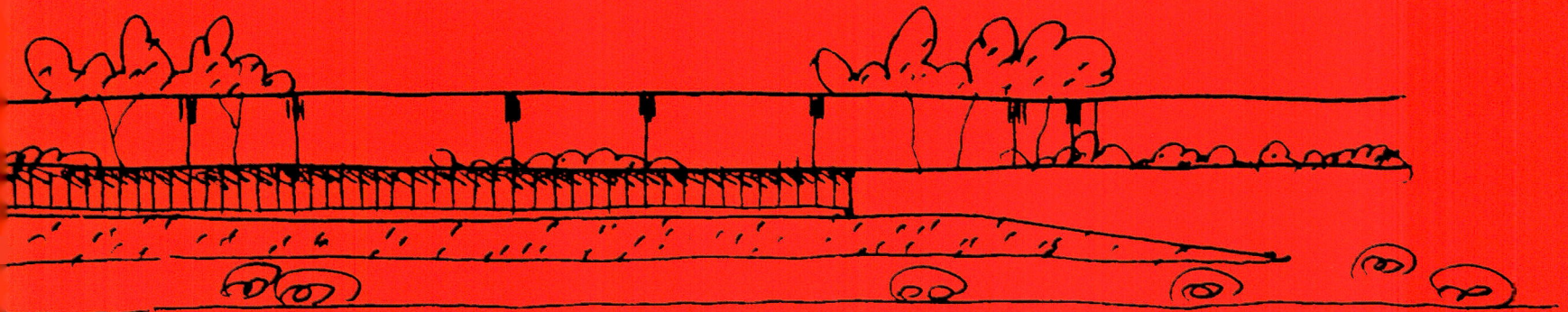

sch

'Schools o
are new urba
collective ar

ols

tomorrow
beacons and
chor points.'

Parkschool – Primary School – Passive Standard

2005-2012/...
Mortsel
Scholen van Morgen

2007
Amsterdam, The Netherlands
University of Amsterdam

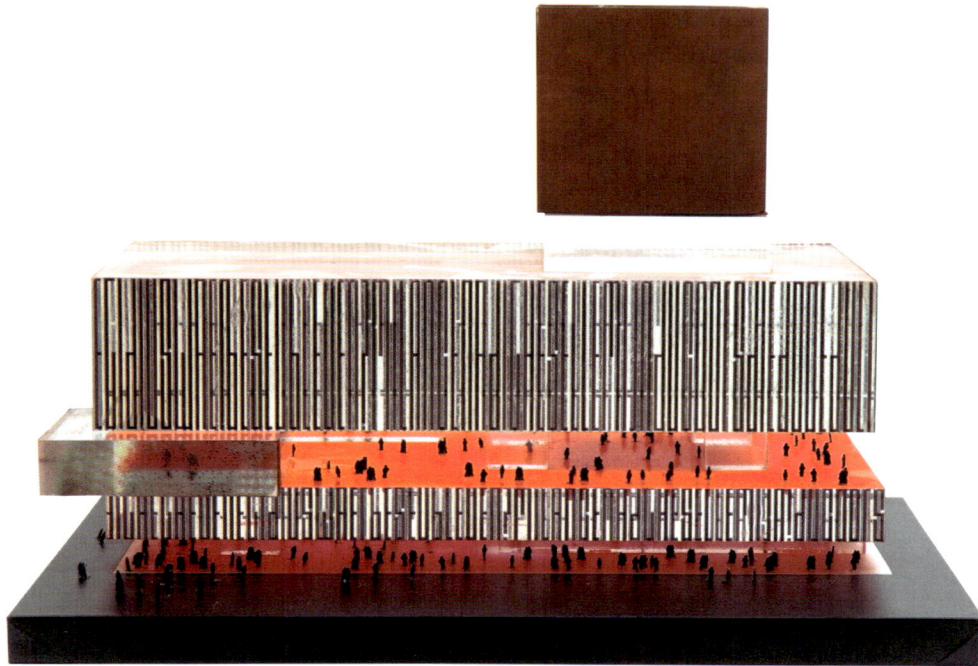

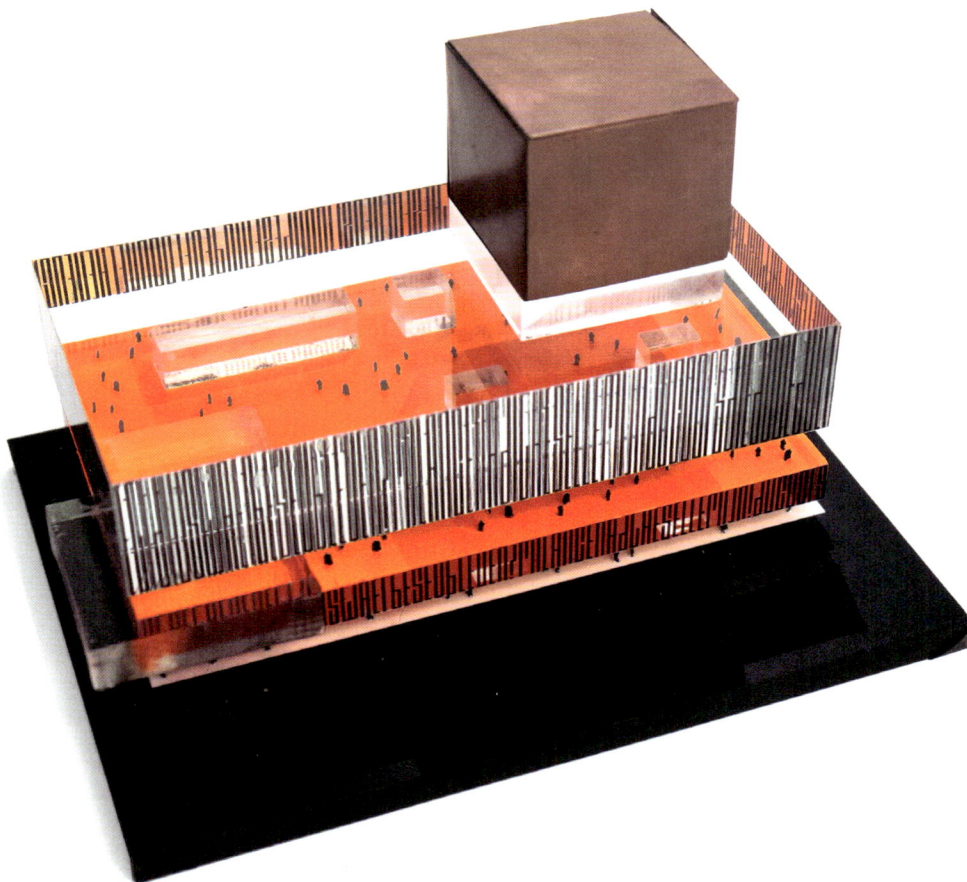

Plantin University College – Campus Science + Techniques
▼

2011
Antwerp
Provincial Government of Antwerp

Plantin University College
– Campus Science + Techniques
▼

2011
Antwerp
Provincial Government of Antwerp

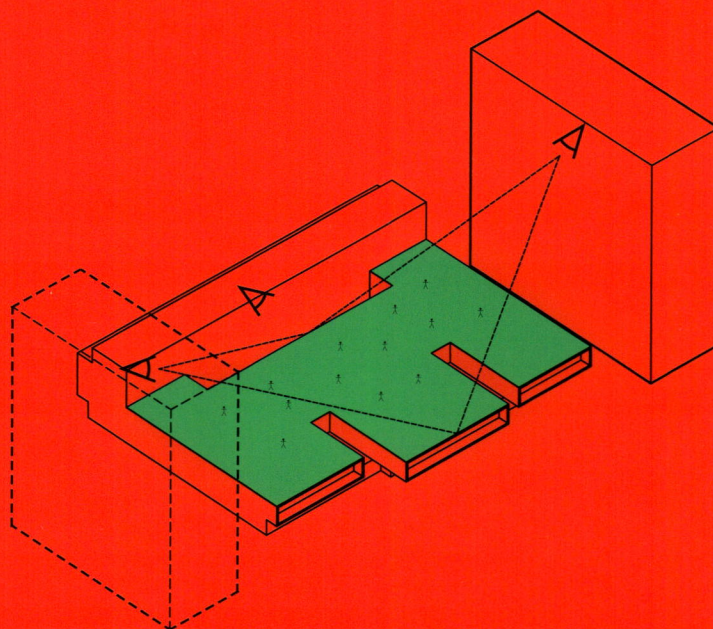

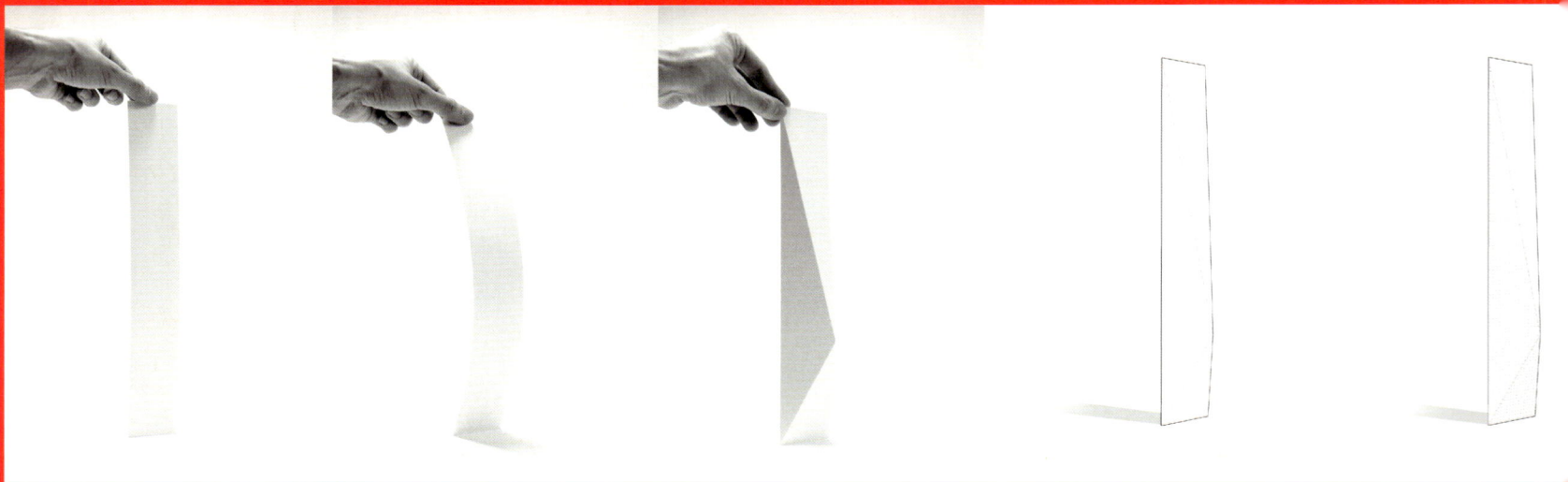

2011
Antwerp
Karel De Grote College

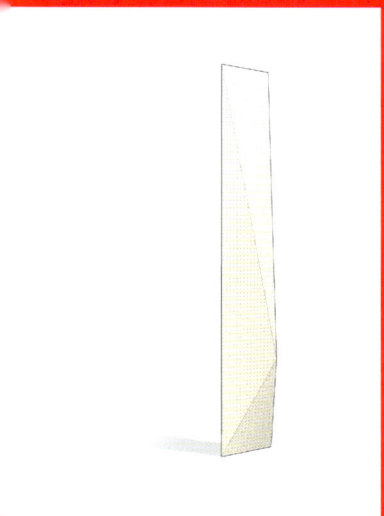

Karel De Grote College
▼

2011
Antwerp
Karel De Grote College

T2 Campus Thor Park
▼

2014
Genk
VDAB / Syntra / STAA Genk

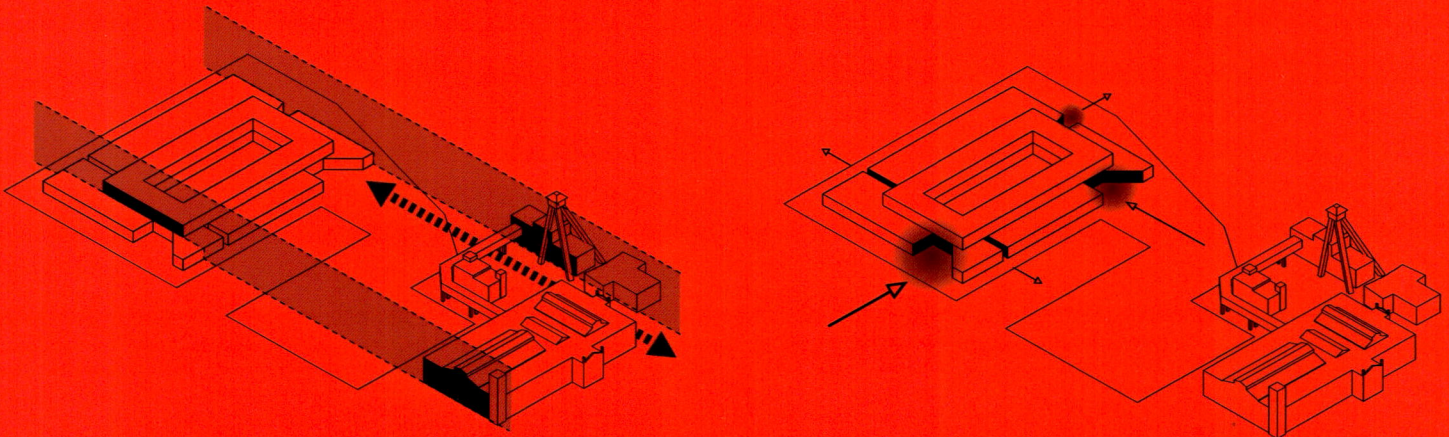

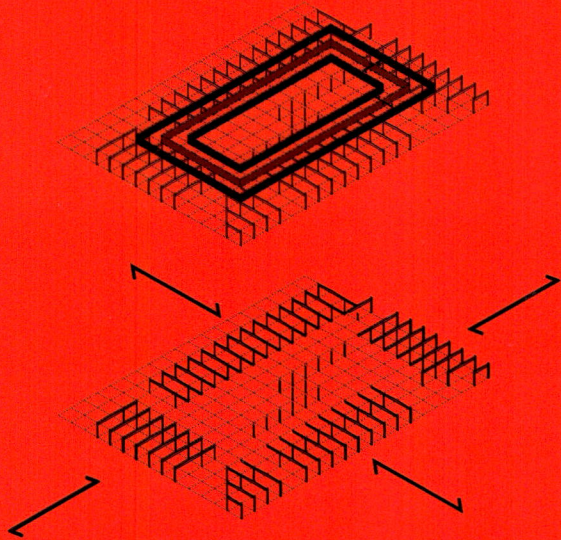
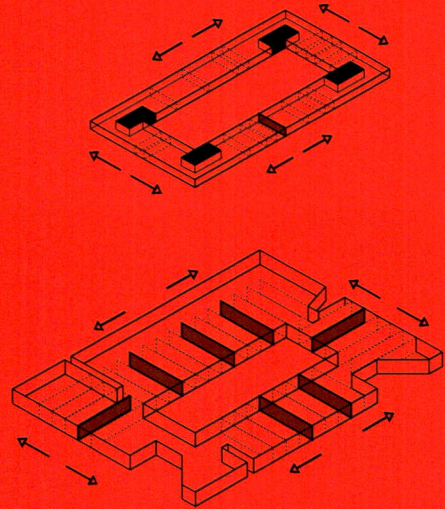

lei

'It is great to e
a creative br
about and how
complete con
you ha

ure
—

perience what
in can bring
you can lose
rol over what
e done.'

the power of a good idea

———

'Good ideas often don't
need to mature.
What's good is good.'

→ C PHOTOGRAPHS PP. 474-477

Centre Alm - Anttec
▼

2006/2011
Berchem
Anttec

De Nekker Swimming Pool
▼

2009
Mechelen
Provincial Government of Antwerp

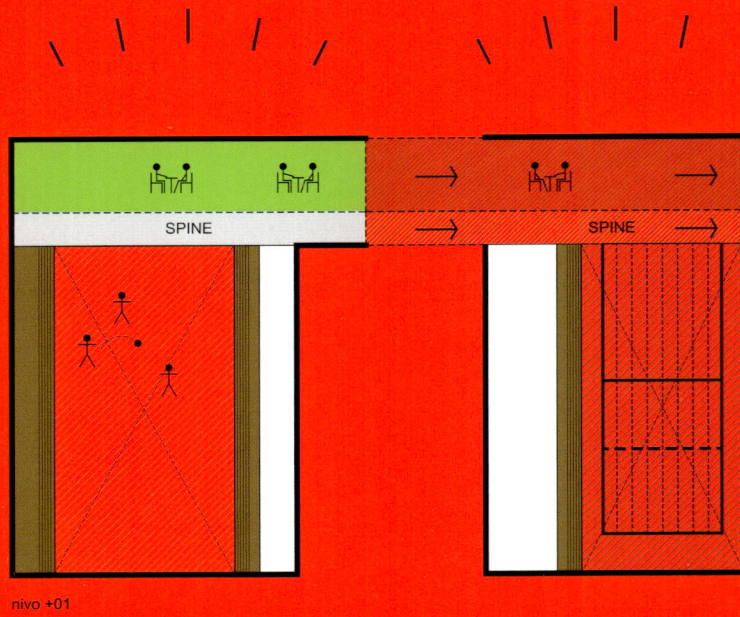

SPINE

SPINE

nivo +01

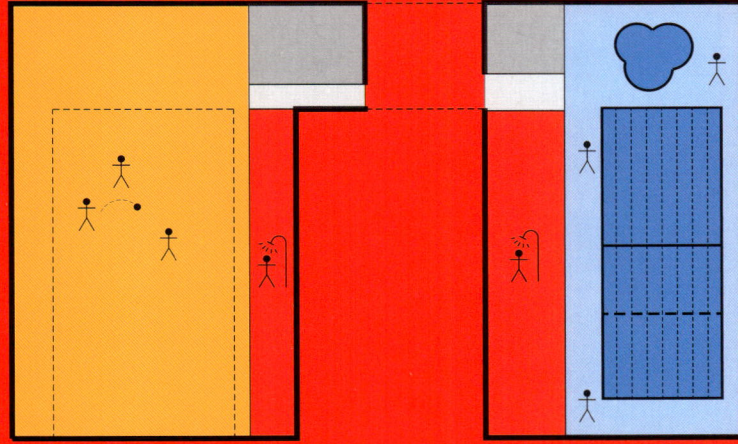

nivo 00

Library + City Archives
▼

2012
Sint-Niklaas
City of Sint-Niklaas

  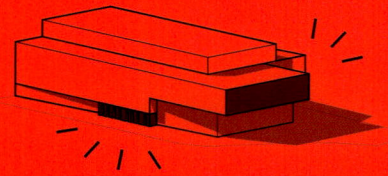

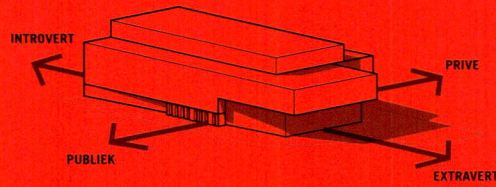

INTROVERT

PRIVE

PUBLIEK

EXTRAVERT

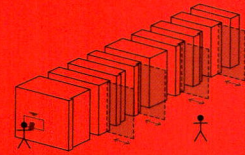

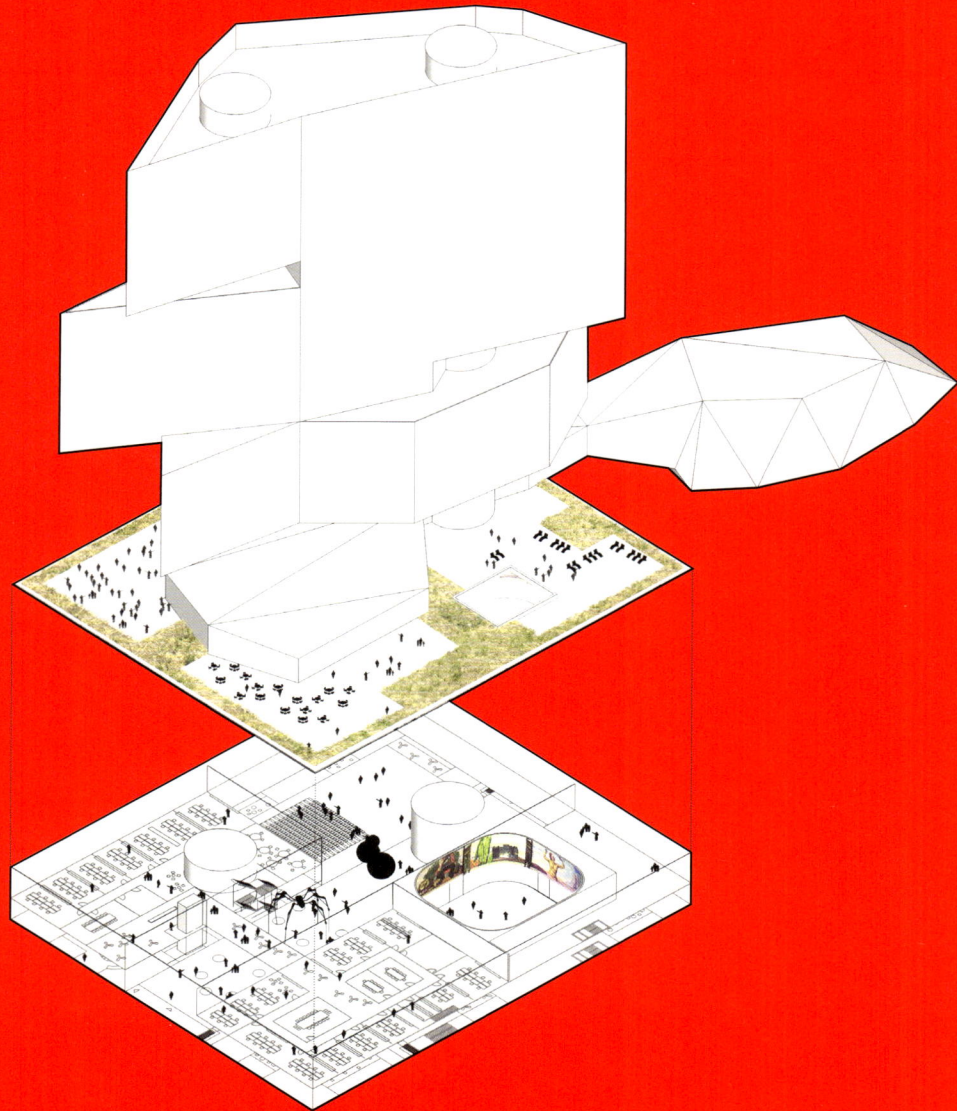

Celesse Luxury Resort
▼

2013/...
Saint-Paul-de-Vence, France
Celesse Luxe

In Collaboration with Coussée & Goris Architecten

Celesse Luxury Resort

▼

2013—
Saint-Paul-de-Vence, France
Celesse Luxe.

In Collaboration with Coussée & Goris Architecten

concrete wall and column construction

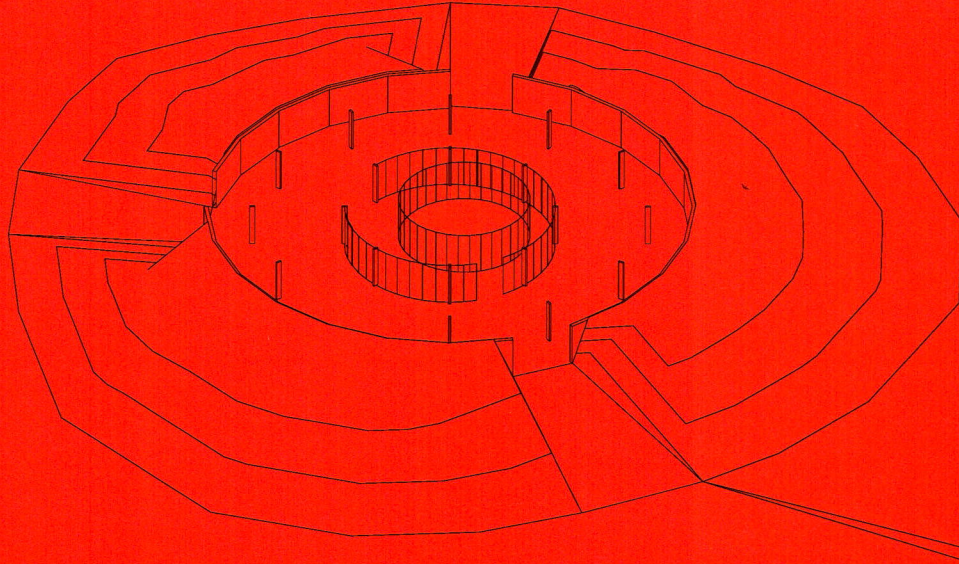

**Rinkven Golf Club
+ Caddy House**

2013
's Gravenwezel
Rinkven Golf Club

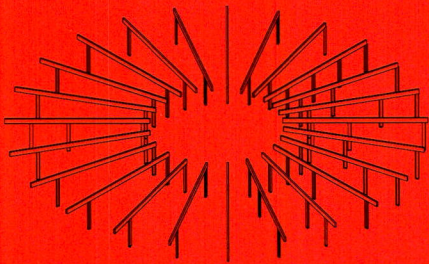

wooden truss construction

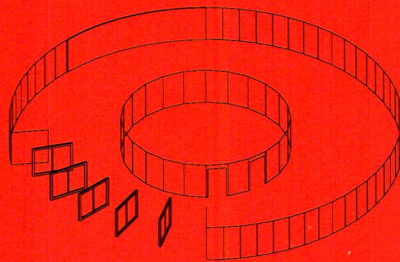

facade elements

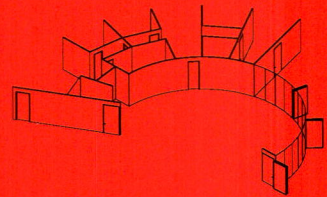

partition walls

C

photography

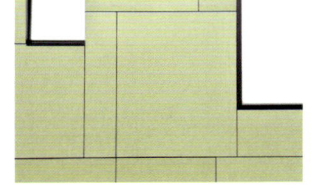

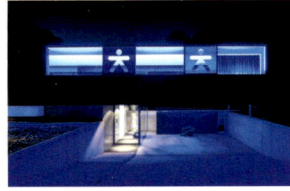

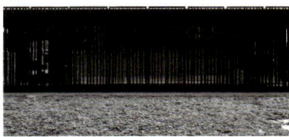

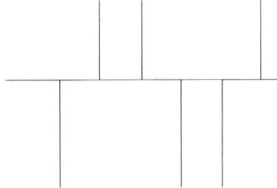

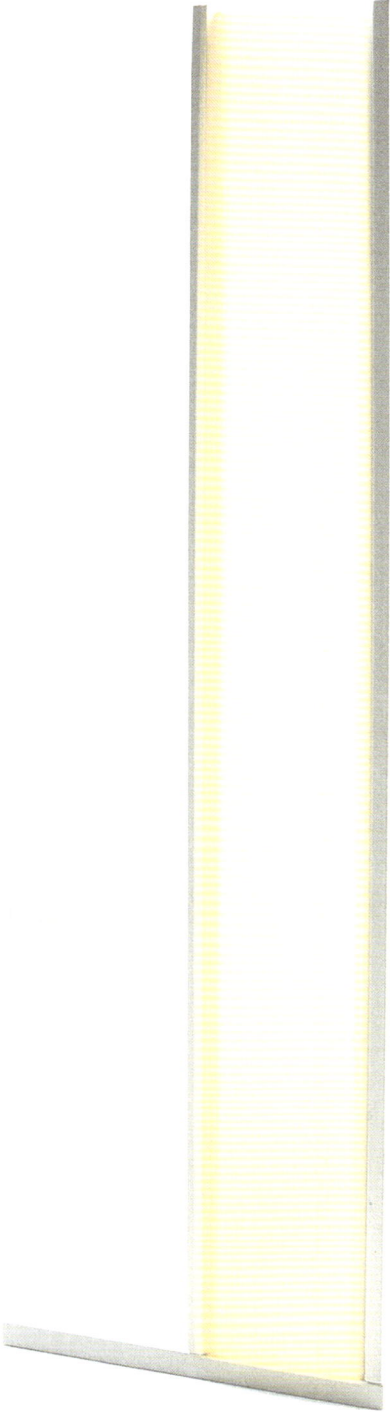

Portfolio 01+02 for Modular Lighting — Light Fixture

2011/2014

Colorbar
Luc Binst / Günther Förg

Exhibition Concept for Artist Gunther Förg

← A DRAWINGS P.76

Exhibition Concept for Artist Günther Förg

2008

Strombeek

X – Installation for the Release of Book X

2010   Antwerp

Diamond Pavilion MAS

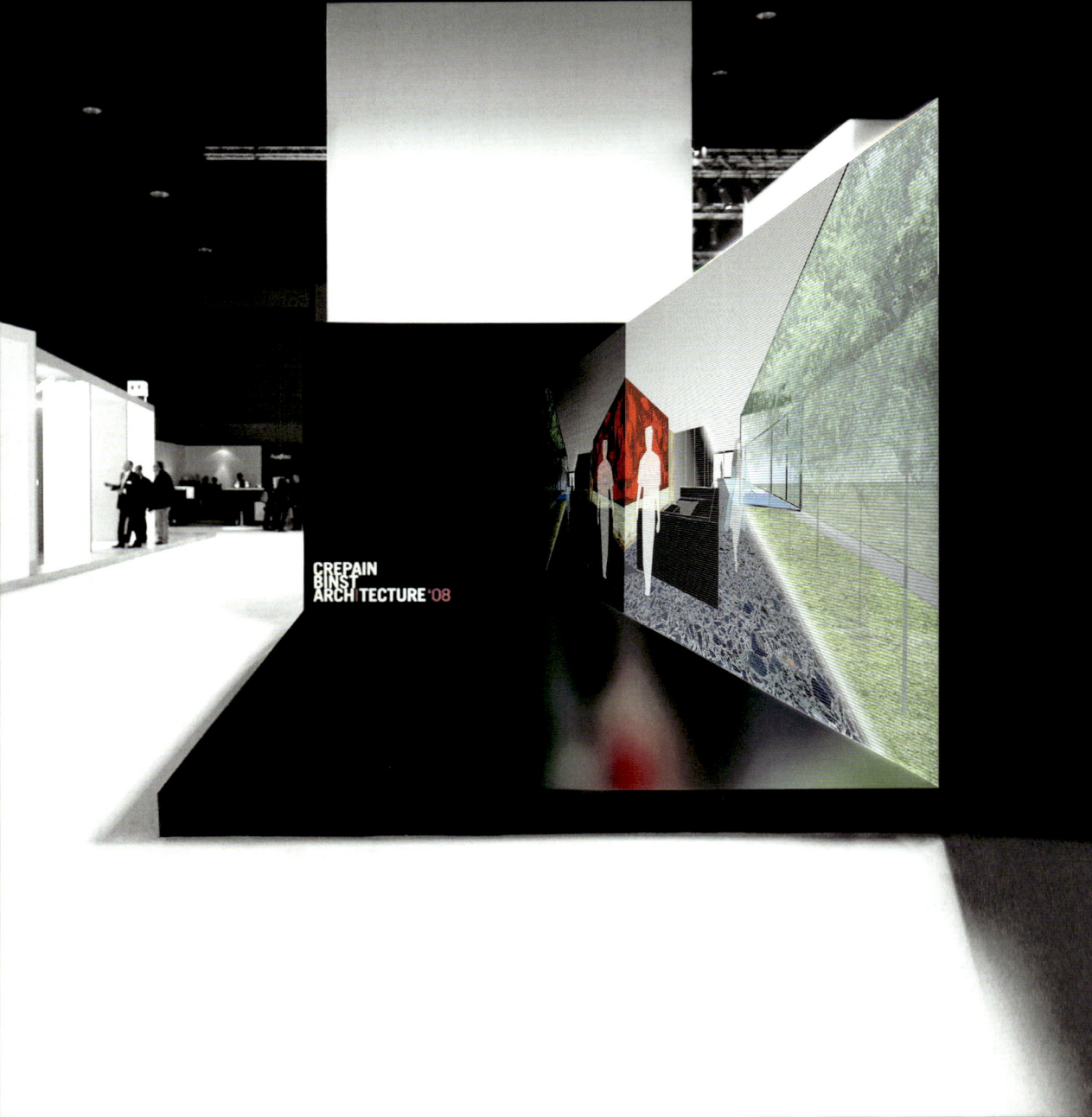

CREPAIN
BINST
ARCHITECTURE '08

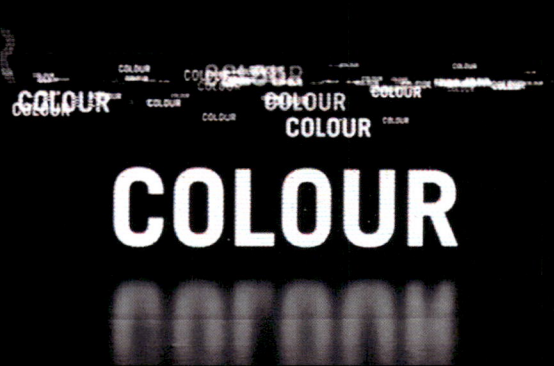

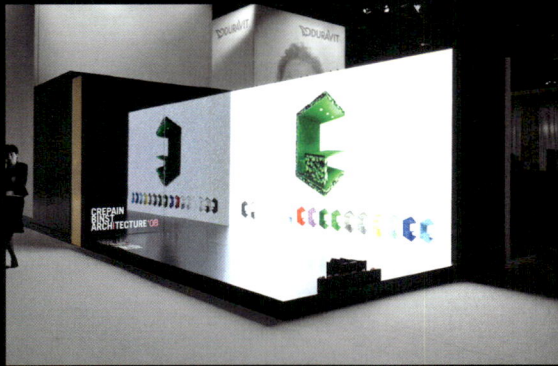

VIP Bar Club Carré

Restaurant Te Kook

2012/2013

Antwerp

Semi-Detached House in Moss Green HPL Plates

2007/2010

Humbeek

Semi-Detached House in Moss Green HPL Plates

2007/2010

Humbeek

Detached Pentagonal House

2014/.... Beigem

Artist Residence

2010/2013

Kapelle-op-den-Bos

Artist Residence

2010/2013

Kapelle-op-den-Bos

Artist Residence

2010/2013

Kapelle-op-den-Bos

Detached House with Swimmi

Detached House with Swimming Pool

2006/2010

Bertem

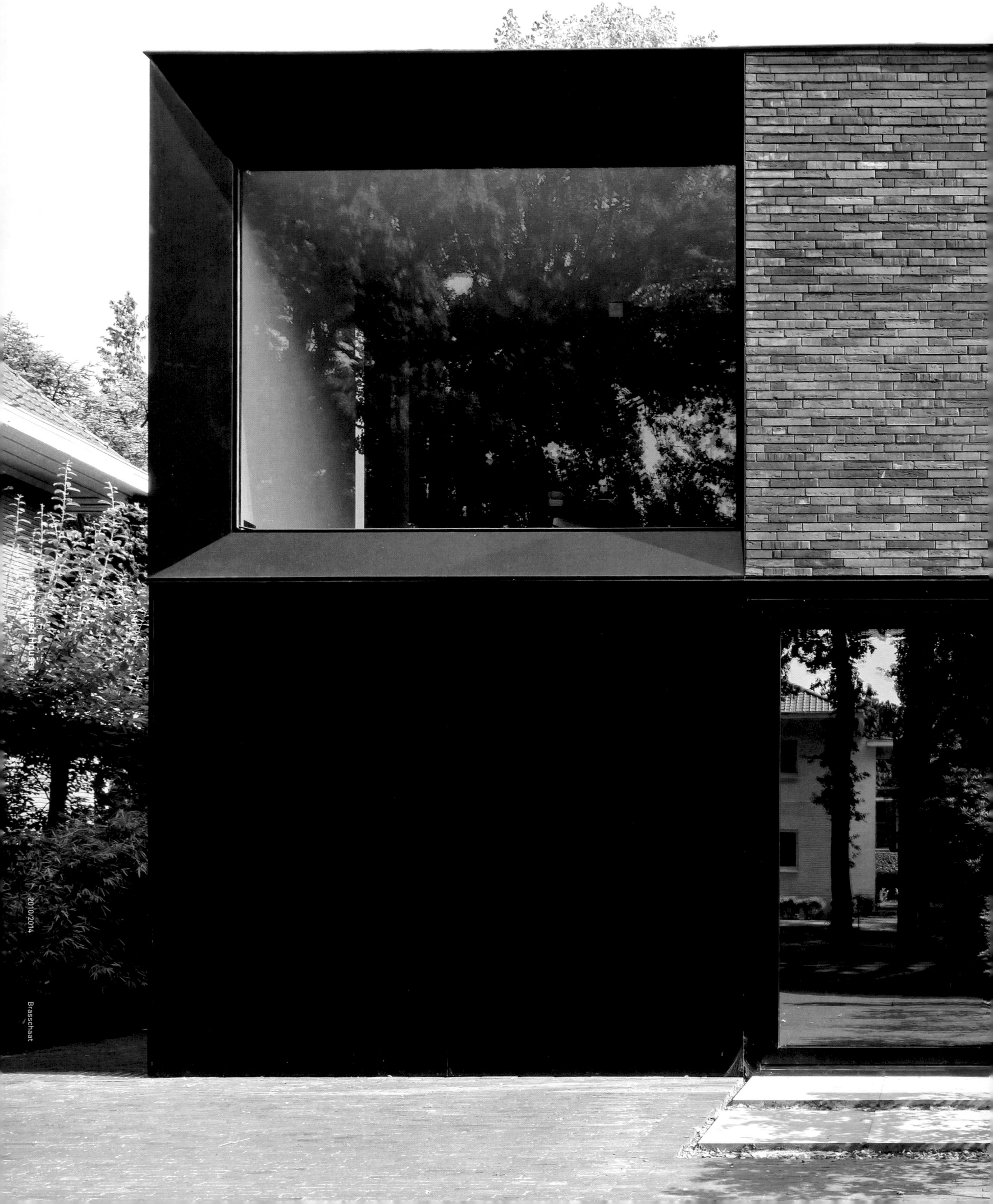
Detached House
2010/2014
Brasschaat

Loft House Luc Binst

Loft House Luc Binst

2003/2004

Humbeek

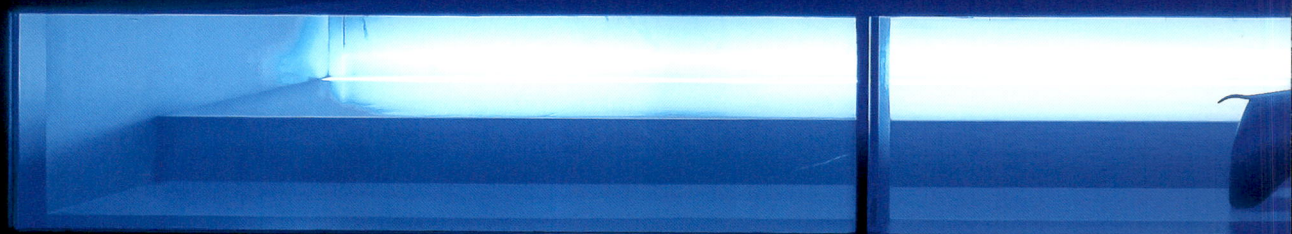

Loft House Luc Binst

2003/2004

Humbeek

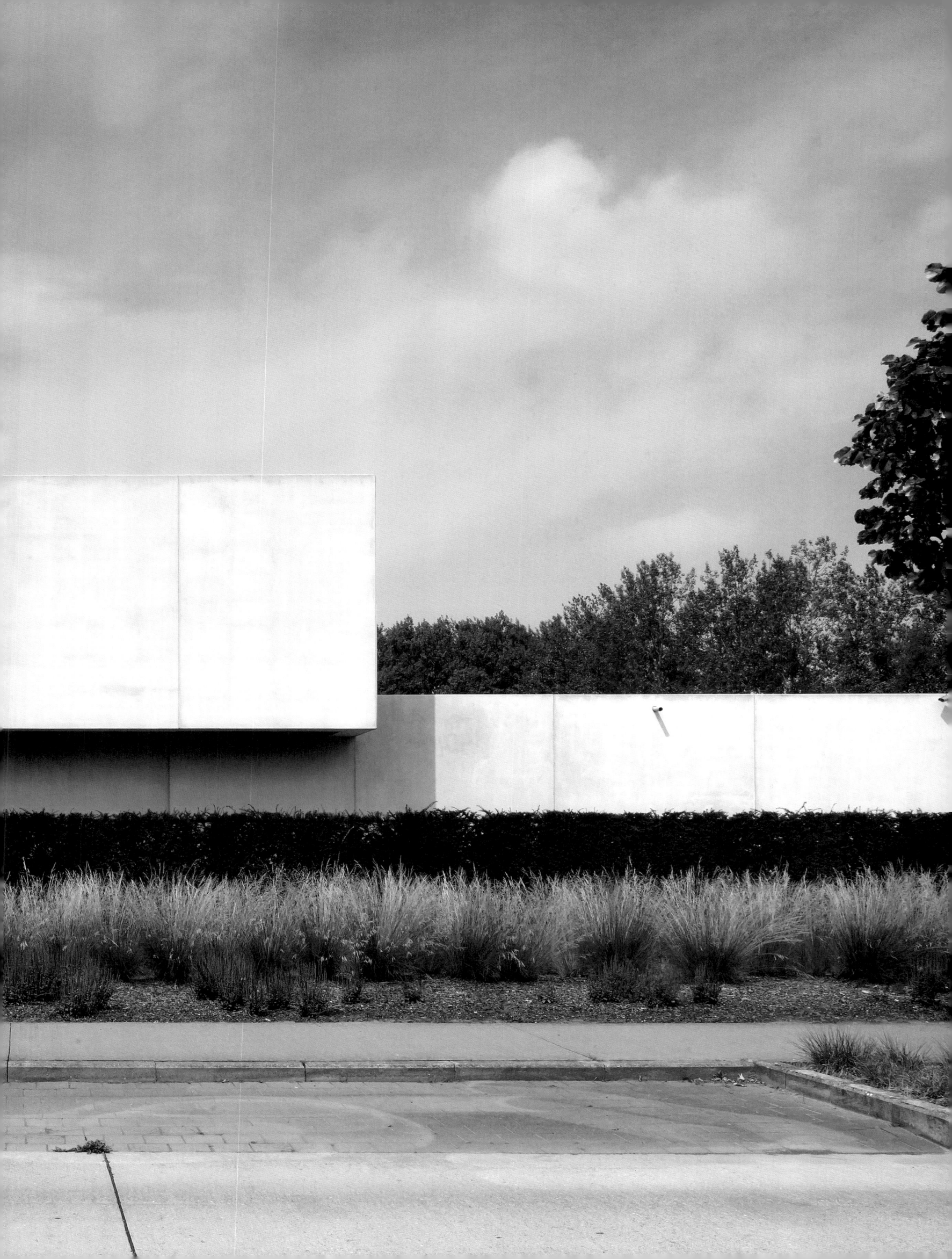

onmondig kind, - wees windhoos, onweer en orkaan Maar werp een dam

Residence I Love Wam

Kouter Site

2009/...

Ghent
Matexi

Residential Complex in Old School + Rectory

Residence Melopee

2012/2015

Antwerp
Gands

Residence Melopee

12/2013

Antwerp
Ghent

De Lange Velden – Social Housing

Care Centre

Care Centre

Cordeel New Headquarters

2008/...

Temse

Infrax West – Head Office

Infrax West – Head Office

2005/2009

Torhout

KBC Bank Martyrs Square

2006/2009

Leuven

New Bruges – Plot 2

2011/...

Bruges
Group GI

Headquarters Denys

Headquarters Denys

Renson Exit 5

2008/2013

Waregem

Renson Exit 5

Renson Exit 5

2008/2013

Waregem

Albintra

↖
A   DRAWINGS
P.140

Albintra

2010/2015

Ranst

Artevelde Campus Kantienberg

Artevelde Campus Kantienberg

Centre Aïm - Anttec

2006/2011

Berchem

General Aviation Terminal

2010/2015

Antwerp

CBA   APPENDIX

CBA START + BOOKEVENT

2005   Crepain Binst Architecture nv '05, bookrelease, 16.12.05

CBA PUBLICATIONS 2006 - 2015

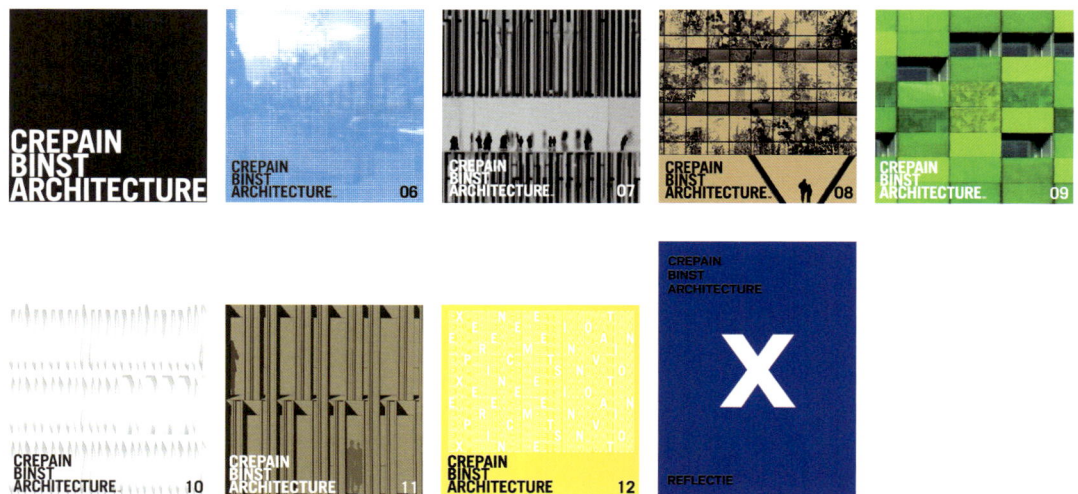

2008

WALL PAINTINGS 1+9/9+1 + INTERIEUR '08 + EXPO JO CREPAIN

2008   Wall Paintings 1+9/9+1, 13.10-14.12.08, in Collaboration with cc Strombeek, Luk Lambrecht, Günter Förg

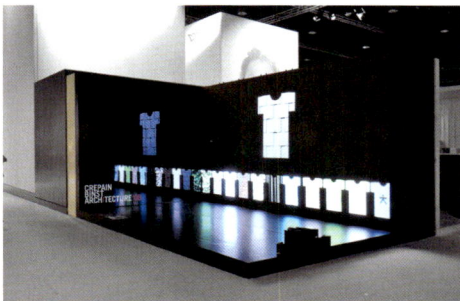

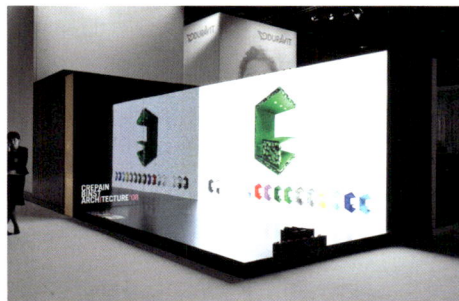

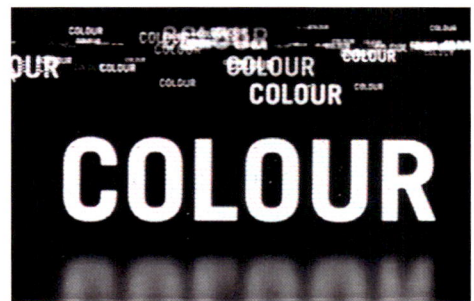

2008   Interieur '08 Kortrijk, 17.10 – 26.10.08

2008   'Jo Crepain tentoonstelling en architectuurfietsroute', 14.09 - 28-09 in Collaboration with Kapellen

X HIGHWAY TO REFLECTION

2011   X Highway to Reflection, cc Strombeek, 07.01.2011 - 11.02.2011

PR / MEDIA SELECTION

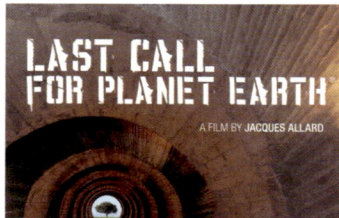

Jo Crepain in various juries, on TV, etc....

2013

JO CREPAIN AWARDS

2013   'Jo Crepain Awards – Architects in progress – 60 jaar NAV', 24.05.2013

PR / MEDIA SELECTION

Luc Binst's Lofthouse, a location for various shootings, TV-series, etc....

2014   Hospitality Awards – Venuez 2014, nomination in category 'Best Restaurant Concept', 'Te Kook', Antwerp

2013   NRW Yearprice (Dutch Council of shopping centres), 'Haarlem Raaks', Haarlem

2012   Beauty & Build Award, Laureate audience award, ALM-Anttec, Berchem

2011   Benelux Aluminium Award, category Energy Efficiency Building, Telexgebouw Brussels

2011   Edubuild Arch School Awards 2011, Artevelde college, Ghent

2011   East-Flanders Provincial Award, Artevelde college, Ghent

2010   IPB Challenge, honorable mention of the trade and press jury, Campus Kantienberg, Ghent

2010   Green Good Design 2010, Office building Infrax West, Torhout in collaboration with VK Engineering

2009   2020 Challenge Award - public Award, Office building Infrax West, Torhout in collaboration with VK Engineering

2009   Green Good Design 2009, Offices Renson, Waregem

2008   ULI (Urban Land Institute) Award for Excellence Europe 2008 – 'Stadsfeestzaal' Antwerp

2007   Telex Belgacom Brussels - Office Renovation, Energy contest IBGE·BIM - Brussels Capital Region 'Example building - category offices'

2006   Lensvelt de Architect Interior Award - 1st - Detached loft dwelling Luc Binst, Humbeek

2006   The Marble Architectural Award, Europe (Luc Binst) - Detached loft dwelling Luc Binst, Humbeek

2005   3rd round Belgian Architecture awards, detached loft dwelling

2005   Nomination Belgium Building Awards 2005 residential building - 2nd, detached loft dwelling

---

2014   Hospitality Awards – Venuez 2014, nominatie in categorie 'Best Restaurant Concept', 'Te Kook', Antwerpen

2013   NRW Jaarprijs 2013 (Nederlandse raad van Winkelcentra), 'Haarlem Raaks'

2012   Beauty & Build Awards 2012 - Laureaat publieksprijs - ALM-Anttec, Berchem

2011   Provinciale Prijs voor Architectuur Oost-Vlaanderen, Campus Kantienberg, Gent

2011   Edubuild Arch. School Awards 2011, Artevelde hogeschool, Gent

2011   Benelux Aluminium Award, categorie 'Energy Efficiency', Telexgebouw Brussel

2010   IPB Challenge, eervolle vermelding vakjury en persjury, Campus Kantienberg, Gent

2010   Green Good Design 2010, kantoor Infrax West, Torhout in samenwerking met VK Engineering

2009   2020 Challenge, prijs van de publieksjury, kantoor Infrax West, Torhout in samenwerking met VK Engineering

2009   Green Good Design 2009, kantoren Renson, Waregem

2008   ULI (Urban Land Institute) Award for Excellence Europe 2008 – Stadsfeestzaal Antwerpen

2007   Energiewedstrijd Brussels Gewest - 1ste prijs 'Voorbeeldgebouwen kantoren' - Telexgebouw Belgacom Brussel

2006   Lensvelt de Architect Interieurprijs, (Luc Binst) – 1ste prijs - vrijstaande loftwoning Luc Binst

2006   The Marble Architectural Award, Europe (Luc Binst) – 1st prize - vrijstaande loftwoning Luc Binst

2005   3de ronde Awards van de Belgische Architectuur, vrijstaande loftwoning

2005   Nominatie Belgium Building Awards 2005 residentieel gebouw – 2de, vrijstaande loftwoning

2015   CBA @ Realty Brussels - International real estate fair, 19-20-21.05

2014   'Models Work', Antwerp models from the 19th and 20th centuries - Architectuurarchief, 14.09.2014 – 02.11.2014 (f.e. Model CBA New South)

2014   CBA @ Realty Brussels - International real estate fair, 13-14-15.05

2013   CBA @ Realty Brussels - International real estate fair, 28-29-30.05

2013   'Jo Crepain Awards – Architects in progress – 60 years NAV', 24.05.2013

2012   CBA @ Realty Brussels - International real estate fair, 22-23-24.05

2012   Exhibition Four annual prize for architecture in the province of West-Flanders 2011, GC Spikkerelle – Avelgem 05.02.2012 – 26.02.2012, Provinciaal Hof 03.03.2012 – 22.04.2012

2011   Green Good Design 2010 Exhibition, Hamburg Germany, April 2011

2011   X Highway to Reflection, cc Strombeek, 07.01.2011 – 11.02.2011

2010   Crepain Binst Architecture nv 'X', bookrelease near the Schelde river in Antwerp, 05.10.2010

2009   Green Good Design Exhibition, Contemporary Space Athens, 07.07.2009 – 15.08.2009

2008   Interior '08 Kortrijk, 17.10 – 26.10.08, Design and creation of our stand for Interior '08. LED-wall with an image boost of interior and design projects.

2008   Wall Paintings 1+9/9+1, 13.10-14.12.2008, in collaboration with cc Strombeek, Luk Lambrecht, Günter Förg

2008   'Jo Crepain exposition & architectural cycling route' - organised in collaboration with Kapellen, 14.09 - 28.09.2008

2008   'Projectpresentation Centre 58 - Offices Munt' organised by Fortis Real Estate, 19.02 - 22.02.2008

2008   'Example buildings - offices' - Telex building Belgacom Brussels - restauration of the existing building from Léon Steynen' temporary exhibition organised by The District of Brussels, 11.02.2008

2007   'De nacht van de architectuur', 12.10.07, in the space underneath the rails of Antwerp-Central station

2007   'Crepain Binst Architecture nv' organised with AC 'Cast' Tilburg, has been planned for spring 2007

2005   Crepain Binst Architecture nv '05 – bookrelease in our office in Antwerp, 16.12.2005

2015   CBA @ Realty Brussels - Internationale vastgoedbeurs, 19-20-21.05

2014   'Modellenwerk', Antwerpse maquettes uit de 19de en 20ste eeuw Architectuurarchief, 14.09.2014 – 02.11.2014 (o.a. Maquette CBA Nieuw Zuid)

2014   CBA @ Realty Brussels - Internationale vastgoedbeurs, 13-14-15.05

2013   CBA @ Realty Brussels - Internationale vastgoedbeurs, 28-29-30.05

2013   'Jo Crepain Awards – Architects in progress – 60 jaar NAV', 24.05.2013

2012   CBA @ Realty Brussels – Internationale vastgoedbeurs, 22-23-24.05

2012   Tentoonstelling Vierjaarlijkse prijs voor Architectuur van de provincie West-Vlaanderen 2011, GC Spikkerelle - Avelgem 05.02.2012 - 26.02.2012, Provinciaal Hof 03.03.2012 – 22.04.2012

2011   Green Good Design 2010 Tentoonstelling, Hamburg Duitsland, April

2011   X Highway to Reflection, cc Strombeek, 07.01.2011 - 11.02.2011

2010   Crepain Binst Architecture nv 'X', bookrelease aan de Scheldekaaien te Antwerpen, 05.10.2010

2009   Green Good Design 2009 Tentoonstelling, Contemporary Space Athene, 07.07.2009 – 15.08.2009

2008   Interieur '08 Kortrijk, 17.10 – 26.10.2008, Ontwerp en realisatie van onze stand op Interieur '08, LED-Wall met een beeldenboost van interieur- en designprojecten

2008   Wall Paintings 1+9/9+1, 13.10-14.12.2008, ism cc Strombeek, Luk Lambrecht, Günter Förg

2008   'Jo Crepain tentoonstelling en architectuurfietsroute', 14.09 - 28-09 ingericht ism gemeente Kapellen

2008   'Projectpresentatie Centre 58 - Kantoren Munt' ingericht door Fortis Real Estate, 19.02 - 22.02.2008

2008   'Bâtiment exemplaires - Projectpresentatie Telexgebouw Belgacom - restauratie van het bestaande kantoor van Léon Steynen' ingericht door het Brussels gewest, 11.02.2008

2007   De nacht van de architectuur, 12.10.2007, in de ruimte onder de spoorwegbedding van station Antwerpen-Centraal

2007   'Crepain Binst Architecture nv' ingericht ism AC 'Cast' Tilburg, lente

2007   Crepain Binst Architecture nv '05, bookrelease in ons kantoor te Antwerpen, 16.12.2005

2015	Park apartments, Sint-Genesius-Rode, commissioned by Immpact, 1st laureate, closed competition
2015	Development of 5 apartments and a commercial plinth, Jordaenskaai, Antwerp, commissioned by Immpact, 1st laureate, closed competition
2015	Molenveld, development of 52 villa apartments, commissioned by Besix Red, 1st laureate
2015	Administrative centre, Ho Chi Minh, Vietnam, in collaboration with Jaspers-Eyers Architects, among the last 3 laureates
2014	Celesse Luxe Resort, Saint-Paul-de-Vence, Mas d'Artigny, France, 1st laureate
2014	BASF Antwerp, Meeting room centre and offices, 1st laureate
2013	Woontribune Noordersingel, 105 market-conform apartments, commissioned by Immpact, 1st laureate
2013	Student accommodation, Vesaliusstraat, University of Leuven, 1st laureate
2013	Conversion of an office building into passive apartments, commissioned by AG Real Estate, Etterbeek, 1st laureate
2012	Cadixsite Antwerp, development of 22 apartments and 6 houses, commissioned by Urban Capital, 1st laureate
2012	Master plan and design of apartments with commercial space, commissioned by Immpact, Geel
2012	IBA headquarters, first phase, 10,000 m2, Louvain-La-Neuve, 1st laureate
2012	Development of a care centre with service centre, crèche and 118 serviced apartments, 1st laureate
2011	Phased master plan for dire department, police, ambulance service and doctor's circle, Maasmechelen Safety Site, 1st laureate
2011	Construction of a new VIP terminal for Antwerp Airport at Deurne, 1st laureate
2011	Master plan Campus Melsbroek, extension of the National MS centre site into a housing, care and rehabilitation campus, 1st laureate
2010	PPS AEN Den Hoorn, Zoutleeuw, 1st laureate
2010	Umicore, pavilion commissioned by Umicore, 1st laureate
2009	Ghent Kouter, shopping, offices and apartments, commissioned by Wilma, 1st laureate, closed competition
2009	Haven Paviljoen, port pavilion design including a multimedia design in Antwerp, commissioned by Antwerp Port Authority, 1st laureate
2008	Veenendaal Planoform, design of 138 apartments, 16 deckhouses, 47 terraced houses and 9 patio houses in Veenendaal, 1st laureate
2008	Wondelgem Denys, renovation and expansion of offices in Wondelgem, commissioned by Denys, 1st laureate
2007	Winkelgallerrij Mol, development of a shopping centre and 72 apartments on the land of the former music school in Mol, 1st laureate
2007	Sint-Annaland, laureate of the competition for the development of 70 luxury apartments in the port area of Tholen
2006	Bijl-Hofplein, multiple commission for 45 apartments and shops in Grave, 1st laureate
2006	Bunge conference centre, development of a meeting and communication centre, commissioned by ALM Groep CV, 1st laureate
2006	Apartments Het Eilandje, mixed-use construction, commissioned by Brabo, 1st laureate
2005	Heijlaar, urban development vision of the development of a country estate in Breda, 1st laureate, closed competition
2005	'West Vlaamse Energie Maatschappij', development of offices, warehouses and layout of the surroundings, 1st laureate
2005	Artevelde Hogeschool, Campus Kantienberg, Ghent, construction of a new school building, 1st laureate
2005	Construction of a primary school for 650 pupils in an existing park, master plan, 1st laureate

2015	'Parkappartementen Sint-Genesius-Rode' i.o.Immpact, 1ste laureaat beperkte wedstrijd
2015	Nieuwbouw 5 appartementen & commerciële plint, Jordaenskaai Antwerpen i.o.Immpact, 1ste laureaat beperkte wedstrijd
2015	'Molenveld', Nieuwbouw 52 villa appartemneten i.o. Besix Red, 1ste laureaat
2015	'Administratief Centrum - Ho Chi Minh City - Vietnam' i.s.m. Jaspers-Eyers, laatse 3 laureaten
2014	'Celesse Luxe Resort', Saint Paul de Vence - Mas d'Artigny Frankrijk, 1ste laureaat
2014	'BASF Antwerpen - Meeting Room Center & kantoren', 1ate laureaat
2013	'Woontribune Noordersingel' met 105 marktconforme appartementen i.o. Immpact, 1ste laureaat
2013	Studentenhuisvesting Vesaliusstraat - Universiteit Leuven, 1ste laureaat
2013	'Herbestemming kantoorgebouw naar passieve appartementen i.o. AG Real Estate', Etterbeek, 1ste laureaat
2012	'Cadixsite Antwerpen', nieuwbouw 22 appartementen en 6 woningen i.o. Urban Capital, 1ste laureaat
2012	Masterplan en ontwerp van appartementen met commerciële ruimte i.o. Immpact in Geel
2012	'IBA', hoofdkwartier IBA eerste fase 10 000m², Louvain-La-Neuve, 1ste laureaat
2012	Nieuwbouw van een zorgcentrum met dienstencentrum, kinderdagverblijf en 118 service-appartementen, 1ste laureaat
2011	Gefaseerd masterplan voor brandweer, politie, ambulancedienst en huisartsenkring Maasmechelen Veiligheidssite, 1ste laureaat
2011	Bouw van een nieuwe VIP-terminal voor Antwerp Airport te Deurne, 1ste laureaat
2011	'Masterplan Campus Melsbroek', uitbouw van de site Nationaal MS centrum tot woon-, zorg- en revalidatiecampus, 1ste laureaat
2010	PPS AEN Den Hoorn, Zoutleeuw, 1ste laureaat
2010	'Umicore paviljoen', i.o.Umicore, 1ste laureaat
2009	'Ghent Kouter', shopping, kantoren en appartementen i.o. Wilma, 1ste laureaat beperkte wedstrijd
2009	'Haven Paviljoen' ontwerp paviljoen inclusief multimedia-design te Antwerpen i.o. Havenbedrijf Antwerpen, 1ste laureaat
2008	'Veenendaal Planoform', ontwerp 138 appartementen, 16 dekwoningen, 47 rijwoningen en 9 patiowoningen in Veenendaal, 1ste laureaat
2008	'Wondelgem Denys', renovatie en uitbreiding van de kantoren in Wondelgem i.o. Denys, 1ste laureaat
2007	'Winkelgalerij Mol', nieuwbouw met winkelgalerij en 72 appartementen op het terrein van de vroegere muziekschool te Mol, 1ste laureaat
2007	'Sint-Annaland', laureaat wedstrijd voor een nieuwbouw met 70 luxe appartementen in het havengebied van Tholen
2006	'Bijl-Hofplein' meervoudige opdracht 45 appartementen en winkels te Grave, 1ste laureaat
2006	'Bunge congrescentrum' nieuwbouw van vergader- en communicatiecentrum i.o.ALM group cv, 1ste laureaat
2006	'Appartementen het Eilandje', nieuwbouw met gemengde bestemming i.o. Brabo, 1ste laureaat
2005	'Heijlaar' stedenbouwkundige visie van de ontwikkeling van een landgoed te Breda, 1ste laureaat beperkte wedstrijd.
2005	'West Vlaamse Energie Maatschappij' nieuwbouw van kantoren, magazijnen en omgevingsaanleg, 1ste laureaat
2005	'Artevelde Hogeschool-Campus Kantienberg Ghent', bouw van een nieuw schoolgebouw,1ste laureaat
2005	'Campus bouw van een basisschool voor 650 leerlingen in een bestaand park-masterplan, 1ste laureaat

FOUNDERS

Jo Crepain	01.01.73 + 20.12.08
Luc Binst	29.11.99

CURRENT WORKERS

Dirk Engelen	10.10.89
Petra Van Alsenoy	15.02.90
Jan Geerts	30.04.93
Philippe Vincke	16.03.98
Luc Reyn	01.02.01
Sigrid Hubloux	11.03.02
Robert Osinga	08.12.03
Melissa Janssens	01.04.04
Edwin Remmerie	29.09.05
Evi Van Schooneveld	01.06.06
Peggy De Bock	31.07.06
Ward Lagrain	18.09.06
Stefan Schoonderbeek	01.02.07
Slavica Bosnjak	23.04.08
Frederic Maurel	28.01.09
Sebastien Delagrange	19.10.09
Stephane Van Eester	02.08.10
Thomas Cornelis	24.08.10
Felix Bachot	02.05.11
Wim heyninck	19.09.12
Eva Lo	08.10.12
Bas Van Der Horst	09.09.13
Iris Wijckmans	12.11.13
Nick Verbeeck	12.11.13
Ruben Vandenbulcke	20.11.13
Roxanne Delbaen	27.01.14
Maaike Vantieghem	27.10.14
Anke Vandenbempt	17.11.14
Kevin Vanden Bulcke	09.02.15
Philippe De Pauw	02.03.15
Vincent Kaptein	01.06.15
Pedro Lucas Freire	08.06.15
Amber Kevelaerts	22.06.15
Shone Beeckman	20.07.15
Enak Baert	03.08.15
Jasper De Roover	10.08.15
Lotte De Witte	15.10.15
Gwen Verlinden	19.10.15

PAST WORKERS 2005-2015

Frank Stals	07.03.83
Steven De Paepe	26.11.91
Sven De Troch	26.06.95
Bruno Dierickx	08.08.96
William Neirynck	01.09.96
Veronique De Weerdt	06.09.96
Lieven Louwyck	25.02.97
Arjan Duin	28.04.97
Marjan Michels	31.08.98
Martine Stankovic	15.01.99
Tom De Meester	23.08.99
Tom Goos	30.08.99
Veerle Duyck	04.10.99
Peter Mermans	11.10.99
Leen Luyten	27.03.00
Veerle Scarniet	01.10.00
Piet Pepermans	02.11.00
Stephane Schats	15.01.01
Sigelinde Desiere	17.04.01
Chris Eeraerts	06.08.01
Hilde Van Der Schueren	01.10.01
Peter Adriaenssens	16.04.02
Bonnie Van Der Burgh	24.06.02
Mireille Van Schil	01.08.02
Ulrich Matthys	23.09.02
Fouad El Idrissi	01.10.02
Christophe Gardin	26.10.02
Katleen Wouters	25.11.02
Jet Groen	10.12.02
Thomas Cols	16.12.02
Ann Decock	06.01.03
Omkeltom Boulaich	03.03.03
Jef Bax	22.04.03
Giuseppe Farris	01.09.03
Luk Mertens	01.09.03
Miquel Steel Lebre	13.10.03
Liesbeth Beernaert	03.11.03
Tinus Roothans	20.04.04
Raf Snoekx	03.05.04
Christian De Haas	16.05.04
Annelies Geens	01.09.04
Frederik De Smet	01.09.04
Roel Cocquyt	01.09.04

Sophie Parmentier	13.09.04
Sophie Boons	20.09.04
Joni Nieuwenhuysen	18.10.04
Laurence Bernard	25.10.04
Jef Verbeeck	15.11.04
Stacey Beusmans	07.12.04
Tom Avermaete	17.12.04
Pieter Peerlings	01.03.05
Alain De Buck	04.04.05
Edward Sorgeloose	17.05.05
Ellen Vanhole	06.06.05
Jasper Westebring	01.08.05
Klaas Van Hissenhoven	01.08.05
Silvia Mertens	01.09.05
Sara Geerts	01.10.05
Hansi Ombregt	03.10.05
Joris Brouns	17.10.05
Erik De Deyn	16.01.06
Sybil Le Roy	16.01.06
Vanessa Roescher	23.01.06
Tom Schelfaut	13.02.06
Frank Zoeter	20.02.06
Frederik Deneut	27.03.06
Dimitri Pauwels	02.05.06
Pablo Barrera	22.05.06
Karel Wuytack	15.06.06
Olivier Vet	31.07.06
Elke Vochten	01.08.06
Rachid Hadad	01.08.06
Julie Denkens	07.08.06
Eva Plasmans	08.08.06
Kristien Van De Wiele	28.08.06
Jan Schreurs	18.09.06
Eva De Clerck	02.10.06
Pieter Mulder	04.10.06
An Steylaerts	01.12.06
Filip Deslee	01.08.06
Eline De Buck	08.01.07
Corne Schep	29.01.07
Kristof Verheuge	05.02.07
Maarten Timmermans	05.02.07
Jurgen Ceuppens	01.03.07
Toni Bilgicoglu	05.03.07
Keshia Groenendaal	02.04.07
Benoit Donck	02.05.07
Philippe Van Damme	30.07.07
Wim Boesten	06.08.07
Almut Fuhr	20.08.07
Caroline Van Adorp	27.08.07
Hans Vanassche	03.09.07
Caroline Pingnet	10.09.07
Christophe Van Dender	01.10.07
Roel Van Den Bergh	01.10.07
Nikki Van Turenhout	01.10.07
Sacha Bratkowski	07.10.07
Marjan Gilis	17.10.07
Bram Van Cauter	22.10.07
Noortje Van Herck	05.11.07
Jo Tailleu	29.11.07
Caroline Das	23.01.08
Frederik Deprouw	04.02.08
Jeroen De Smet	18.02.08
Ben Depuydt	29.02.08
Theo Mathijssen	21.04.08
Marcel Oudt	23.04.08
Joost De Raeymaecker	26.05.08
Kristof Schellekens	26.05.08
Frank Van Bennekom	02.06.08
Jan Vrancken	06.01.09
Fred Greve	11.02.09
Ilse Christiaansen	03.08.09
Dieter Van Der Velpen	21.08.09
Sofie Reynaert	19.10.09
Thijs Kennis	04.01.10
Marijn Swinnen	15.03.10
Olivier Caluwier	01.05.10
Pieter-Jan Kwanten	20.02.12
Mattias Staelens	05.03.12
Gerlinde Verhaeghe	02.04.12
Nils Van Der Celen	03.05.12
Sarah Schouppe	07.05.12
Boris Gomes	13.08.12
Sylvester Vandeweghe	09.08.12
Hannelore Verstreken	27.08.12
Anouk Vangronsveld	03.09.12
Ivo Hoppers	04.03.13
Yannick De Caluwe	21.05.13
Kristof Van Parijs	22.01.14
Sven Van Loon	17.03.14
Dirk Hendriks	07.04.14

IN MEMORIAM FOUNDER CREPAIN BINST ARCHITECTURE
JO CREPAIN - ARCHITECT, °21.10.50 - †20.12.08

CEO & FOUNDER CREPAIN BINST ARCHITECTURE
LUC BINST - ARCHITECT, °29.01.1973

COLOPHON

AUTHOR
Crepain Binst Architecture

CONCEPT
Luc Binst
Sigrid Hubloux

TEXT - SKETCHES
Luc Binst

COORDINATION
Sigrid hubloux

SUPPORT
Sebastien Delagrange
Stephane Van Eester
Frederic Maurel
Wim Heyninck
Eva Lo
Bas Van Der Horst
Ruben Vandenbulcke
Roxanne Delbaen
Maaike Vantieghem
Philippe De Pauw
Vincent Kaptein
Pedro Lucas Freire
Amber Kevelaerts
Shone Beeckman
Jasper De Roover

© B IMPRESSIONS
Crepain Binst Architecture, except:
Animotions
p.236, p.284

Beau
p.241

Coussée & Goris Architecten
p.326 (upper left),

p.327 (bottom right)

Detrois
p.282

Hooox
p.41 (Residence Drakenhof Deurne)

Jaspers - Eyers & partners
pp.294, 297

M 10 architecten
p.270

Nanopixel
p.41, p.216, p.266

RMB
pp.231-232

© C PHOTOGRAPHY
Crepain Binst Architecture, except:

At home publishers
pp.385-387

Carré
p.357

Cordeel
p.432

Zeb Daemen
p.354, p.355

Gands
p.420

Group GL
p.446, p.447

Immpact
p.404

Modular Lighting Instruments
p.340, p.341

Renson
p.456, p.458, p.460

Luc Roymans
p.370, p.371, p.378, p.379

Koen Van Damme
p.390, p.392-396, p.398, p.400, p.410, p.412,
p.416, p.417, p.418, pp.422-424, p.426, p.439, pp.448-
450, p.454, pp.462-464, p. 466, p.468, p.479, p.490

BOOK DESIGN
Atelier Sven Beirnaert
www.svenbeirnaert.be

TRANSLATION
Patrick Lennon

EDITING
Jeroen Duvillier
Katrien Vandermarliere

If you have any questions or remarks,
please contact our editorial team:
redactiekunstenstijl@lannoo.com.

© Lannoo Publishers, Tielt, 2015
www.lannoo.com

© Crepain Binst Architecture, Antwerp, 2015
www.crepainbinst.be

ISBN: 9789401430890
Registration of copyright: D/2015/45/431
NUR: 648

www.lannoo.com
Register on our website to regularly
receive our newsletter with new
publications as well as exclusive offers.

CREPAIN
BINST
ARCHITECTURE

www.crepainbinst.be